辽宁省教育厅高等学校科学研究立项计划
(W2010021)结项成果

# 理解 责任 道义
## LIJIE　　ZHEREN　　DAOYI

——在日华工遗骨归还问题调查
ZAIHUA HUAGONG YIGU GUIHUAN WENTI DIAOCHA

潘德昌◎著

·广州·

版权所有 翻印必究

### 图书在版编目（CIP）数据

理解 责任 道义：在日华工遗骨归还问题调查 /潘德昌著.—广州：中山大学出版社，2016.9
ISBN 978-7-306-05815-7

I.①理… Ⅱ.①潘… Ⅲ.①华工—史料—日本 Ⅳ.①D634.331.3

中国版本图书馆CIP数据核字（2016）第 212354 号

出版人：徐 劲
策划编辑：李发富
责任编辑：王延红 刘 犇
责任校对：易建鹏
封面设计：橙 子
责任技编：黄少伟
出版发行：中山大学出版社
电　　话：编辑部 020-84111996，84113349，84111997，84110779
　　　　　发行部 020-84111998，84111981，84111160，010-84787584
地　　址：广州市新港西路135号
邮　　编：510275 传真：020-84036565
网　　址：http://www.zsup.com.cn　E-mail：zdebs@mail.sysu.edu.cn
印 刷 者：广州家联印刷有限公司
规　　格：787mm×1092mm 1/16 14.75印张 301千字
版次印次：2016年9月第1版 2016年9月第1次印刷
定　　价：48.00元

如发现本书因印装质量影响阅读，请与出版社发行部联系调换

# 前　言

## 归来吧——漂泊扶桑的忠魂

### 一、问题的提出

我不是复仇主义者，我无意于把日本军国主义欠下我们的血债写在日本人民的账上。但是，我相信，忘记过去的苦难可能招致未来的灾祸。[①]

——梅汝璈

第二次世界大战期间，日本政府为了弥补国内劳动力的不足，于1942年11月，内阁会议通过了移入华工的决议。[②]据此，大约有近4万名劳工被掳掠至日本，配置到日本全国135个事业场，进行奴隶般的劳动，直到战争结束。强掳劳工过程极端野蛮，劳动环境极其恶劣，劳工不堪忍受，奋起反抗，强烈要求改善待遇，但是遭到野蛮镇压，事业场杀伤劳工事件频发，最终造成近7 000人死亡。[③] 1945年，远东军事法庭在判决书中指出"绝大多数被捕的中国人惨遭折磨和虐杀，被强制编入日军的劳工营中。或者被强行编入日本扶植的傀儡政府的军队当中。一些拒绝参加傀儡政府军队的俘虏就被强掳到了日本，借以缓和日本军需产业劳动力的不足。其中，位于本州北海岸的秋田收容所里，被掳掠来的华工981人当中

---

① 上海交通大学东京审判研究中心编. 东京审判文集[M]. 上海：上海交通大学出版社，2013：55.
② 日本官方文件中，将强掳华工统称为"华人劳务者"。在战后的东京国际军事法庭上，陆军省军务局长武藤章（作为甲级战犯被判处死刑）讲述说："在1938年，由于与中国的战争被公认为'事变'，因此决定抓到的中国人不可以当作俘虏"（1947年8月8日）。这就是被强掳的劳工在战前战后都被称为"劳务者"的原因。
③ 大沢武司. 中日民間人道における中国人遺骨送還問題[J]. 中央大學社會科學研究所年報，2003（8）：345.

## 理解 责任 道义
——在日华工遗骨归还问题调查

就有418人饿死、折磨致死或者下落不明"，死亡率高达42%。[①]

这些死难者包括世人皆知的花冈事件的牺牲者在内，被日本社会各界统称为"中国战俘殉难者"。其遗骨遗骸的存在，在战后初期根据驻日盟军总司令（GHQ）的命令开展调查前，世人多不知情。除一部分遗骨被归国劳工随身携带回国外，多被临时埋葬在事业场或者暴弃荒野。

日本劫掠残害中国战俘劳工，已经过去了70余年，但它作为中国人的一场悲剧，并没有随着时间的流逝而结束。20世纪80年代末90年代初，中国兴起了对日民间受害索赔的浪潮，战俘劳工受害赔偿成为中日两国社会各界关注的焦点。但是由于种种原因，过去我们在这方面的研究无论在深度还是在广度上都还比较欠缺，因此要做好这件工作，当务之急是大力发掘、抢救历史资料。作为史学工作者，更有责任通过自己的努力，使中国战俘劳工的悲惨命运大白于天下，昭示于世界。只有这样，才能使死难者的在天之灵得以安息，使幸存者的心理得到安慰，并使后人从国家兴衰和个人命运的关系中获得应有的教育和启示。

中国各界关注"日本强掳中国战俘劳工问题"始于1945年10月美日遣送劳工之时，但是多为时事新闻报道，尚无学术性研究成果问世。在战后初期中日侨民返还交涉过程中，关于劳工遗骨的归还问题，日本政府顾及与国民党政府的关系而迟迟不理，唯有民间团体为促进"中国残留日本人"的归国问题开展了劳工遗骨的搜集、供养与归还的运动。也正是由于民间团体的运动，"华工遗骨"的归国问题才为日本的新闻媒体和国会所关注，成为日本社会关注的热门话题。以此为开端，"华工遗骨"得以大量归国。

在20世纪五六十年代集中运回劳工遗骨以后，目前仍然有许多劳工的遗骨散落在日本国内，寻找遗骨的行动仍然依靠许多日本友人来进行。与此同时，许多劳工遗骨在被找到之后，面临着运回国内无人认领的尴尬局面。作为见证日本"二战"时期罪证的劳工遗骨虽然在日本国内被广泛

---

[①] 山田昭次．田中宏编．隣国からの告発－強制連行の企業責任2[M]．東京：創史社，1996．

发掘出来，但是日本政府面对这些铁一般的证据，长期掩盖强掳劳工事件，仍然拒绝承认自己所应该承担的责任，反复以各种理由驳回劳工的对日索赔。直到1993年事实被公开出来后，以此为契机，从20世纪90年代后期开始，中国受害者在日本各地提起诉讼，而且无论哪个判决都承认了强掳及强迫劳动的事实。

  关于在日劳工问题，资料很多，总体上说，主要是对在日劳工遣返及赔偿问题的研究，但对此问题研究的广度和深度还不够，仍缺乏深入系统的研究。而对于劳工遗骨的归还这一问题却很少有人问津。因此，研究人员应深入研究此问题，来促进历史遗留问题的解决。

  1993年5月17日，日本NHK电台在综合第一频道头条新闻报道了《梦幻的外务省报告书》；同时，在晚间"特别报道"节目中再次报道了《梦幻的外务省报告书》。8月14日，在"现代焦点"节目中播放了专题片《梦幻的外务省报告书》。1994年5月，日本广播出版协会公开出版了《梦幻的外务省报告书——强掳中国人记录》，在日本立即引起了强烈的反响。各界纷纷质疑日本政府在以往的中日关系遗留问题处理上，存在刻意隐瞒和拖延的现象。日本政府面临各种责难，不得不做出表态，承认调查报告书的真实性，但是依然坚持劳工的半强制性。如外务大臣柿泽弘治在众议院外务委员会答辩时声称："'强掳华工'是在战争时期这种异常状况下实施的，当时多数中国人是以半强制的形式来到我国，被使用在严酷的劳务工作岗位，因而其间蒙受了许多的苦难，实在是遗憾的事。""作为政府，今后最为重要的工作是将此认识传达给广大的国民，同时传给后世，也将基于这个观点，将报告书的影印版在外交史料馆等地方公开借阅给普通民众。"①

  尽管日本政府一再掩饰调查报告的真实性，但是，该报告书的公开再次证明了强掳劳工的事实，同时也向世人说明了以下三点事实：

---

①NHK取材班.幻の〈外務省報告書〉——中国人強制連行の記録[M].東京：日本放送出版協会.1994.

（1）证明了第二次世界大战中日本政府及加害企业实施了强掳多达4万中国人的大规模国际犯罪；直接证明了被掳劳工饱受折磨的悲惨被害实态；证明了日本政府和企业在遗骨发掘、送还问题上的态度与作为。即劳工被绑架、被强迫劳动事件绝对不是随着强迫劳动的终止和生存者的被送还就终结了的问题。该文书不但事实证明了日本政府和加害企业没有进行任何清算行为，而且更进一步证明了日本政府拒绝一切清算行为的态度一直持续到了今天这一事实。

（2）不仅包含了战后主管遗骨送还事件的外务省制作的文书，还包括厚生省、警察厅等其他政府部局制作的秘密文书、日本红十字会的报告文书，另有记载国内市民团体、自治体、国会等团体的动向和中国受害者及其家族的资料文书。姑且不论文书的内容，文书本身就鲜明地说明了作为外务省记录文书存在的客观事实，以及战后主管该事件的外务省亚洲局曾经夜以继日地搜集国内外动向与情报，同时不断地与其他政府部局进行密切的协商与沟通，在坚持落实政府总体思想的基础上，和政府各部局、日本红十字会等有关团体分工明确地开展了有目的的行动。

（3）报告书的问世，深刻证明了自战败开始一直以赔偿的心态处理劳工遗骨送还问题的日本政府的反面行为与态度。同时也反映了痛彻反省日本侵略战争、贯彻日本国宪法的理念、祈求恒久和平和各国民友好的日本的再生。战后初期，日本政府被广泛的舆论力量所包围，该报告书鲜明地体现了多数市民团体、劳动组合、地方议会、国会议员在遗骨送还问题上的态度与作为。①

《外务省报告书》的披露引发了中日学界研究探查的热潮，但是据课题组调查，目前所有关于"强掳华工问题"的研究论著中，"强掳劳工遗骨归还问题"的专门性论著尚未出现。系统考察与分析在日华工遗骨归国

---

①福冈地方裁判所原告方诉讼书：外務省記録文書があかす強制連行・強制労働事件の戦後史——被告らの責任回避、国際犯罪隠滅工作と平和友好を願う内外世論の闘い[EB/OL]．2003-12-17．http://www.bengoshi-honryu.com.

问题，不仅有助于了解日本在其国内对中国人民所犯下的罪行，而且可丰富日本侵华史及中日关系史的研究内容。从中日两国的研究现状看，该课题是急待开垦的"处女地"，是一个既有现实性，又富有政治性的课题。本课题组认为，若中日之间能够顺利地解决这一战争遗留问题，则标志着中日间走出了历史和民间和解[①]的重要一步。

当前，东亚各国对日权利诉求最为活跃的当属韩国。2003年11月，韩国政府下设了一个"关于究明过去事实真相特别委员会"；2004年2月制定了《关于究明日帝强占下强迫动员被害真相等特别法》，11月成立究明日帝强占下强迫动员被害真相委员会。2005年2月开始受理被害申请，申请案件超过20万件。其中与劳务动员有关的涉案申请人约146000人，其中死亡和下落不明者约23000人。

在这种运动态势的压力和推动下，在2004年12月召开的日韩首脑会谈上，韩国向日本正式提出关于返还遗骨的要求，由此也推动了日本政府返还韩侨遗骨工作的开展。2005年5月，向有关108家涉案企业下发了调查指令，由此也开始了日韩政府间的遗骨问题协商，5月末召开了日韩遗骨问题协商会议，并确认了人道主义、现实主义、未来志向的基本原则，双方合作协商解决未返还的民间征用和军人军属遗骨。日韩双方关于未送还遗骨的交涉及处理方法、成果，无疑会对中日双方关于劳工遗骨问题的解决产生极大影响，并提供范例。

---

① 学者李恩民认为"和解"可以分为"裁判上的和解"和"心理和解"两类。所谓的"裁判上的和解"是指在诉讼提起前和诉讼进行中，当事者双方互相提示彼此的权利或者法律关系，从而在一定内容上达成实体法上的合意，乃至于达成关于诉讼终结的诉讼法上的合意。所谓"心理和解"是指通过扎实的努力，逐步消解因战争和纷争等原因所带来的民族间、国民间错综复杂的感情摩擦和历史对立，发挥立足过去着眼未来共生的宽容精神的行为。李恩民强调的是中日间的"历史和解"，是指社会全体基于憎恶罪恶不憎恶人的精神，抑制冲动的复仇行动，约束怨恨和憎恶战争的一种高杰社会行为。（李恩民．日中間の歴史和解は可能か——中国人強制連行の歴史和解を事例に[J]．境界研究．2010（1）：97．）

## 二、学术研究现状

目前，日本新闻媒体高度关注强掳朝鲜劳工遗骨的归还及遗属的赔偿、补偿问题，并开展细致调查研究，成果显著。但是由于强掳劳工遗骨问题的长期被搁置及拖延，至今日本国内对此鲜有人知。

早在20世纪50年代，日本民间团体以及和平民主人士就开始深入挖掘、整理相关资料，并开展实地考察与口述调查。1957年，明石清三整理出版了日本国内第一部反映在日战俘劳工遭遇的纪实小说《木更津基地——人肉集市》。[1] 1957年，刘连仁事件曝光后，尤其是随着中日交涉的逐步开展，该事件引起了中日各界的高度关注，新闻报道连篇累牍，详细地介绍了刘连仁在日本北海道的悲惨遭遇。出版了2部纪实文集，如《与原始森林的野兽为伍——刘连仁日本潜伏记》[2]和《穴居14年——被掳掠的中国人记录》。[3]

进入20世纪70年代后，由刘连仁事件引发的花冈暴动事件成为中日新闻媒体关注的焦点，出版了大批口述调查资料。[4] 但是，由于当时中日两国尚未恢复邦交关系，加之在华日侨遣送、日俘遣返工作的结束，日本新闻媒体的报道和社会各界的关注尚未引起日本政府的足够重视。乃至利用强权，强行干预花冈暴动事件信息的传播。

---

[1] 明石清三．木更津．基地——人肉の市[M]．町田：洋洋社，1957．
[2] 上田広．原始林の野獣とともに－劉連仁日本潜伏記[M]．東京：穂高書房，1959．
[3] 欧阳文彬著．三好一訳．穴にかくれて十四年——強制連行された中国人の記録[M]．東京：三省堂，1972．
[4] 洛沢．花岡川の嵐[M]．潮出版．1972；赤津益造．花岡暴動[M]．東京：三省堂，1973；野添憲治．花岡暴動——中国人強制連行の記録[M]．東京：三省堂，1973；石飛仁．中国人強制連行の記録——花岡暴動を中心に[M]．東京：太平出版社，1973；野添憲治．花岡事件の人たち——中国人強制連行の記録[M]．東京：評論社，1975；清水弟．花岡事件ノート[M]．東京：秋田書店，1976；舟田次郎．異国の虹——花岡事件もうひとつの戦後[M]．東京：たいまつ社，1976．

前言

日本政府的强行干预，并未阻止日本新闻媒体的调查与报道，反而激起社会各界的高度关注。先后搜集并出版了大批关于日本政府（日军、企业）强掳劳工的宣传册。这些文献资料，无疑成为当今学界深入探究该问题的史料来源。[①]日本"中国人殉难者名簿共同编制会执行委员会"于1959—1962年编制的《强掳华工事件报告书》以及相关的系列档案资料。包括《中国人殉难者名簿》及别册、《强掳殉难状况》、《中国人殉难者遗骨送还状况》等篇章。

进入80年代，中国改革开放取得巨大成就，加之中日两国关系的逐步升温，中日学界探究在日华工问题的论著渐次增多。日本学界出版了4部史料价值极高的专题性资料集，如田中宏等人在梳理文献的基础上，特别是参引了日本参众两院外务委员会会议记录，结集出版了《资料·中国人强制连行》。[②]该资料集成为中日学界探究在日华工政策、实施情况以及战后初期日本政府相关政策与态度的一手资料。

自90年代以来，仅仅从新闻视角来捕捉的"日本政府强掳华工"问题开始成为中日学术界关注的焦点问题。20年的时间里连续出版了10部

---

① 中国人強制連行事件資料編纂委員会編. 草の墓標·中国人強制連行事件の記録[M]. 東京：新日本出版社，1964；平岡正明. 中国人は何をされたか——中国人強制連行の記録[M]. 東京：潮出版社，1973；新藤東洋男. 太平洋戦争下における三井鉱山と中国·朝鮮人労働者·その強制連行と奴隷労働[M]. 人権民族問題研究会，1973；鈴木学. 北海道空知における中国人強制連行問題（謄写刷）[M]. 1974；入江啓四郎. 国際法上の賠償補償処理[M]. 東京：成文堂，1974；金巻鎮雄増補·中国人強制連行事件·東川事業場の記録[M]. 札幌：みやま書房，1976；北海道開拓記念館. 北海道における炭鉱の発展と労働者[M]. 1978.
② 田中宏，内海愛子，石飛仁. 資料·中国人強制連行[M]. 東京：明石書店，1987；日中友好協会北海道支部連合会. 知っていますか北海道での中国人強制連行——全道五十八事業場受難の記録[M]. 同会，1989；中国人強制連行を考える会. 中国人強制連行と花岡蜂起[M]. 同会，1989；中国人強制連行を考える会. 花岡鉱泥の底から——中国人強制連行と"花岡事件"の今[M]. 同会，1990.

史料集①和12部调查报告②。上述所有调查报告和史料集，均具有较高的史料价值，为课题组提供了较为翔实的史料。

日本学界关于在日劳工遗骨归还问题的开创性研究成果是王红艳的《中国人遗骨送还运动与战后中日关系》③一文，该文较为全面地概述了中国人遗骨送还运动的兴起与表现，是目前课题组调查研究发现的日本学界开山之作。近年来，随着遗骨送还问题政府赔偿诉讼的兴起，该问题遂

---

①金英達，飛田雄一編. 1990朝鮮人中国人強制連行強制労働資料集[M]. 神戸学生青年センター出版部，1990；田中宏，内海愛子，新美隆. 資料中国人強制連行の記録[M]. 東京：明石書店，1990；金英達，飛田雄一編. 1991朝鮮人中国人強制連行・強制労働資料集[M]. 神戸学生青年センター出版，1991；花岡問題全国連絡会（準）編. 資料中国人強制連行・暗闘の記録[M]. 同会，1991；刊行委員会編. 写真集証言する風景——名古屋発/朝鮮人中国人強制連行の記録[M]. 名古屋：風媒社，1991；長沢秀編. 戦時下朝鮮人中国人連合軍浮虜強制連行資料集（石炭統制会極秘資料）（全4卷）[M]. 東京：緑陰書房，1992；金英達，飛田雄一編. 1992朝鮮人中国人強制連行・強制労働資料集[M]. 神戸学生青年センター出版部，1992；国際人権研究会. 国際法から従軍慰安婦・強制連行問題を正す－国連が審議した日本の戦後補償[M]. 同会，1992；金英達，飛田雄一編. 1993朝鮮人中国人強制連行・強制労働資料集[M]. 神戸学生青年センター出版部，1993；上羽修. 中国人強制連行の軌跡－「聖戦」の墓標[M]. 東京：青木書店，1993；

②野添憲治. 聞き書き花岡事件[M]. 東京：御茶の水書房，1990；社団法人北海道総合文化開発機構. 北海道開拓殉難者調査報告書[M]. 同会，1991；広島の強制連行を調査する会. 強制連行（強制労働）の調査にあなたも参加して下さい・広島の強制連行を調査するためのしおり[M]. 同会，1991；同実行委員会編. 第2回朝鮮人中国人強制連行・強制労働を考える全国交流集会・資料集[M]. 同実行委員会，1991；中国人殉難者全道慰霊祭事務局. 戦時下における中国人強制連行の記録－付40,000人の中国人強制連行の真相[M]. 同会，1992；中国人強制連行調査訪中団編. 地底の響き－中国人強制連行・青島から広島へ48年経った今・生存者遺族の証言[M]. 同会，1992；松本市史近代・現代部門編集委員会. 松本市における戦時下軍需工場の外国人労働実態調査報告書[M]. 松本市，1992；同実行委員会. 第2回朝鮮人中国人強制連行・強制労働を考える全国交流集会・報告集[M]. 同実行委員会，1992；同実行委員会. 第3回朝鮮人中国人強制連行・強制労働を考える全国交流集会・資料集[M]. 同会，1992；朝鮮人強制連行真相調査団編. 資料集51993年国連人権委員会——"慰安婦"問題. 強制連行・強制労働問題と1905年条約[M]. 同会，1993；地底の響きⅡ——中国人強制連行・安野発電所建設工事[M]. 強制連行された中国人をたずねる訪中団編. 同会，1993；NHK取材班. 幻の「外務省報告書」中国人強制連行の記録[M]. 東京：日本放送出版協会，1994.

③王紅艶. 中国人遺骨送還運動と戦後中日関係[J]. 一橋論叢. 1998（2）.

成为各界关注的焦点话题。2003年，大泽武司以外务省公开的解密资料为中心，以遗骨送还运动为研究对象，系统梳理了战后初期中日民间外交问题。[①]2004年，杉原达出版《中国人强制连行》一书。该书用大量的篇幅介绍了枣寺主持菅原惠庆在劳工遗骨搜集、联系以及供养方面的功绩，[②]但终归不是以遗骨归还问题为研究对象的专门性论著。

2002年11月日本外务省外交史料馆公布了第17次外交记录。该外交记录显示，在战败之初的1946年，外务省管理局曾经就战争时期死亡在日本的劳工问题，以慰灵实行委员会等关系团体提供的相关调查资料为基础，汇总为《华人劳务者就劳事情调查报告书》(也称为《外务省报告书》)，属于"极密"级档案。该报告书不仅仅由战后负责此项事宜的主管官厅外务省（亚洲局第5课、第2课）汇集而成，同时也包括由厚生省、警察厅等其他政府部门提供的秘密指定文书，日本红十字会提供的报告书，国内市民团体和自治体、国会等有关活动和海外中国人受害者及家族的活动文书。

根据日本《关于行政机关保管档案公开的法律》第40条之规定：政府为了综合推进行政机关保管的档案资料的公开，指令行政机构将其保管的档案资料在适当的时机，采取适当的方法向国民公开。并不断完善行政机构向社会公开所保管的档案资料方面的各项政策。

但是，外务省第17次公开的记录文书，只允许读者从2003年1月中旬开始在外交史料馆阅读胶卷。其后，福冈劳工诉讼辩护团得知此次公开的文书中含有事关中国人强制征召、强制劳动事件的文书，进而在当年5月，在外交史料馆查阅了第17次解密公开的全部胶卷。发现其中包括题为《遗骨送还／中国人》的资料，并确认该资料被秘密指定为外务省总务课记录书库"永久保存"的5册胶卷。并确认其内容全部是与该诉讼有关

---

[①]大沢武司. 中日民間人道における中国人遺骨送還問題[J]. 中央大學社會科學研究所年報, 2003（8）.

[②]杉原達. 中国人强制連行[M]. 東京：岩波新書，2002.

的强制征召、强制劳动所造成的受害者遗骨事宜。出于将其作为诉讼证明材料的考虑，申请将其全部复制，总计数量达到2 000多页，并对其进行分析。

该文书的大部分内容与"中国人遗骨送还问题"有关，是由外务省编制或者取得的从1952年开始到1972年历时20年资料。1952年是日本根据《旧金山媾和条约》的生效而获得独立的一年（同年4月28日），也是战后混乱期和依据GHQ单独占领统治的时代终结的时期，更是日本政府可以出于自身的责任推进战后处理的可能时期。

通观这些复印件，可以查知战后初期日本政府（或者作为主管官厅的外务省）自身相关意向、政策的决定过程与背景。尤其是其中被确认为证据价值最高的地方有60处，可以视为证明战后初期日本政府在遗骨送还问题上具有不法行为事实的直接例证。

当然，作为目录或者书证而进行的相关文书分检整理工作，是否是在外务省的秘密指定下完成的，目前为止尚难定论，但是，仅从作为外务省记录文书而被保管得以存续下来的文书本身以及文书的内容两方面来看，其重要性就值得世人关注。甚至可以断言：在此次公开的记录文书当中必然被抽掉了相当数量的属于"极密"或者"秘密"级别的文书。

此外，还可以明确的是，第17次公开的记录文书当中，并不包括外务省记录文书当中事关中国人强制征召、强制劳动事件的全部。这不仅从此次公开的题为《遗骨送还／中国人》的胶卷管理顺序号本身所体现出来的越号现象可以非常容易的推测出来。而且，作为展示该事件全貌的直接资料被日本政府保管，也随之成为不争的事实。虽然所谓的《外务省报告书》和《事业场报告书》并没有包含在此次公开的文书内，但是，其后随着规模庞大的多达130册的《事业场报告书》被从外务省仓库中发掘出来并得以公开，日本企业强掳、奴役华工的事实经过也随之明确了。如后所述，根据此次公开的记录文书本身就已经说明了外务省和警察厅等官厅曾经保管过相关资料的事实的真实性，然而，时至今天，日本政府还在抵赖或者否认《外务省报告书》的真实性。

尽管如此，根据此次公开文书，我们已然能够开始了解外务省等官厅隐匿《外务省报告书》的理由及经过；日本政府和相关企业在第2次世界大战结束后为了应对遗骨归还问题所采取的措施与效果，这直接反映了日本国内各市民团体、各工会、地方议会、国会议员等势力痛彻反省日本的侵略战争，基于日本国宪法的理念，祈愿永久和平和加强与各国人民真正友好，为此围绕中国人遗骨送还问题开展了广泛的民间请愿及集会活动，希望借此形成对政府的舆论压力，督促政府能够拿出诚意及表达歉疚、偿还的心情，着力解决好问题。同时，还可以发现日本国内外舆论对该事件的认识及活动，进而发现中日双方在该问题形成、交涉及协商解决、问题拖延等方面的历史真相。因而，课题组认为日本政府自己记录的国家外交文书才是最为直接的信物，在这个意义上讲，该公开文书具有一手资料价值。

中国各界关注"日本强掳中国战俘劳工问题"始于1945年10月美日遣送劳工之时，但是多为时事新闻报道，尚无学术性研究成果问世。从20世纪80年代开始，被强掳到日本的中国战俘劳工问题，越来越引起中日两国民间以及历史研究学者的注意。系列档案资料的发掘为揭露日本军国主义对劳工的迫害提供了翔实而客观的证据，对研究日本军国主义在中国乃至亚洲的侵略历史，具有非常重要的史料价值。

进入80年代后，陆续出版了相关研究成果：河北大学刘宝辰、林凤升编著的《日本掳役中国战俘、劳工调查研究》[1]是研究强掳劳工问题的重要学术专著，主要由搜集口述史料为主撰写而成。作者亲自寻找、采访受害当事人，利用他们的口述给世人提供了一部可靠的信史，不仅抢救了珍贵的第一手史料，而且填补了被掳役劳工问题研究在这方面的空缺，故有相当高的史料及学术价值。

河北省社科院抗日战争研究中心何天义一直从事华工问题研究，他在《日本刺刀下的中国劳工》系列成果中详细地研究了"二战"时中国东北、

---

[1] 刘宝辰．林凤升．日本掳役中国战俘、劳工调查研究[M]．保定：河北大学出版社，2002．

华北以及日本本土对华工的奴役，之后完成的《"二战"掳日中国劳工口述史》①丛书是以强掳到日本本土55个公司、135个作业场的4万劳工为对象选录的，共分五册，详细记录了当时在日本各地进行强制劳动的劳工口述经历，其中第一册的序言部分《"二战"掳日中国劳工问题综述》中对战后日本民间的劳工调查及遗骨送还问题进行了比较全面的介绍。

中国社会科学院居之芬的《1933.9—1945.8日本对华北劳工统制掠夺史》②《日本掠夺华北强制劳工档案史料集》③充分发掘、利用北京市档案馆、天津市档案馆、中国第二历史档案馆、青岛市档案馆以及吉林省社会科学院满铁资料馆、辽宁省档案馆的档案文献资料，对抗战时期日本帝国主义强掳华北劳工之罪行，进行了系统、全面的研究，其中有些章节对"二战"遗留问题进行了阐述。

关于在日华工遗骨归还问题产生的背景分析，相关资料主要有吉林大学东北亚研究院陈景彦教授的论文《"二战"期间在日本的中国劳工》《"二战"期间日本国内对中国劳工的迫害》《论在日中国劳工研究中的问题》④以及中国社会科学院近代史研究所的居之芬、庄建平整理的史料《日本掠夺华北强制劳工档案史料集》⑤等。陈景彦教授的文章主要论述了日本掠夺劳工问题产生的原因、历史过程以及劳工在日本的遭遇等问题，居之芬、庄建平的著作系统全面地揭露了在日华工的主要政策、决策与执行机关、掠夺计划等内容。

关于在日华工遗骨归还过程这一问题，在日本中国友好协会中央本部编的《中日友好运动史》⑥一书中有所涉及。在这本书中主要说明了劳工

---

① 何天义．"二战"掳日中国劳工口述史[M]．济南：齐鲁书社，2005．
② 居之芬．1933．9—1945．8日本对华北劳工统制掳掠史[M]．北京：中共党史出版社，2007．
③ 居之芬．日本掠夺华北强制劳工档案史料集[M]．北京：社会科学文献出版社，2003．
④ 陈景彦．"二战"期间在日本的中国劳工[J]．历史研究，1998（2）；"二战"期间日本国内对中国劳工的迫害[J]．文史杂志，1995（5）；论在日中国劳工研究中的问题[J]．日本研究，1999（3）．
⑤ 居之芬．日本掠夺华北强制劳工档案史料集[M]．北京：社会科学文献出版社，2003．
⑥ 日本中国友好协会中央本部编．中日友好运动史[M]．北京：商务印书馆，1978．

遗骨的归还主要是由中国红十字会、日本红十字会、日中友好协会等民间团体经过磋商与努力完成的。

对于劳工遗骨归还的责任及意义这一问题，陈景彦提出应该把中日关系的历史问题分为历史认识问题和历史遗留问题，从日本政府的历史观出发剖析日本政府对于劳工"工资"及赔偿态度不予理睬的原因。[①]此外，涉及此问题的著作还有高桥哲哉的《战后责任论》[②]。居之芬《论战后赴日华工归国及遗留问题》在发掘与研究战后国民政府接收由日归国华工档案及相关劳工证词的基础上，系统地论述了战后日本遣返与国民政府接受由日归国华工事件的始末。[③]

## 三、研究的内容

综上所述，学术界对于"在日华工遗骨归还问题"尚未引起足够的重视，究其原因，在于当下中日关系现状及其档案资料挖掘的障碍。但是，随着国内外新近档案的解密，以及战后中日关系史研究的细化，已经使得该课题的深入探讨成为可能。为此，课题组将在借鉴现有中日相关研究成果的基础上，系统探究在日华工遗骨归还问题的缘起、演变及其未来走势。由于战后初期推进华工遗骨归还运动的主力是日本宗教界特别是佛教界，也正是在佛教界人士的带动下，才使得散落日本的华工遗骨陆续被发现、被挖掘、被供养、被送回。因此，课题组为了全面解明遗骨归还问题的缘由、演变及中日政府的相关政策、双边交流，充分挖掘、利用新近解密的中国外交部档案和日本外务省外交档案。通过中日双方相关文献档案的互证，查明中日双方在遗骨归还问题上的态度、责任。尤其借此阐释战后初期中日双方基于"民间外交"的遗骨归还问题的异化过程，得出遗骨归还问题现实化、政治化的深层原因。

---

① 陈景彦. 中日之间的历史认识问题与日本政府的历史观[J]. 现代日本经济, 2005 (1).
② 高桥哲哉. 战后责任论[M]. 徐曼, 译. 北京: 社会科学文献出版社, 2008.
③ 居之芬. 论战后赴日华工归国及遗留问题[J]. 抗日战争研究, 2004 (4).

（1）战前日本政府、企业强掳奴役华工政策调查研究——通过对战前日本政府及企业强掳奴役华工政策的调查与研究，揭示日本侵华所犯下的罪行。通过深入挖掘史料（日本官方解密档案）及总结现有中日研究成果，梳理日本政府与企业在华工问题上具有不可推卸的历史责任和战争赔偿责任、战后补偿责任。

（2）战后初期日本民间和平团体华工遗骨送还运动——介绍分析日本民间和平团体发起的华工遗骨送还运动，并通过与日本政府在遗骨归还问题上的遮掩、推延行为的比较，进一步说明日本政府及企业的不作为。同时，也进一步阐明强掳华工遗骨归还问题自20世纪70年代后长期搁置的原因，进而成为日本侵华战争遗留问题之一。

（3）中国政府关于劳工遗骨归还问题的交涉——中国政府就在日华侨回国及劳工遗骨归还问题给予了高度的关注，并积极主动利用集团遣送日本人居留民的有利时机，与日本方面开展民间外交，促成了一批华侨和劳工遗骨的归国。但是，从当时的国际关系和中日关系角度来说，绝对不是仅仅从人道主义角度就能够解决的问题，还涉及中国的人民外交政策、日本对中国和台湾的选择问题。除此之外，还涉及围绕着日本国内经济复兴时期的对美关系、出入境管理等问题。

（4）战俘劳工诉讼日本政府企业赔偿案始末——通过对战俘劳工诉讼日本政府企业赔偿案的发起、立案及败诉经过的梳理，分析当下华工遗骨归还问题的困境和出路。旨在说明华工遗骨归国问题既是人道主义问题，更是现实性的政治问题，也是深刻的历史性问题。日本政府应该正视历史，早日妥善解决华工遗骨归国问题。中国政府也应该谋求该问题的政治解决。

## 四、研究基本思路和方法

课题组认为研究"在日华工遗骨归还"问题，有必要从历史和现实两个维度研究。历史维度是指"在日华工遗骨归还问题"形成的历史。这段历史因为带有"精神创伤性"，是活人对死者的责任和道义，是历史事实的揭示。所以，本课题将首先通过整理日本学术界的研究成果，梳理在日华工遗骨归还问题形成的历史脉络。社会实态研究（现实维度）就是指观察、分析"战俘劳工诉讼日本政府企业赔偿案"的来龙去脉、"在日华工遗骨归还问题"的现实意义和价值。惟其如此，才能够告诉中日民众一个鲜为人知的历史，"前事不忘，后事之师"；才能够告慰那些英灵，完成我们应该承担的责任和义务。

同时，我们认为国家赔偿诉讼的结果，应该从三个层面来看：第一，法庭的判决是否承认历史事实；第二，政府或者企业是否负有责任；第三，经济赔偿。如果法庭的判决既承认历史事实，又认定责任，又给予赔偿，这样就是全面胜诉。如果认定历史事实，认定责任，但给予部分赔偿，也可以叫胜诉。如果认定历史事实，认定责任，但没有进行赔偿，我们可以叫部分胜诉。如果三者都没有承认，叫做败诉。

本课题组认为"在日华工遗骨归还"问题缘于日本的侵华战争，因而日本政府及加害企业负有战争赔偿的责任和战后补偿的义务，并且应该采取具体的、积极的措施，承担起应尽的责任。

对该课题的研究，将本着实事求是的原则，大力发掘史料和日本政府官方档案，理论联系实际，通过实证和案例研究，阐述"在日华工遗骨归还"问题的形成过程及其演变。

但是，在考察"在日华工遗骨归还"问题的形成过程及其演变时，必须充分思考当时的国际形势与中日两国的国内形势对该问题形成的影响。1945年年末，根据驻日盟军总司令（GHQ）指令开展的在日华工集团遣送基本结束。其间，一批遇难华工遗骨被同乡带回中国。如群马县薮家事业场就准许华工带回遗骨，且与鹿岛组交涉，连记载遇难华工名单的石碑也一并带回。但是通观整个过程，已经被火化的遗骨依然大量地被放置。①何以如此呢？课题组认为缘于当时GHQ和国民党政权的对应。例如：1945年秋，国民党怀疑这些从日本回国的华工一旦在天津入境，势必与共

---

① 田中宏，内海愛子，石飛仁. 資料·中国人強制連行[M]. 東京：明石書店，1987：379–381.

——在日华工遗骨归还问题调查

产党有关系，因而命令他们将随身携带的同胞遗骨全部遗弃在天津郊外①。同时，负责遣送在日华工的GHQ也曾明令禁止华工携带遗骨回国。②

因而关注当时各国政府围绕遗骨归还的对应问题，势必成为当今深入探讨的课题。如果详细考察当时GHQ对应的话，就必须充分考虑到当时国际形势的影响。当时GHQ依据横滨地方法院的裁决，处罚了秋田县花冈和大阪筑港的有关人员。但是，其余的133个事业场的犯罪行为却被免于起诉，其根本原因就是美国对日占领政策的转变。

---

①杉原達. 中国人強制連行[M]. 東京：岩波新書，2002：175.
②田中宏，内海愛子，石飛仁. 資料・中国人強制連行[M]. 東京：明石書店，1987：379–381.

# 目　录

**第一章　异域孤魂**

**——在日华工遗骨归还问题历史探源** ················ 1

　第一节　"二战"前日本政府强掳华工政策的制定与推行 ···· 1

　第二节　日本企业对华工的奴役与迫害 ················ 43

　第三节　在日本被强掳华工及死难人数考 ·············· 62

　第四节　在日华工遗骨数量考 ························ 73

**第二章　魂兮归来**

**——在日华工遗骨归还问题的产生** ·················· 79

　第一节　遗骨归还问题的"萌动"与日本政府的应对 ······ 79

　第二节　日本佛教界华工遗骨调查与日本政府的态度 ······ 96

　第三节　送还遗骨舆论的高涨与日本政府的方针 ········· 101

　第四节　刘连仁事件与日本外务省回避补偿责任 ········· 107

## 第三章　博弈对话
### ——中日关于华工遗骨归还问题的态度 ················· 117
- 第一节　日本民间请愿运动的推进与日本政府的拖延与推诿·· 118
- 第二节　迟到的"遗骨调查"与《外务省报告书》的隐匿····· 128
- 第三节　华工遗骨的送还与中国政府的态度··············· 142
- 第四节　华工遗骨送还问题的遗留······················· 154

## 第四章　世纪求索
### ——华工诉讼日本政府及加害企业赔偿案始末 ············ 157
- 第一节　华工诉讼日本政府及加害企业赔偿案的发起······· 158
- 第二节　华工诉讼日本政府及加害企业赔偿案现状········· 168
- 第三节　华工诉讼日本政府及加害企业赔偿案的困境······· 180

## 第五章　法网恢恢
### ——关于日本政府在华工遗骨归还责任问题上的法学考量 ··· 190
- 第一节　日本政府强掳华工强迫劳动的不法行为性········· 191
- 第二节　日本政府在华工遗骨问题上的行动路线··········· 197
- 第三节　日本政府不法行为责任与战后补偿··············· 202

**结束语** ················································· 209

**参考文献** ··············································· 213

# 第一章 异域孤魂

## ——在日华工遗骨归还问题历史探源

"在日华工遗骨归还问题"缘于日本的侵华战争。第二次世界大战期间，日本政府、企业为补充国内劳动力的严重不足，酝酿并制定推行了残暴的强掳华工政策，大约有4万名华工被掳掠至日本，配置到日本全国135个事业场，进行奴隶般的劳动，直到战争结束。强掳华工过程极端野蛮，劳动环境极其恶劣，最终造成近7 000人死亡。在日侨民遣返过程中，幸存者携带一部分遇难华工的骨灰回国，但是绝大多数遇难华工的遗骨依然散落在日本各地，遇难同胞的英灵尚未得到安慰。因此，在日华工遗骨归还问题既是人道主义问题，更是现实性的政治问题，也是深刻的历史性问题。

在日华工到底死亡多少人？目前尚未有令人足够信服的结论。要准确揭开这个谜底，我们必须全力以赴，早日完成调查和研究，得出科学的在日华工被奴役、迫害和屠杀的数据，也期待着日本方面能够拿出诚意，向中国方面做出令人信服的说明。

## 第一节 "二战"前日本政府强掳华工政策的制定与推行

日本政府为确保中日战争及太平洋战争的需要，内阁会议于1940年3月8日通过了《增产煤炭紧急对策案》。文件指出：为确保国内外的煤炭增产，务必锐意进取采取各项有效措施。然而观察1940年度的国内外情势，重要物资的生产和增加出口的各项措施制约着煤炭的供给量，因而当务之急应为探究急速增产和畅通运输的紧急措施，确保煤炭供应。[1]从中日战争到太平洋战争结束期间，日本国内的壮年男子全都被驱使到了战场上，国内劳动力严重不足。为了填补劳动力的不足，在民间企业的策动下，先是从日本殖民统治下的朝鲜半岛大量强掳劳工，[2]接着又从中国本土强掳劳工。其结果，大约有4万中国人被强掳到日本，被送到日本全国的煤矿、矿山、土木建筑、码头等135个事业场。

## 一、国民总动员与劳动力的征用

自1937年日本发动全面侵华战争，便有大批青壮年被征入伍并运至中国战场。到1942年时，日本的陆军师团数增加了3倍，兵员数增加了10倍。兵员的不断增加，很快使日本国内出现了严重的劳动力不足的境况。特别是煤矿、矿山和土建业。商工省早已查知事态的严峻，曾向各企业及联合会下发调查函。1937年7月，煤炭矿业联合会在回复商工省调查函的资料中提出：1937年以后5年间，需增产煤炭2 567万吨，为此需要补充劳动力110 780人。但是补充矿工绝非易事，据福冈矿山监督局调查，在该监督局管辖下的矿山，自战争开始后各矿山就普遍劳动力不足，大型矿山需11 390人，中型矿山需3 941人，小型矿山需3 359人，劳动力不足率分别是10%、20%、26%。而造成劳动力严重不足的原因就是矿工被征召入伍。[3]

1942年1月，陆军省兵备课在《伴随着大东亚战争我国人力之检讨》的报告中，制定了自1943年开始减少兵员的计划，以满足扩大生产力所需劳动力。然而，随着太平洋战争的发动，战线逐步扩大，兵员死伤率急增，实际上的陆海军兵员数不但没有减少，反而逐年增加。为了扩大兵

---

[1] 石炭増産緊急対策ノ件（昭和15年3月8日閣議決定）．国立公文書館所蔵公文別録87[M]．東京：ゆまに書房，1997：10．
[2] 朝鮮人移住対策ノ件（昭和9年10月30日閣議決定）．国立公文書館所蔵公文別録86[M]．東京：ゆまに書房，1997：9–12．
[3] 七十年史編纂委員会．七十年史[M]．北海道炭砿汽船株式會社，1958：165．

# 异域孤魂
## ——在日华工遗骨归还问题历史探源

源，除了在本土征兵外，还在殖民地朝鲜以及中国东北开拓民中征兵。并将入伍年龄由20岁降为19岁，服役年限由40岁延长到45岁。日本政府此种举国皆兵的做法必然影响到本土及其殖民地工业的发展，造成经济发展上劳动力的严重不足。为摆脱这一困境，日本政府为挖掘国内劳动力资源潜力，首先加强了国内劳动力的管理，于1938年3月21日颁布了《国家总动员法》[①]（第一届近卫文麿内阁），8月又颁布《毕业学生使用限制令》，随后于1939年4月和7月又先后颁布了《防止从业人员移动令》和《国民征用令》等多种法令。

但是，随着战争规模的不断扩大，以及中国军民的顽强抵抗，侵华日军伤亡人数不断增加，也由于日军作战战线的不断拉长，日本不得不派出更多的军队到中国加入侵略战争，因而造成军工生产需求的不断扩大；此后加上出兵东南亚和挑起太平洋战争，日本仅在海外派兵就达300多万，加上此前还有大量人口"移民"中国东北，所有这些，就使日本国内劳动力供应更加捉襟见肘。要使战争能够继续进行下去，一个先决条件是日本的经济部门能够正常运行，军工厂能够生产出足够的军需物资，而这些都离不开劳动力这个最基本的生产要素。

为解决劳动力缺乏问题，日本政府自1940年开始全面推行征用制，即将16岁至40岁的男性与16岁至25岁的未婚女性，作为可以使用的劳动力进行登记，推行所谓的"国民皆劳"体制。至1944年3月，军工企业及民间企业的新征用人员达133万，加上当时已经被征用者约155万人，合计达288万余人。[②]尽管如此，仍然满足不了劳动力的需求。日本政府甚至动员了大量的妇女、学生及其他人员组成"勤劳报国队"，动员一批私人商店经营者及小工场主、职工等组成"征用队"等，投入到国内

---

[①]第一条 本法所谓之"国家总动员"是指在战争时期（亦包括为战争所做准备的"事变"情况，以下同此），为了达到国防之目的，应统制运用全国之人力、物力资源并使之发挥最大效力。《國家總動員法》法律第五十五號（官報四月一日）逐条解说国家总动员法[M]. 東京：日本評論社，1939：10.
[②]粟屋宪太郎. 十五年戰争期の政治と社会[M]. 東京：大月書店，1995：205.

的工厂、矿山及港口等军需工业部门。在国内劳动力资源枯竭的情况下，日本政府和经济界便把劳动力来源的视线从国内转向了国外，开始考虑强行掳掠中国人到日本充当劳工。

据北海道煤炭轮船株式会社编撰的《七十年史》记载，"为解决由于战争的爆发而带来的劳动力不足的问题，华工移入问题被提上议事日程。1940年3月在商工省燃料局内设立了官民协同协议会，特别是陆军省的战备课开始积极斡旋此事。但是，当时尚未从劳务管理及治安保持的角度加以实施。随着增产要求的日益加重，加之朝鲜劳工移入的困境，不得不着手移入并使用华工，在此，陆军省与企划院意见达成一致。"①

1942年11月27日，内阁会议通过了《关于向国内移进华人劳工事项》的决议，声称："鉴于内地劳务需求日趋紧迫，尤其重要部门劳动力显著不足之现状，按下列要领将华人劳务者移入内地，以其协力完成大东亚共荣圈之建设。"所谓"要领"的中心就是"将移入内地之华人劳务者，用于国民动员计划产业中之钢铁业、装卸业、国防、土木建筑业及其他工厂生产上"②。自此，日本便有计划地开始了掳掠华工的罪恶行径。后为加快这个罪恶行径的步伐，日本政府又于1944年2月28日举行的次官会议上通过了《关于促进华人劳工者移入内地事项》的决议，掳掠华工的规模进一步得到了扩大。③

## 二、民间企业使用华工的呼声与活动

太平洋战争爆发后，日本政府的"国民皆劳"体制仍然满足不了战争需要。一些民间企业早在战争前就已经预见到劳动力不足的问题。

1939年7月前后，日本土木工业界便向日本厚生省大臣、内务省大臣提出使用华工的《申请书》，阐明使用华工不仅劳动力廉价，可以支撑日

---

① 七十年史编纂委员会. 七十年史[M]. 北海道炭砿汽船株式會社，1958：205.
② 華人勞務者內地移入ニ関スル件. 田中宏，内海愛子，石飛仁. 資料中国人强制連行[M]. 東京：明石書店．1987：525–526.
③ 陈景彦. "二战"期间日本国内对中国劳工的迫害[J]. 文史杂志. 1995（5）：13.

本的低物价政策，还可以通过这些劳工回国后对日本"国力"的宣传，对日军在华的"宣抚"工作发挥作用，使用华工是一举多得的举措。①

千金难以替代的我等同胞在神圣使命的感召下，毅然放弃了在故国的产业战线上的重要职责，为着确立东洋的永远和平，远涉重洋，忍耐满蒙旷野的严寒酷暑，竭诚奉公，自然致使我国劳动力缩减。为了补充接近枯竭的劳动资源，最为妥当的方法即是用中国人来替代。我等认为，将那些低廉的劳动力移入我本土，不但可以充分显现我国的发展力，还可以支付给彼等相当的劳动报酬，并积攒起来。在一定的期限内将彼等送回国，彼等必大力宣扬我日本的实力，必然比我国在华的宣抚工作优异得多。

中央政府的指导方针之一就是在此倡导低物价政策的多事之秋，为防止因劳动力不足而造成劳动力价格的上涨，故而倡导一时移入那些低价格的劳动力。由此可见，再没有比中国人更廉价的劳动力了。……鉴于此，必破除陈旧之惯习。②

不仅仅是北海道的土建业提出要求，乃至中央的土木工业协会也纷纷建议政府使用华工（"支那苦力"）。1939年12月，日本土木工业协会在其调查部内设置研究课，以"移入华人劳务者"为课题，参照伪满劳动统制进行研究。1940年1月，该调查部临时委员会理事长菅原恒宽向递信及铁道大臣永井提出"移入5万支那人"的建议。

当下之急在于矿山及土木业尽管多少移入一些海外劳动力，然一味移入朝鲜人已然陷入困境，因朝鲜也已然出现劳动力困乏的现象。因而，如果依然坚持从朝鲜募集劳动力，则对于我国目前劳动力急缺的现状而言，依然于事无补。那么应该如何是好哪？我认为唯有移入中国人一途而已。

此前，已经通过友人向永井递信及铁道大臣建议了我的"一石二鸟策"。他（永井）如何感想尚未可知，然我在此再次呼吁移入5万中国苦力，即使在永井君管辖下的日发会社也没有确定下来如何移入劳动力问题。那么，为什么没有下决策哪？我想恐怕是担心在这个特殊的时节，是不能以便宜的价格移入中国苦力的。……同时更担忧在移入中国苦力的同时，带进来间谍，或

---

①花岡問題全国連絡会（準）編．資料中国人強制連行・暗闘の記録[M]．同会．1997：7–10．
②花岡問題全国連絡会（準）編．資料中国人強制連行・暗闘の記録[M]．同会．1997：7–10．

## 理解 责任 道义
—— 在日华工遗骨归还问题调查

者说是坚持无论劳动力多么的缺乏也不能够使用敌国人的习惯思维而已。但是，我们不妨可以深入思考一下，我们并不是一下子给每个事业场配置5万人的，而是划拨为几个场所。且多为深山僻壤之所，尤其是实行寄宿制管理，故而根本不用顾虑间谍一事。……因而如移入中国劳动力，则意义不仅仅在于弥补了5万劳动力的短缺问题，而且可以缓解因劳动力缺乏而引起的争夺问题。同时也可以刺激一下内地劳动力的生产效率。"①

1940年3月19日，在商工省燃料局内设置关于移入华人劳务者官民共同协议会，共同谋划官民合作向煤炭产业移入华工的事宜。出席者为北海道煤炭轮船株式会社、三井矿山株式会社、三菱矿业株式会社、煤炭矿业联合会的代表。企划课长向事务次官做出如下说明：

基于昭和15年度的增产计划，不仅是内地人，即或是移入朝鲜人，也对劳务者的充足于事无补。然如能确立移入中国"苦力"的方针，当苦力不足的时候，可以抓捕俘虏以补充其不足的部分，主要运送到桦太或者北海道的部分地区。15年度预计移入劳工约5 000人（其中移入北海道地区约1 000人）。16年度以后的移入计划则是在15年度成绩的基础上，严格筛选17岁到30岁间的单身者，且思想坚定的人，初步预计试验性移入1 500人（其中北海道的比例未定），使用期间的劳务报酬应该是不言而喻的事，因而当时尚未确定，但是充分考虑到了一年一回国的优惠政策。如果本人表示不想回国的话，则尽力安置其生活。为此应该严格选定使用者，并且要向使用者明确苦力的使用方法、保护方法、监督管理方法、警备方法及工作条件。该项工作能否顺利进行，事关日满支一体的根本问题，故而理应慎重考虑。募集之际，理应离不开当地军政当局的斡旋努力。为了运输劳工，乘船地的接收手续必须由使用者方面办理，并且负责运输到指定使用现场，登岸后不必送往管辖区警察署长及卫戍司令官。当然，在警备方面，与军队方面也有关系，因而可以依靠管辖使用现场的官厅及警察力量。

申请的方法是：指定使用场主向厚生大臣提出3份使用苦力的请愿书（正副本）。书写格式与朝鲜人苦力使用请愿书格式相同。佣金的程度尚未确定。

---

① 土木工業協会. 土木工業協会沿革史[M]. 東京：土木工業協会，1952：394.

由此可见，日本企业强掳华工政策构想的四个特征：

首先，作为其中的一环，随着1939年劳务动员计划的策定，强掳朝鲜人的政策已经付诸实施，但是劳动力依然不足，进而于1940年3月明确提出了强掳华工政策的构想。

再次，如后所述，实际上强掳到日本的华工绝大多数被配置到了土木建筑业。

再次，即使是被称为中国人，其作为苦力和补充劳动力的资源也得到了企业前所未有的重视。

最后，从强掳俘虏情况来看，日本军部参与了"募集"华工的斡旋和警备工作，军部与强掳华工有着密不可分的关系。

日本陆军省战备课也积极参与关于掳掠华工问题的协商。1940年3月20日，向北海道煤矿汽船株式会社、三井矿山株式会社、三菱矿业株式会社三所煤炭企业下发了《关于苦力的移入及使用的通知》，通知三家企业代表于3月23日午后1时参加陆军省战备科召开的会议。布置的议题有苦力使用者的选定、苦力的使用方法、劳动管理条件、保护方法、监视与监督和运输方法6个选题。

值得注意的是，此次会议将强掳中国人（苦力）放在了"试验性使用"的定位上。在南库页岛有大约300名华工被分派到了5个事业场，在北海道大约有300名华工被分配给了土建、煤矿。从中可见，此际的强掳华工已然是将重点放在了南库页岛。特别值得注意的是，此次会议是由军部（陆军省战备课）将强掳华工的具体政策提示给了参加者。

### 苦力管理要纲（草案）（昭15.3.22）[①]

**第一方针**

1. 内地考虑到关于外交策方面的诸般影响，期望采取完全管理之策；
2. 军官民合作进行监督指导；

---

[①]北海道炭砿汽船労務課．募集関係雑　苦力関係（昭和十五年）[M]．北海道開拓記念館藏，转引自西成田豊．中国人强制連行政策の成立過程[J]．一橋大学研究年報　経済学研究，2000（42）：47-49．

3. 使用苦力的事业主务必顺应关于苦力使用的国策，采取最为妥当的管理措施，特别是放弃盈利的观念，采取相当于一般劳动者的适当的措施；

4. 昭和15年度的苦力移入相当于将来大量移入的试验，因而务必保证试验取得成功。

**第二要项**

1～4（略）

5. 苦力雇佣合同；

6. 工资及其支付：

（1）工资额度以日元集团内的苦力工资标准支付；

（2）务必使其每月定期贮蓄，并且尽可能地指导其给国内的父兄汇款；

（3）作为（华工）出发的手续费，支付其50日元（尽可能地支付给父兄）；

（4）（略）

7. 衣，食，住

（1）宿舍及一套寝具由事业主负担；

（2）（略）

（3）伙食努力做到符合苦力所在的中国的习惯；

8. 移入及押送

（1）选拔一批希望出嫁给南库页岛苦力的素质优良的女人（年龄17岁以上未满30岁的独身者，思想坚定，身体强壮）；

（2）尽快提前移入（最好三个月后开始实施）；

（3）押送的实施由事业主自己承担，但是，也可依据状况寻求军队及兴亚院的援助；

（4）押送可以集团式进行，但是必须由事业主或者代理人带队，押送苦力所发生的费用由企业主负担。

9. 鉴于作业点的选定、警备、防谍、作业点的保全及苦力生理素质的差异，建议将苦力按100人为一团，便于集团使用。每团将以25人为一班，设团长和班长。

10. 劳动条件的改善

（1）符合劳役扶助规则，设置了符合苦力的例外规则；

（2）（略）

（3）苦力雇佣合同一般以1年为期。

11. 福利厚生（略）

12. （略）

13. 慰安、娱乐设施

14. （略）

15. 要考虑到（苦力）性欲望，拐骗朝鲜人和支那人娼妇。①

### 苦力雇佣合同缔结要领（昭15.3.22 战备课）②

第1案　当新中央政府（或临时维新政府）承认的支那人作为苦力的申请者，由该申请人和内地地方事业主间缔结合同；

第2案　当通过新中央政府（或临时维新政府）认可的支那人来募集，雇佣合同直接由支那人应募者和事业主间缔结合同；

第3案　当现地军队或者兴亚院着手募集时，雇佣合同直接在支那人应募者和事业主间（或临时维新政府）缔结合同；

第4案　获得释放的俘虏，须经现地驻军或者兴亚院的斡旋，然后依据前项第1案乃至第3案办理。

由上述两则史料可查知军部（陆军省战备课）已然形成了关于强掳华工的政策构想：

首先由《苦力管理要纲（草案）》可见，将抢掳华工作为苦力强行试验"移入"库页岛地区；为确保此项计划的尽快开展，特别强调了军、官全面介入监督指导和"移入"，尤其是细化了负责"移入"华工的军队组织、一年"劳务合同"的更新、奖励工资储蓄、"移入"华工的寝具负担、常用的中国饮食等，特别值得注意的是，其中详细规定了强掳朝鲜女性和中国女性作为劳动慰安妇。并且在"第1方针"的开头就明确规定了"考虑

---

① 北海道炭砿汽船労務課．募集関係雑　苦力関係（昭和十五年）[M]．北海道开拓记念館藏，转引自西成田豊．中国人强制连行政策の成立過程[J]．一橋大学研究年報　経済学研究，2000（42）：47-49.

② 北海道炭砿汽船労務課．募集関係雑　苦力関係（昭和十五年）[M]．北海道开拓记念館藏，转引自西成田豊．中国人强制连行政策の成立過程[J]．一橋大学研究年報　経済学研究，2000（42）：49.

到给内地和外交等问题所带来的诸般影响",由此可见,即使是军部也极为慎重地考虑到了强掳华工会给日本国内治安和国际关系所造成的恶劣影响。

以上各值得关注的问题点虽然是在试验移入华工阶段制定的,但是在其后不久出台的强掳华工政策当中被完全沿用了下来。

正如《苦力雇佣合同缔结要领》所显示,当时急于强掳华工,仓促之间连与"苦力"签订雇佣合同的主体,以及募集斡旋"苦力"的主体都没有来得及确定。与日本国内企业主订立"合同"的主体是所谓的"新中央政府"(即华北政务委员会)(第1案),还是华工本人(第2案,第3案)?同时,募集华工的主体是企业主(第1案,第2案),还是当地驻军,抑或是兴亚院(第3案,第4案)?上述主体均未确定。由此可见,日本军部构想的矛盾性。尽管存在着诸多矛盾,但是军部仍然积极谋划强掳华工事宜,只是考虑到劳务管理、"治安"等问题才未马上实施。

在1940年3月23日战备课召开的会议上,与会企业代表对北海道的煤炭企业到底能够"移入"、收容多少华工问题给予了极大的关注。"各大商社都采取了消极的态度",纷纷表示,从现在的煤矿规模来看,要想大规模地使用苦力是不可能的,"特别是去年秋季以来,各矿使用了大量的朝鲜劳工,目前矿工主要分为日本人、朝鲜人和苦力三个类型,因而给监督及劳务管理带来了麻烦,因而对此建议表示担心"。

尽管如此,三个商社的代表还是协商决定每个企业"试验"使用华工各100人。由此可见,此时的企业在强掳华工问题上还是持相当慎重的态度。根据日本政府的殖民同化政策,企业宁愿"移入"已被"日本化"了的朝鲜人,也不愿"移入""敌国"的华工,一旦大规模移入华工,必将给日本企业组织造成威胁。

煤炭矿业联合会认为三个商社的协商结论恐遭到军部的反对,因而建议三个商社增加到500人,并制定一个接纳华工的方案递呈给军部。"可是,要求增产的形势越来越严峻。由于朝鲜劳工的移入也毕竟是有限度的,所以不能不使用华人。对此,陆军省、企划院的意见都是一致的"。[①]

---

① 七十年史編纂委員会. 七十年史[M]. 北海道炭砿汽船株式會社,1958:203.

由此可见，移入华工已然成为日本上下各界的共识。

1941年8月，日本煤炭矿业联合会长松本与金属矿业联合会长伊藤联名向日本企划院铃木总裁、商工大臣左近寺、厚生大臣小泉提出《矿山劳务根本对策意见书》，强烈主张在矿山业中大量使用华工，"只是在苦力的使用上，从其他观点来看，矿山以外的产业部门可待以后再说。对上述苦力，不能拘泥于各种劳动立法，要断然实行特殊的劳务管理。"①此后，日本政府又与企业经过多次协商达成共识：应尽快地使用华工，以解决劳动力不足问题。

1942年4月，日本东洋经济新报社主办的《日本经济年报》第4辑曾刊登了财界的下列意见："据各方面的专家说，在长江方面有300万人左右，在华北也有相当的余力，这是从芝浦的企业家那里听到的说法。日中事变发生以前，在芝浦一带有相当多的中国人当码头搬运工人，既能干活，工资又便宜（这里所说的，是日本全面侵华战争发生以前的情况——引者注）。所以现在一定要听听这样的意见：那些低级劳动和不重要的工作，如果可能，尽量使用中国人不是更好吗？"②

1942年8月，兴亚院制定了极秘文书《关于华北劳务者对日供出事》。其核心内容就是：鉴于日本国内劳动力不足的现状，完全可以利用华工来得到满足，不仅可以使战时经济得以顺利地运营，而且可以为华北地区发展培养必要的劳动技术熟练的人员，回国事宜一体由华北劳工协会负责。供出劳动力的一切费用由相关企业负担，华工募集费需提前缴纳给华北劳工协会。③兴亚院出台此政策的目的不仅仅是为了"供出"中国人来补充日本国内劳动力的不足，还出于培养技能熟练的劳动力为将来的华北经济"建设"服务的考虑。"为了养成华北产业开发所需的技能型工人，有必

---

①中国强制连行事件资料编纂委员会编. 草の墓標—中国人强制连行の记录—[M]. 东京：新日本出版社，1964：38.
②日本東洋经济新报社，日本经济年报[J]. 1942（4）.
③華北劳务者/对日供出ニ関スル件. IPS文书（国立国会图书馆宪政资料室所藏）R—11. 西成田豊. 中国人强制连行政策の成立过程[J]. 一桥大学研究年报 经济学研究，2000（42）：54-55.

要供出青少年劳务者,并将此作为见习工。"由此道出了兴亚院的险恶用心,即强掳华工→①补充劳动力②习得并熟练技能→③发展战需经济④华北经济"建设"。①

在日本财界的要求下,日本政府基于其他方面的考虑,也开始着手具体落实强掳华工的计划。陈景彦先生指出:"从时间上看,此时距太平洋战争爆发还有三个多月,所以,由于劳动力的缺乏,即使没有太平洋战争,为解决劳动力资源问题日本也将使用华工。太平洋战争爆发,只不过是加快了这一步伐。另外,从企业建议政府'断然实行特殊的劳务管理'来看,从企业开始计划使用华工时,便将其完全排除在'各种劳动立法'的保护之外,所以华工在企业内受到非人的待遇原是早已注定了。"②

在日本内阁决议强掳华工前后,政府与企业间多次谋议,对掳掠华工做了周密的准备。1942年夏,当时掌管劳务动员计划和物资动员计划的企划院,对于在劳务动员计划中最成问题的劳动力来源一事进行了反复研究。由于土木工业协会曾经向厚生省、外务省提出过希望在土木建筑业中使用华工的要求,所以,企划院便向该协会的劳务委员会咨询了其关于山东苦力问题的想法。因为在土木建筑业中,曾有过在库页岛铁路修建过程中使用外国劳工的经验。另外,鉴于在中国东北每年都有数十万的苦力从华中、华北方面流入,并且这些劳动力大都被日伪使用于煤炭采掘和土木建筑上,并取得了很好的"成绩",所以,企划院也认为,将华工移入日本国内也不是不可能的。另一方面,当时的名古屋大学医学博士晖峻从劳动医学的角度为日本政府筹划,发表关于使役华工见解及经济情报。其后,厚生省也命令其官员熊谷宪一与"北京大使馆"联系,来中国了解劳动力问题现状。回日本后的熊谷在企划院主办的报告会上,详细发表了中国一行的结果,得出结论:作为劳动力源泉,使用华工,现在是最适当的。③

---

①西成田豊. 中国人强制連行政策の成立過程[J]. 一橋大学研究年報 経済学研究,2000(42):56.
②陈景彦. "二战"期间在日中国劳工问题研究[M]. 长春:吉林人民出版社,1999:21.
③野木崇行. 華鮮労務対策委員會活動記録[M]. 日本建設工業會華鮮労務対策委員會,1947:13.

异域孤魂
——在日华工遗骨归还问题历史探源 第一章

1942年10月1日，煤炭统制会向各支部下发了极秘文书《关于煤矿使用俘虏及苦力事》，向各地方企业鲜明显示了使用华工的决心，其中规定，"在苦力使用问题上，已经与企划院进行了多方交涉，尚未看到具体的结果。尽管如此，仅凭各业者的日益高涨的热忱即可预见到使用华工的可能性。因此，作为与政府交涉的资料，兹决定各社在10月5日前将所需俘虏数及所需各项条件一并报送上来。"

1942年10月5日，煤炭统制会东部支部反馈信息，提出磐城、古河、大昭和、入山各煤矿需要俘虏800人。10月14日，日本煤炭统制会东部支部便收到了企划院转发的兴亚院关于使用华工的指示文件，兴亚院规定将华工使用于土木、港湾、矿山行业中，劳工的供给地为华北，劳工的组织形式采取"队"的组织，设中国人队长、班长，而高级监督则由日本人担任，使用期限为1年。① 次日，煤炭统制会东部支部立即向其下属磐城、好间等煤矿下发通知，并传达兴亚院的文件，要求各煤矿上报使用华工的具体计划。10月22日，磐城煤矿便以"磐查第319号"的回函，申请使用100名华工，并希望使用期限为2年。②

1942年10月20日，土木工业协会制定了《华北劳工使役规定》。该文件基于兴亚院《关于华北劳务者对日供出事》的方针细化了土木工程专用劳工的移入办法，并具体规定为"移入要领"。③ 继土木工业协会之后，煤炭统制会也积极响应兴亚院的号召，制定了具体的《劳工移入实施细则》。10月24日，日本煤炭统制会又以"劳秘第290号"向东部支部及住友矿业株式会社等下发了通知（如下）。

---

① 長沢秀编. 戦時下朝鮮人中国人連合軍俘虜強制連行資料集（石炭統制会極秘資料）（全4卷）—第3卷中国人強制連行[M]. 東京：緑陰書房，1992：8-9.
② 長沢秀编. 戦時下朝鮮人中国人連合軍俘虜強制連行資料集（石炭統制会極秘資料）（全4卷）—第3卷中国人強制連行[M]. 東京：緑陰書房，1992：17.
③ IPS文書（国立国会図書館憲政資料室所蔵）. R-11. 西成田豊. 中国人強制連行政策の成立過程[J]. 一橋大学研究年報 経済学研究，2000（42）：64.

# 理解 责任 道义
## ——在日华工遗骨归还问题调查

关于苦力使用事项

关于此事项以前便与有关当局进行了交涉，在本月1日举办的当地各社劳务担当者会议上，已报告其经过。其后，又与企划院、兴亚院、其他有关官厅进行了联络交涉。此次已有如附件所示关于苦力使用上的具体条件，其移入时期暂未定。有希望移入（苦力）者，望按下记事项，于25日前以电话给予回答，特此通知。

记：

一、希望移入人员数

二、使用场所

三、使用开始时期①

由此可见当时日本企业急于掳掠华工的面目。早在1942年11月27日阁议之前，关于使用华工的各项细节及要求已然通过企划院和兴亚院的号召及组织，布置到了土建煤炭业，且相关产业界已经遵循上述方针与规定细化了各自使用华工的内容。正因为如此，也再次证明了1942年11月27日阁议不过是将日本企业、日军、企划院、兴亚院推动下的强掳华工政策以国家的名义加以确认而已，由此更加明确了日本企业在强掳华工问题上负有不可推卸的责任。

1942年11月25日，日本政府官员与企业家们在《东洋经济新报》社内举行了劳务座谈会，商讨使用华工问题。出席座谈会的有厚生省勤劳局长持永义夫、煤炭统制会企划兼劳务部长茂野吉之助、矿山统制会劳务部劳务课长村雨辰雄、日本曹达株式会社人事部次长桂皋、精密机械统制会劳务部第一课长大桥静市、日本制铁株式会社劳务课长铃木舜一、《东洋经济新报》编辑局长佐藤伊兵卫等人。会上，佐藤询问持永：作为当局有何考虑？持永表示为解决劳务问题，除尽可能增加移入朝鲜人外，同时也考虑移入华工问题。他说："听各方面专家说，从扬子江流域可移入300万

---

① 長沢秀編. 戦時下朝鮮人中国人連合軍俘虜強制連行資料集（石炭統制会極秘資料）（全4巻）—第3巻中国人強制連行[M]. 東京：緑陰書房，1992：21.

人华工，华北方面也有相当的余力，只要有可能解决运输方面的问题，我认为大量引入华工是没问题的。这是在芝浦业者那里听到的事：在日支事变之前，芝浦一带就有作为装卸工的中国人的劳动，他们能干，工钱也便宜。所以，当此之际，务必给予考虑。像那些低级劳动、非重要的工作用中国人干不是很好吗？"①煤炭统制会的茂野则认为："要用这些外人，在其劳务管理上，必须造就一种特殊人才。如果没有强硬手段、强硬观念的人，只像以前对内地人劳务管理那样的观念是不行的。这样的人才来自何处，我认为应从农村或工厂的优秀者选出，他们必须像管理士兵一样，一个人管理50或100人"。②此次研讨会无疑是在为日本政府强掳、管理华工出谋划策。

### 三、日本政府强掳华工政策的铁证

根据目前学界调查研究结果表明，战前日本政府酝酿、制定并实施的强掳华工政策已经是不争的事实。

1942年（昭和17年）11月27日，东条英机内阁会议上提出并通过的《关于向国内移入华人劳务者事项》的决议，就已经充分证明，将华工强掳到日本，是根据日本政府的正式内阁会议决定而实施的。该文件标识"极密"字样，并有东条英机首相及以下阁僚的签名盖章。可以说这是日本政府决定掳掠华工的纲领性文件（主要内容如下）。

#### 关于向国内移入华人劳务者事项
昭和17年11月27日阁议决定

**第一，方针**

鉴于内地劳务需求日益迫切，尤其是重体力劳动部门劳动力显著不足之现状，兹根据下记要领将华人劳务者移入内地，以便使其协力完成大东亚共荣圈之建设。

---

①日本東洋経済新報社. 日本経済年報[N], 1942（4）.
②日本東洋経済社報社. 東洋経済新報[N]. 1942-12-19.

**第二，要领**

1. 根据本方针，将移入内地之华人劳务者，使用于国民动员计划产业中之矿山、装卸业、国防土木建筑业及其他工厂杂役上。然则目前只限于在重要矿山、装卸及工厂杂役上使用。

2. 移入华人劳务者，以华北劳务者为主，亦可根据情况，由其他地域移入。然就紧要人员，尽量以当地使用之同种劳务者及经过训练之俘虏、归顺兵充之，务必考虑移入素质优良者之办法。

3. 移入华人劳务者之募集及斡旋，应由华北劳工协会负责，在联系新民协会及其他当地机关之情况下实施之。

4. 移入华人劳务者年龄概为40岁以下之男子，应选拔身心健康者，不得携带家属。

5. 华人劳务者及其指导者，在移入之前，务必在当地相应之机关经过一定时期之训练。

6. 经批准使用华人劳务者之事业场应以相当数量集体使用为条件，在与有关官厅协议后选定劳务者。然，原则上事业场不得从事提供华人劳务者之活动。

7. 华人劳务者之契约期间，原则上为2年，若同一人连续使用2年后，据本人愿望，在适当时期可暂允其回国。

8. 关于华人劳务者之管理，务必特别留意，勿在习惯上带来急剧变化。

9. 华人劳务者之饮食不以米食为主，应供给华人劳务者以日常食物，粮食补贴，须在内地采取特别措施。

10. 劳务者所得，应按支那当地通常工钱标准支付，亦应考虑向在留家属汇款而决定之。

11. 关于华人劳务者移入之时间、人员、运输、防疫、防谍，以及其他移入上所必要之具体细节，务必与有关官厅协议之后决定。

12. 华人劳务者向家属汇款及携带归国之款，原则上不予限制。然因实施本方针给日支间国际收支带来重大影响时，可考虑在可能范围内，由内地向支那提供适当之保证物资。

**第三，措施**

鉴于本方针之实施，其成功与否影响甚大，根据另项规定之要领先行试验，依其成绩再转向本方针之全面实施。

**备考**

鉴于在支那技术劳务者不足之现状，应一并考虑与实施本方针相关之另一办法，即在内地工厂使用华人青少年劳务者，特别着意于技术训练，以期为将来支那培养骨干劳务者。①

通读上述引文，可以做出如下判断：

第一，强掳华工的劳动业种被限定为重体力劳动部分，即矿山业、装卸业、国防土木建筑业、工厂杂役等。

第二，作为重点强掳对象的"华北劳务者"，在紧急时刻，可以考虑强掳同一业种的工人、俘虏、归顺兵等。

第三，强掳华工事宜一体由华北劳工协会操办，新民会等殖民机构予以协助完成。

第四，强掳华工的工作场所在事业场与日本有关官厅协商的基础上选定。

第五，强掳华工的"合同期限"为2年，在延长"合同"的情况下，作为一种绥靖政策（"宥和策"），准许华工临时回国。

第六，在华工的管理和饮食上，表示尊重生活习惯，提供中国饮食。

第七，也是最为重要的一点，阁议决定试验强掳华工，当取得一定"成绩"时可"全面实施"。

为了贯彻与落实日本政府关于强掳华工的决议精神，日本企划院第三部当日就公布了《基于〈关于向国内移入华人劳务者事项〉第三'措施'之规定将华北劳务者移入国内实施要领》，将阁议第三项规定具体细化为：

1. 产业种类及供出[劳工]时间：产业种类分为装卸业与煤矿业，待当地[中国华北]及内地准备完毕即可迅速实行。

---

① 華人劳務者内地移入ニ関スル件. 田中宏，内海愛子，石飛仁. 资料中国人强制連行[M]. 東京：明石書店，1987：525-526.

2. 人员分配：装卸业第一次500人，煤矿业500人。
3. 供出方法：由华北劳工协会负责。
4. 契约期限：以满一年为限。①

该实施要领还对运送劳工的经费、劳工的使用条件、海路运输、华北劳工协会向华工劳作场所派驻人员、发放劳工证等有关事项做了详尽规定，可以说是日本政府具体实施掳掠华工计划的指导性文件。

鉴于强掳华工补充日本国内劳动力之不足"其成功与否影响甚大"，也为了日本国内官厅、企业与日本在华有关机构及傀儡组织华北劳工协会之间，能够就强掳华工问题进行有效的配合，同年12月9日，煤炭统制会与矿山统制会共同召开了"关于华工使用条件专门委员会协调会"，再次确认了《关于华工使用条件的建议》。其中薪资方面保证最低日工资2日元，在使用条件上建议"尽可能地采取承包制的把头制"。②此外，尚可推测的是在此次会议上，两统制会就参加"华北劳动事情视察团"达成共识。

1942年12月，日本企划院组织了"华北劳动事情视察团"。这个视察团原计划由7名政府官员、20名统制团体会员及企业代表组成。③但实际上参加这个视察团的人员有厚生省、商工省、内务省、运输省、外务省等各省官员和煤炭、矿山、海运、土建等各统制团体代表共计18人。团长由企划院第二部第三课课长内山担任。时任北海道煤矿劳务部长、日本政府御用劳务问题专家前田一和《华鲜劳务对策委员会活动记录》的执笔者

---

①田中宏，松沢哲成编. 中国人强制连行资料：「外务省报告书」全五分册[M]. 东京：现代书馆，1995：249–250.

②石炭统制会. 鉱山统制会.「華人労务者使用条件ニ对スル申合」(同「華人労务者使用条件ニ関スル石炭，鉱山両统制会専門委員打合会」[M]. (北炭労务部. 苦力. 俘虜関係. 昭和十八年[M]. 北海道開拓記念館所蔵). 转引自西成田豊. 中国人强制连行政策的成立过程[J]. 一桥大学研究年报. 経済学研究，2000（42）：52.

③長沢秀编. 戦時下朝鮮人中国人連合軍俘虜強制連行資料集（石炭统制会極秘資料）（全4卷）—第3卷中国人强制連行[M]. 東京：緑陰書房，1992：50.

野木崇行都是视察团成员。视察团成员于1942年12月19日在"北京大使馆"集合，他们以华工的供出、待遇问题为中心，对粮食问题、宿舍设施、工资以及劳工归国携带款等问题反复协商。会议长达5天的时间，但是仍未能得出结论，于是决定实地考察后再行商议。其间，"北京大使馆"的有关官员和华北劳工协会头目、华北运输会社、华北开发会社的有关人员等30人列席了会议。列席人员就华工有关问题咨询了由日本派来的18名视察员。随后，视察团分成"煤炭采掘班"和"华北各港运装卸班"进行了实地考察。在煤矿方面，主要考察了开滦等华北的主要矿山。为详细了解情况，视察团成员在日本警察的保护下，直接进入矿内。除煤矿和港湾装卸业的考察外，还访问了驻军司令部，并拜访了参谋长和特务机关长。驻军参谋长对强掳华工一事大加赞赏，特务机关长也表示"在一二天以前召开的北支（北京）特务机关会上，商讨了内地劳工移入问题，从现地反映情况来看，恐招致反对，因而需大力倡导采取妥善的国策，宣传役使俘虏的方策"。[1]随后视察了"石门劳工训练所"，了解"俘虏归顺兵"的劳务训练、强迫中国人学日语、学唱"君之代"等详细情况。所长代理详细讲解了"劳工指导训育"情况，并表示根据军队的指令，每月都要供出千余名"劳工"。特别是自去年（1941年）以来，陆续收到了来自"满洲国"各矿山"供出"劳工的报告。当时，某参谋指出"俘虏的绝大多数靠作战行动获得，但是依靠收容所设施也可取得可喜的效果"，进而体现出军队在强掳华工方面的积极态度。[2]

12月31日，视察团成员再次集结"北京大使馆"召开会议。会议在听取各班视察报告的基础上，就可否向日本移入华工问题进行了为期3天的商讨。此次协议会商讨的焦点问题依然是视察前所关注的如何给华工家属发放慰问金和华工归国时如何携带薪金的问题。为此，与会人员交换了

---

[1] 西成田丰. 中国人强制连行政策の成立过程[J]. 一桥大学研究年报. 经济学研究，2000（42）：71.
[2] 野木崇行. 华北劳働事情视察报告书. 西成田丰. 中国人强制连行政策の成立过程[J]. 一桥大学研究年报经济学研究，2000（42）：72.

各自的意见，但是，由于意见分歧较大，最终未能达成共识。

同时，当地的业主（矿山经营者）对"从同一资本系统的矿山移入已经有丰富采矿经验的矿工"的华工移入方针，提出了反对意见。特别是三井系的中兴矿山表示，由于华工的募集地域被限定为自身经营范围内，"供出"后的矿工补充问题难以解决。当地企业的反对意见在考察团成员前田一回国后的《视察报告书》当中有所记载：虽然阁议决定了移入熟练矿工的方针，但是此次阁议所决定的从"同一资本系统"移入矿工的说法存在着问题，……如军部强烈要求昭和18年度（1943年）增产30万吨，但是一旦现有矿工被强制募集，则现有矿工无论如何也完成不了限定生产任务。①

鉴于上述情形，此次会议最终决定将石门（石家庄）、济南的俘虏收容所的俘虏"转化成良民后作为劳工供出"，有关方面与驻军司令官商议后决定："移入"人员为伏木港运输会社装卸工500名，北海道煤炭会社夕张矿采矿工150名，三井田川煤矿采矿工150名，日铁二濑煤矿采矿工200名，总计1000名。

难民级的苦力募集难以进行，而从中兴矿业或者莱芜煤矿募集现有熟练矿工也难以实现，加之仅以把头为中心来募集，不仅经费困难，而且对华北劳工协会和新民会的募集能力也表示怀疑，因而建议将俘虏和归顺兵加以训练后释放为良民。至于俘虏、归顺兵的训练所，建议分别设置在济南、徐州等地。设施、制度最为完备的是石门（石家庄）的训练所，如果有此俘虏和归顺兵的话，则可立即募集。②

---

①前田一．北支苦力事情视察报告．（北炭．苦力・俘虜関係[M]．北海道開拓記念館．昭和十八年）（西成田豊．中国人強制連行政策の成立過程[J]．一橋大学研究年報 経済学研究，2000（42）：73．）

②前田一．北支苦力事情视察报告．北炭．苦力・俘虜関係[M]．北海道開拓記念館．昭和十八年）（西成田豊．中国人強制連行政策の成立過程[J]．一橋大学研究年報 経済学研究，2000（42）：73．）

会议商议结果认为可以在一部分港湾、装卸与矿山，以1年为期进行少数的集团性移入。①参加视察团的土木工业协会主事野木崇行在《视察报告书》当中总结指出：通过本次旅行考察，将支那人俘虏转化为良民，并使其移入内地的思考完全是依据煤矿方面试验移入的结果，其效果如何还要看相关政府部门在内地治安上的协商结果，但是，确信能够在土木方面取得所期望的效果。②

根据视察团的考察结论，经协商，指定企业与华北劳工协会签订了关于强掳华工的合同（格式及内容如下）。

## 合同书

为补充日本内地矿山劳动力之不足，华北劳工协会（甲方）和日铁矿业株式会社（乙方）间签订关于华工供出（移入）及使用劳务合同，另附关于实施细则的通用合同。

民国32年6月18日

昭和18年6月18日

　甲　华北劳工协会理事长

　乙　日铁矿业株式会社

　　　二濑矿业所

　　　三井矿山株式会社

　　　田川矿业所

附件《华工第1次对日供出（移入）实施细目》

一、供出人员队员1，副队长1，劳工210，计212

二、供出方法

1. 募集方法

---

①野木崇行. 華鮮労務対策委員会活動記録[M]. 日本建設工業會華鮮労務対對策委員會，1947：14-15.

②野木崇行. 華北労働事情視察報告書. 西成田豊. 中国人强制連行政策の成立過程[J]. 一橋大学研究年報. 経済学研究，2000（42）：73.

**理解 责任 道义**
——在日华工遗骨归还问题调查

由华北劳工协会从石门教习所训练工人中选拔合格者。

2. 编成

每队组成……

队长 1

副队长 1

各班班长以下24名8个班

伙夫长以下 6

书记 7

总人员212名

3. 4.（略）

5. 遣送地点及予定年月日

塘沽，6月21日

三、输送方法

1. 输送机构及路径

……乘船地塘沽，登陆地门司（位于日本福冈县北九州市门司区）

2. 联系人

乙方负责在华工输送前派遣联络人员到华北，联络甲方。

3.（略）

四、关于供出经费

1. 供出准备品

本经费由乙方负担

大概经费标准基于下表，实际发生金额由甲方精算。

募集费　10600円

日用品、随身携带食粮、餐具、娱乐用品、输送费、杂费、准备费、慰安妇费（人员9）17824円

合计　75000円

2.（略）

3. 支付方法

乙方供出准备费提前支付，其他经费于输送人员到达目的地前三周支付甲方。

五、（略）

六、指导员

为确保指导队长以下人员能够恪尽职守，每队配备日系指导员1人，华系指导员（兼翻译）1人。

1. 身份关系

指导员所属甲方，由乙方分配工作……

2. 经费

乙方按照下列标准每三个月预交甲方指导员管理费。

指导员为一人时，每月383円

指导员为二人时，每月766円

3. 往返差旅费

由乙方负担，按照每人2000円标准支付。①

上述合同书当中的内容值得注意的问题是：

第一，尽管该合同是华北劳工协会与日铁矿业间的合同，但是二濑矿业所、三井矿山株式会社、田川矿业所等也作为合同当事者参与进来，而日铁矿业作为日本政府指定的企业，却成了合同的主体代表。

第二，《对日供出（移入）实施细则》中的"关于供出经费"部分规定，企业应该负担包括慰安妇在内的221名（减去慰安妇9名，华工应为212名）75 000日元的经费。简单计算一下，相当于每人339日元，即使除去9名慰安妇，每人353日元，当时大型重工企业正式工人的每月工资才100日元多一点而已。②由此可见，上述"供出"经费相当的高，从"移入"华工是俘虏的角度看，如此高额的经费值得怀疑。

---

①華労移入経過（国立公文書館所蔵）．西成田豊．中国人強制連行政策の成立過程[J]．一橋大学研究年報　経済学研究，2000（42）：78–80．
②西成田豊．近代日本労資関係史の研究[M]．東京：東京大学出版会，1988：406．

第三，慰安妇每人经费为1980日元，仅慰安妇的"供出"经费就占了总经费的24%。而当时的慰安妇可以推断为俘虏，即或不是俘虏，上述慰安妇经费之高也是令人吃惊的。

第四，"指导员"的经费也是极高的，虽然每人每月383日元管理费的根据也是无法推断的，但是如此标准却相当于当时重工业大型企业正式工人工资的3.8倍。至于"指导员"每人往返差旅费（华北—就劳地间的旅费）2000日元的说法也是无稽之谈。

由此可见，华北劳工协会被牢牢地吸附在强掳华工的体制当中，同时仅就强掳华工过程而言就存在着巨大的利益。日本企业试验性强掳华工的构想已经形成，也更显现出日本企业强掳华工的"良苦用心"。

在华北视察团回国不久，1943年3月2日，日本内务省警保局局长以"警保局外发甲第11号"文件致函警视总监、各厅及府县长官，发布了《关于华人劳务者试验移入内地及其管理事项》，对华工在登陆地点、入境后的居住等所有手续进行了详细规定。[①]自1943年4月到11月，日本政府根据内阁会议的决定开始了试验移入，其间移入华工1420人（表1）。

表1 试验性强掳华工情况统计表[②]

| 事　业　场 | 到达事业场时间 | 强掳华工人数 |
| --- | --- | --- |
| 日铁二濑矿业所高雄第2坑 | 1943年7月11日 | 133人 |
| 日铁二濑矿业所高雄第2坑 | 1943年11月27日 | 79人 |
| 三井矿山田川矿业所第2坑 | 1943年7月11日 | 134人 |
| 三井矿山山野矿业所 | 1943年11月17日 | 211人 |
| 东日本造船函馆工场 | 1943年8月3日 | 243人 |
| 东日本造船函馆工场 | 1943年10月10日 | 188人 |
| 神户船舶装卸会社 | 1943年9月9日 | 210人 |
| 伏木海陆运输会社 | 1943年4月16日 | 222人 |
| 合　　计 |  | 1420人 |

---

①華労移入経過（国立公文書館所蔵）．西成田豊．中国人強制連行政策の成立過程[M]．一橋大学研究年報　経済学研究，2000（42）：82．
②中国人強制連行事件資料編纂委員会編．草の墓標—中国人強制連行の記録—[M]．東京：新日本出版社，1964：41．

## 异域孤魂
## ——在日华工遗骨归还问题历史探源

根据 1942 年 11 月 27 日阁议决定的《关于向国内移入华人劳务者事项》，获得强掳华工使用资格的事业场是由相关政府部门协商选定的，但是表 1 所见各事业场均是在煤炭资本的运作下启动的，特别是煤炭统制会东部支部（常磐矿业）于 1943 年 9 月 22 日正式向煤炭统制会劳务部递呈了《关于希望移入华工人数的请示》。该请示提出移入华工 400 名，其中磐城煤矿 300 名，入山采矿 100 名。①

1943 年 10 月 21 日，昭和煤矿向煤炭统制会东部支部递呈了《关于移入苦力作为煤矿劳力的请愿书》。其中提到，"根本解决劳动力缺乏的问题，要在根源上探求，此外别无它途。"② 10 月 30 日，煤炭统制会东部支部接受了该请愿书，并在此基础上向煤炭统制会劳务部递呈了《关于请求移入华工的建议书》，转达了昭和煤矿希望移入的华工数量。③

日本政府鉴于先期试验移入的效果非常良好，于 1944 年 2 月 28 日内阁次官会议做出《关于促进华工内地移入的决定》，规定以后将华工纳入每年度的国民动员计划，正式开展华工移入事业。日本政府据此制定了《华工内地移入手续》等有关华工移入的具体实施细则。

根据昭和 17 年 11 月 27 日阁议《关于向国内移入华人劳务者事项》的有关决定所实施的试验性移入成绩较为良好，鉴于此现状，为进一步促进此项事业之开展，特根据《关于促进华工内地移入的决定》第三款之规定，制定本实施细则。

第一，通则

1. 依据本规定，向内地移入华工事宜须在当地大使馆或者国民政府的斡旋下，一体由华北劳工协会及其他适当机构承担。

---

① 長沢秀编. 戦时下朝鲜人中国人连合军俘虏强制连行资料集Ⅲ中国人强制连行（石炭统制会极秘文書）[M]. 東京：緑蔭書店，1992：79.
② 長沢秀编. 戦时下朝鲜人中国人连合军俘虏强制连行资料集Ⅲ中国人强制连行（石炭统制会极秘文書）[M]. 東京：緑蔭書店，1992：80.
③ 長沢秀编. 戦时下朝鲜人中国人连合军俘虏强制连行资料集Ⅲ中国人强制连行（石炭统制会极秘文書）[M]. 東京：緑蔭書店，1992：83.

理解 责任 道义
——在日华工遗骨归还问题调查

2. 华工的募集，除原俘虏或归顺兵外，一律按照一般募集手续有组织地募集，或者作为特殊募集劳务者对待。

前项劳工须为成年30岁以下的独身男子。

3. 华工必须事先在一定的期限内在当地的机构进行必要的训练后方可移入，因而须采取适当的措施，设立训练设施。

4. 华工一般从事于国民动员计划所涉产业中的矿业、装卸业、国防土木建筑业及其他重要工业。

5. 华工劳务合同期限原则上以2年为限。

6. 华工根据每年度国民动员计划，有计划地移入。

第二，使用条件

1. 提出使用华工的事业场，须以集团方式相当数量的移入为先决条件，须在各关系省厅协议的基础上，由厚生省选定。

2. 在华工管理问题上，须留意以下各点，避免过激变化华工习惯：

（1）华工的作业场所必须与朝鲜人劳务者或者俘虏（指欧美俘虏—译者注）严加区别。

（2）华工到达作业场后须得到充分的休养后方可作业。

（3）住地安置——须临近朝鲜人劳工住宅，整体规划设置。

（4）伙食上尽量提供米食。提供给华工的日常伙食，须由农商务省采取特别措施，确保供应。

（5）在慰安所等娱乐设施上，亦应采取适当的措施。

3. （略）

4. （略）

5. 除四大节日外，农历正月除二、端午节、中秋节各一天为必需的公休日。

第三（略）

第四，其他

1. 使用华工的各事业主亦须仔细留意间谍的出现以及逃亡。

2. 使用华工的各事业场的职员可作为指导员，并为此采取积极稳妥的各项措施。

3. （略）

4. （略）①

列入《1944年度国民动员计划》中的华工为3万名。在次官会议决定中，关于强掳华工有如下说明：根据本文件向内地移入华人劳工的提供及协助单位由大使馆、现地驻军以及国民政府（华北方面为华北政务委员会）指导下的现地劳力统制机关（华北方面为华北劳工协会）担当之。②

1944年4月4日，厚生次官、内务次官联名向各府县知事下达了附加《关于华北内地移入的方针》③和《华工内地移入要领》（次官会议决定）的《关于华工内地移入的通牒》④，向各地方传达了政府"正式移入"华工的方针。

随着日本政府强掳华工构想和各项政策的成熟，军部（鹫第3905部队参谋部）也给予了积极配合，1944年3月15日，起草并下发了《华工使用参考》的文件。该文件首先对强掳华工的身份进行了界定，"华北供出的劳工大体上前身为俘虏，且大部分为中国共产党保护下的人，因而虽说是俘虏，但是不能够仅仅视为军人，因为其中包括相当的民众，（中国共产党——引者注）发动农村的贫农层，努力培养开展阶级斗争的潜势力。"⑤

日本驻华大使馆在强掳华工事宜上与日本国内各界保持一致，给予了积极响应，于1944年8月发表了《华工劳务管理要领》的长文，对军部的政

---

① 華労移入経過（国立公文書館所蔵）．西成田豊．中国人強制連行政策の成立過程[M]．一橋大学研究年報 経済学研究，2000（24）：84-86．
② 華人労務者内地移入ノ促進ニ関スル件（昭19-02-28次官会議決定）．中国人強制連行事件資料編纂委員会編．草の墓標：中国人強制連行事件の記録[M]．東京：新日本出版社，1964：24．
③ IPS文書R-7（国立国会図書館憲政資料室所蔵）．西成田豊．中国人強制連行政策の成立過程[M]．一橋大学研究年報 経済学研究，2000（24）：84-86．
④ 華労移入経過（国立公文書館所蔵）．西成田豊．中国人強制連行政策の成立過程[M]．一橋大学研究年報 経済学研究，2000（24）：84-86．
⑤ 長沢秀編．戦時下朝鮮人中国人連合軍俘虜強制連行資料集Ⅲ中国人強制連行（石炭統制会極秘文書）[M]．東京：緑蔭書店，1992：277．

理解 责任 道义
——在日华工遗骨归还问题调查

策表示赞同的同时，出于外交的考虑，着力强调了"活用华工的重要性"。

此次圣战完全基于帝国的自存自卫及大东亚民族解放的目的，因而无论是日本人，还是大东亚民族皆应勠力而为，恪尽职责。其中拥有1亿人口的华北民族更应该在劳动参战层面上参与同生共死的实践，或者可以说这是理所当然的。从此意义上讲，此次渡日华工实质上是响应了日本人的邀请而出动的中国劳动战士。①

可见，日本将所有被他侵略的各民族规定为"大东亚民族"，并一厢情愿地赋予"大东亚民族"一律与"敌"作战的责任，由此得出以下所谓的结论，即"移入"的中国人不是被强掳的中国人，是为了响应日本的邀请而"自发"出动的"中国劳动战士"。给予日本自身仁爱帝国主义的解释，虚伪至极显而易见。

1944年8月16日，内阁通过了《昭和19年度国民动员实施计划》，"为应对决战所需，务必急速增强战时生产能力，故基于军需动员之考虑，全面动员人力"，决定"在飞速增加朝鲜劳工的同时，开始真正移入华工"。根据该项计划，预计向日本国内供给3万华工。②到此，日本上下各界关于强掳华工的各项准备工作基本完成。

## 四、日本政府及企业强掳华工政策的推行

根据1993年日本NHK（日本广播协会）"现代焦点"节目播放的《梦幻的外务省报告书》显示，日本外务省于1946年（昭和21年）2月前后，决定就有关华工的强掳及强制劳动等实情进行细致的调查。基于该方针，外务省管理局下令对使用华工的135个作业点展开调查，要求起草并提交华工就劳始末报告书。外务省在此基础上，根据调查员起草的现场调查报

---

①長沢秀编．戰時下朝鮮人中国人連合軍俘虜強制連行資料集Ⅲ中国人強制連行（石炭統制会極秘文書）[M]東京：緑蔭書店，1992：317．
②石川準吉著．国家総動員史資料編．閣議決定昭和一九年度国民動員計画実施計画．1944-08-16[A]．第2巻[M]．国家総動員史刊行会，1975：992．

告书及所藏相关资料，在 1946 年 6 月前后，制作了外务省报告书。[①]外务省报告书仅制作了 30 份，被列为绝密文件。

其后，外务省担心报告书被用作追究强掳及强制劳动的官方及民间有关人员的战争责任时的资料，便将留存的外务省报告书全部烧毁。1960 年 3 月前后，时任外务省亚洲局局长回答说：当外务省报告书成为问题时，为避免因外务省报告书给强掳及强制劳动的有关人员造成麻烦，外务省留存的外务省报告书被全部烧毁，一份也没保留。

但是，参与制作外务省报告书的调查官中的几个人考虑道，"不能就这样将资料隐匿，将来总有一天要大白于天下"，决定将该资料委托东京华侨总会保管，便于 1950 年将外务省报告书及作业点报告书秘密带出，交予东京华侨总会。东京华侨总会虽然进行了保管，但也担心相关人员被作为战犯追究责任以及中日之间产生新的纠纷，所以一直未予公开发表。

外务省当初汇集出版报告书的目的与其说是为了弄清事实，不如说是为了"当中国等外国提出这一问题时，能够申辩并未对劳工进行极端的虐待"。[②]也就是说，其用意是为了逃避中国作为战胜国追究日本的战争犯罪。

《外务省报告书》共 5 册 646 页，这部报告书近半个世纪来并未被公布于世。政府害怕占领军将其作为追究战犯的资料，所以把报告书隐藏了起来（关于政府隐匿该报告书的原因详见第二章第四节）。直到 20 世纪 90 年代初，日本政府在被国会追问时，虽然承认制作了报告书，但反复谎称报告书已经不存在了，被烧毁了。这显然是隐匿证据。

藏于东京华侨总会的外务省报告书和事业场报告书被公开后，引起中日社会各界的高度关注。[①]该报告书虽说有很多地方被改写，但是，强掳

---

① 太平洋戦争終結による在本邦外国人の保護引揚関係雑件・中国人関係・華人労務者事業場別就労調査報告書. 第10巻[A]. 外交史料館所蔵. 分類番号 k7-3-0, 1-2-4.
② NHK 取材班. 幻の〈外務省報告書〉——中国人強制連行の記録[M]. 東京：日本放送出版協会. 1994：5.

华工的事实已经清楚了。

《事业场报告书》格式如下[②]：

一、事业场及关系者

1. 概况　2. 事业场概要　3. 华工关系者

二、移入配置及送还情况

1. 概况　2. 移入状况　3. 配置状况　4. 送还状况

三、接纳设施及关系情况

1. 概况　2. 住宿设施　3. 被服事情　4. 粮食事情

5. 医疗卫生事情　6. 慰安设施

四、劳务及薪金事情

1. 概况　2. 劳务事情

五、华工态度及事业场态度

1. 概况　2. 华工态度　3. 事业场态度

六、就劳成果及影响

1. 概况　2. 具体的成果　3. 就劳的影响

备考

据外务省报告书中记载，强掳华工人数共计 38 935 人，分布在 35 个企业的 135 个事业场劳动，其中 6 830 人死亡。食物和待遇虽然可以改写，但是一年多的时间里 6 个人中就有 1 人死亡的事实，是无法掩盖的。

该报告书显示，抓捕华工在日本政府内阁会议决定之前就已在广大范围内实施了。日本政府强掳华工是基于 1942 年 11 月政府内阁的决定，即依据既定的国策而推行的行为，这也是不争的事实。但是，日本政府又是

---

①日本外务省于1994年6月22日，在国会上正式承认了《外务省报告书》的存在，并将华工移入认定为半强制性质。决定将该报告书的复印件放在外务省外交史料馆保管，供国民阅览使用。该报告书的解密及公开阅读，再次引起世人关于华工遗骨送还问题的关注，也成为幸存华工及遗属对日本企业提出赔偿诉讼的证据链之一。

②菊池絵里通信教育部. 文学部史学科4年. 別子銅山の戦時中における外国人労働者の実態と役割[J]. 第33回法政大学懸賞論文. 優秀賞（2011-02-24）.

怎样顺应企业的要求，以怎样的形式推行的呢？通过表2所显示的日本战败前全国煤矿劳动者构成即可得见日本企业对劳动力的渴求。

表2 日本全国煤矿劳动者构成（1945年7月）[①]

| | 劳动者数（人） | 构成比（%） |
|---|---|---|
| 内地一般 | 234 346 | 60.0 |
| 短期 | 18 642 | 4.8 |
| 朝鲜人 | 117 578 | 30.2 |
| 俘虏 | 10 203 | 2.6 |
| 中国人 | 9 384 | 2.4 |
| 合　　计 | 390 153 | 100.0 |

注：表中"短期"指征用，学徒动员以及应援队、报恩队等临时劳务者。

表2人员构成中，"朝鲜人"是殖民地出身，而"俘虏"以及"中国人"都是外国人。由表2可见，日本政府为国家重要能源产业的煤炭采掘业投入了大量的外国劳动力。

由表2也可以察知，伴随着战争规模的扩大，怎样获得劳动力已然成为制约企业响应政府号召的一个极为深刻的问题。

1942年是日本政府阁议决定抢掠华工的决定性的一年，这一年的2月13日，内阁决定了《关于活用朝鲜人劳务者的方策》[②]；6月3日，军部采纳了陆军大臣东条英机的建议，俘虏管理部部长上村向有关海外部队下达了《关于成为俘虏的将校及准士官劳务的规定》的指令。

如前所述，日本关于强掳"朝鲜人""俘虏""中国人"的重要政策决定均出台于这一年。同时，由于日本在1941年发动了太平洋战争，使得这些劳动力的劳动也变成报效日本的"义务劳动制""国民皆劳制"。

如果根据日本北海道煤炭汽船株式会社《七十年史》的辩解，由日本政府和军队策划、实施的强掳华工与企业无任何瓜葛，但是，如详查强掳

---

① 長沢秀编．戦時下朝鮮人中国人連合軍俘虜強制連行資料集Ⅰ[M]．東京：緑蔭書房，1992：46．
② 「朝鮮人労務者活用ニ関スル方策」．朴慶植．在日朝鮮人関係資料集成[M]．第4卷．東京：三一書房．1976：24-25．

华工政策制定及实施的全过程，即可知强掳华工是日本政府及军队在响应企业的要求下，以官民合作的形式开展的不义行为，因而日本政府与企业不能摆脱共同责任。

### （一）强掳劳工机构

在日本强掳华工的机构体系中，级别最高的机构当属1940年设立的汪伪政权管辖下的华北政务委员会，是具有广泛军事与经济权限的伪殖民机构。而华北劳工协会则是1941年7月在华北政务委员会下设置的对华北地区的劳工进行召集、供给等业务统制的政府机构。

1942年11月27日，日本内阁会议通过的《关于向国内移进华人劳务者事项》决议第三条规定"移进华工的招募和介绍工作，应由华工协会与新民会或其他现地机关取得联系下使其担当之。"关于向国内移进华人劳务者事项

1944年2月28日，日本次官会议上通过的《关于促进华工移进国内事项》的决定，对此又有如下说明："根据本文件，向内地移入华工的提供及协助单位由大使馆、现地驻军及国民政府（华北方面为华北政务委员会）指导下的现地劳力统制机关担当之。"也就是说，这项活动在实施过程中，是由日本军队、汪伪或地方汉奸政权和伪劳工协会、伪新民会等所谓"民间组织"三位一体联合进行的。而实际上的主要实施者，则是日本军队及其军事机关，其主要的组织机构，是分布于日军占领区各地的"劳工训练所"和"劳工集中营"。日本之所以把"劳工协会""新民会"之类的组织抬出来，主要是用他们掩社会舆论之耳目。

"新民会"成立于1937年12月24日，当时日本国内杂志为此做了大量的新闻报道。"新民会职员作为所谓的不拿武器的战士，与民众一起不分昼夜挺身于乡土的治安工作当中。其间（1937年12月24日新民会成立以来，一直到1941年9月止），几度遭受到凶恶的共产军的袭击；有时积极地参与讨伐匪贼的活动，参加皇军的治安讨伐作战行动，开展随军宣抚工作，时常全身心地投入到工作当中。最近，值此全华北开展治安强化运动之际，由于与共产党间炽烈的战斗而出现了多数英勇牺牲者。……截

至现在（1941年9月），创立以来的牺牲者人数有日系99名、中系68名，合计167名"。①

最能够体现新民会作用的是残存下来的文献，其中有关于1941年6月新民会与北支那派遣军司令官联合策动的向东北地区送出"特殊工人"的计划以及集体施策。所谓的"特殊工人"是指：一、因有犯罪嫌疑而被宪兵队和警察拘留的人；二、在"清乡工作"中捕获的有通匪嫌疑的人；三、讨伐作战中的俘虏；四、在社会上从事有害活动的人。②

华北劳工协会成立于1941年7月8日，当时的日本《朝日新闻》《大阪新闻》等媒体给予了报道。据报道，1941年7月3日，华北政务委员会为了实施华北劳务的一体化统制，公布了《华北劳工协会暂行条例》，并决定7月8日在北京召开华北劳工协会成立大会。

第一条　华北劳工协会为中华民国财团法人，以谋华北区域内劳工之保护及劳动之涵养，暨对于华北内外劳动力供给、分配、交流之圆滑而期劳动对策之贯彻为目的。

第二条　华北劳工协会事业如下：

一、华北以内劳工之招募、供给、输送及其斡旋；

二、出国或出境劳工之招募、配给、输送及其斡旋；

三、劳工之登录及劳工证与劳动票之发放；

四、劳工之训练及保护设施之经营；

五、劳工介绍所之管理经营及一般职业介绍；

六、关于劳工之各种调查；

七、与前列各项附带关联之事项；

八、其他由华北政务委员会特交之事项。

第三条　华北劳工协会本部设于北京特别市，并于其他必要之地点酌设办

---

①伊東政彦．北支再建に邁進する新民会[J]．興亜，1942（1）：12．
②中央档案馆．中国第二历史档案馆．吉林省社会科学院编．日本帝国主义侵华档案资料选编14 东北经济掠夺[M]．北京：中华书局，1991：861．

事处或办事分处。

第四条 华北劳工协会以华北政务委员会及其他一般捐助之基金为基本财产。

第五条 华北劳工协会之经费，除以事业或财产之收入及捐助金与其他收入补充之外，由华北政务委员会补助之。

第六条 华北劳工协会理事在四人以下，监事在三人以下。以理事中之一人为理事长。

第七条 理事长代表华北劳工协会综理业务。理事长有事故时由理事中一人代行其职务。理事辅助理事长掌理华北劳工协会之业务。监事监察华北劳工协会之业务。

第八条 理事长、理事及监事由实业总署督办选任之。理事长、理事及监事之任期均为二年，但可连任。

第九条 理事组织理事会，议决重要事项。

第十条 华北劳工协会（设）评议员若干人，由理事长聘任之。评议员组织评议员会，关于重要事项备理事长之咨询，并得向理事长建议。

第十一条 华北劳工协会在业务上应接受实业总署督办所下发的监督上、公益上及其他必要事项之命令。

第十二条 华北劳工协会关于业务上必要时，经实业总署督办之许可，可将其业务之一部委任或委托他人经营之。

第十三条 华北劳工协会每年度应预先拟定事业计划，呈请实业总署督办核准。其计划有重要变更时亦同。

第十四条 华北劳工协会每年度应编制概算、决算，呈请实业总署督办核准。

第十五条 华北劳工协会关于下列事项，应呈请实业总署督办核准。

一、捐助章程之变更；

二、重要财产之转让或提供担保；

三、解散；

四、其他重要事项。

第十六条　实业总署督办认为有必要时，得令华北劳工协会报告其业务或财产状况，并可派员检查其金库账簿及其他各种文件。

第十七条　实业总署督办认为华北劳工协会理事长、理事或监事之行为有违反本条例或其他法令或妨害公益时，可解任之。

第十八条　本条例自公布之日施行。①

华北劳工协会以谋求华北内外，特别是对中国东北的劳动力供给、分配、交流为目的，除了负责华北地区劳动力的募集、供给以及运送的斡旋、劳动力的登记、劳工证的发放等业务外，还负责一般性的职业介绍等业务。因而，该协会包揽了以往新民会劳务机关以及满洲劳工协会等华北地区各劳务机构的全部业务。

据天津市档案馆所藏《华北政务委员会公报》所载内容，可以再次确认《华北劳工协会暂行条例》的原文内容。暂行条例明确记载该协会事业项的第二条规定："其他根据华北政务委员会的特别指令而执行的事项"，从而可知，该协会已然得到了华北政务委员会的"授权"。

根据日本方面报道华北劳工协会的资料，该协会的《暂行劳工募集取缔要领》相关内容如下：

三、募集劳工的法人资格应该依据下列各项条件，提交募集许可申请书并获得许可。

（1）募集地与就劳地在华北劳工协会同一办事处管辖内者，募集人数50人以上1 000人以下的情况，需经由所辖协会办事处向其地区劳动统制委员会提出申请并获许可。

（2）募集地与就劳地不在协会办事处管辖区内者，以及募集人数超过1 000人的情况下，需经由募集地管辖办事处向北支方面军提出申请并获许可。

（3）就劳地在国（境）外的情况下，需持有该国（境）所定劳工募集许可证，且经由协会本部，向北支方面军司令部提出申请，并获得许可（山海关办事处募集许可事务由天津办事处办理）。在获得北支方面军以及地区劳动统

---

①兴亚院华北联络部. 华北劳动问题概说[M]. 1941（7）：384–387.

**理解 责任 道义**
——在日华工遗骨归还问题调查

制委员会前项许可的情况下，经由协会本部或者协会办事处向申请机构颁发募集许可证。①

由上可见，华北劳工协会的业务相当的具体，并且上述无论哪个机构，都是在日军的大力扶持下开展劳工招募的。

此外，华北政务委员会的实业总署（后改为经济总署）是该协会的所管部局。当初主要是往"满洲国"输送劳动力。1942年11月日本内阁会议通过了《关于向国内移进华人劳务者事项》，规定：遵照之前通用的"移进华人劳工的招募和介绍工作，应由华北劳工协会与新民会或其他现地机关取得联系下使其担当之"。由此可见，华北劳工协会已然转变为日本强掳诱骗华工的官方机构。

（二）强掳劳工的手段或方式

日本方面依据劳工提供机关和劳工成份的不同，将其作了以下区分：

1. 行政供出

即"基于华北政务委员会之行政命令，分摊人数给各都市乡村，由之半强制供出者"。②"行政供出是指基于中国方面行政机关的供出命令的募集华工，是上级官厅向各省、道、县、乡村分配的华工供出比例及人数"。③

（1）行政供出体制的确立

1944年1月，华北劳工协会为了给日本、伪满洲国、蒙疆、华中等地大量输送劳工，在以前特定的16个实验县进行了重点掳掠。该年总共掳掠了44.2万人，而当年计划掳掠人数为85万人。

根据1944年4月18日华北政务委员会经济总署发给同委员会内务厅

---

① 華北評論[N]. 華北評論社，1942：2.
② 田中宏，松沢哲成編. 中国人强制連行资料：「外務省報告書」全五分冊[M]. 東京：現代書館，1995：113.
③ 第129回国会衆議院外務委員会第4号. 平成六年度政府関係機関予算[EB/OL]. 1994-06-22. 国會會議録検索システム. http://kokkai.ndl.go.jp.

的协作邀请公文可见，华北劳工协会因劳工身份的特殊性，为避免不测事态发生，顺利地将华工从青岛、塘沽两港送到日本，事前进行了充分的准备，并提出要求，希望从绥靖总署所属的"华北政务委员会保安军"及内务厅警政局所属军警机构中抽调一部分人员予以协助。由此可见，日本方面着手强掳华工的周密与细致。

1944年8月，在华北进一步强化"劳务者强制供出体制"，华北政务委员会向其下辖的各省、市、道、县发布了《重要劳动力紧急动员》密令，规定在紧急动员期间（1944年8月到1945年3月），华北政务委员会及各省、市、道、县行政长官，率先垂范，组织"劳动动员总部"，职责为制定劳动者强制征集计划，与华北劳工协会及日本军政当局合作，或者予以武力支援。

根据日本人在华北发刊的日文报纸《东亚新报》1944年12月发行的《华北建设史》介绍：

进入（昭和）19年（1944）以后，尽管开展诸般工作，但劳工供给的客观形势仍然不容乐观。进而，同年8月，以华北劳工协会的行政权力为根本基础，构建了一个囊括华北4省在内的全面行政供出体制。这是一个以华北为主要劳工供源地的、具有决定性地位且具有强大控制力的劳工供出体制，即由华北政务委员会下辖的行政机构推荐，将劳工供给给特殊事业体。省长与县长致力于相当大比例的劳工供出，日军及官方也给予了积极的协助，驻华大使馆则特别向劳工供应了'生活必需品'等。劳工协会、新民会、合作社三者合作承担劳工供出实际业务，即构筑了一个体系严密的所谓军、政、会、民、社一体化的劳工供出推进政策机制。因此，此前已经开展的部分劳工供出工作得以进一步推进，分1944年8月、10月和11月、1945年3月两期动员计划，准备从河北、山东、河南、淮海4省动员20万人供出到河北内及日满蒙各地。①

由此可见日本政府及企业强掳劳工的迫切感。

---

①居之芬，张利民主编．日本在华北经济统制掠夺史[M]．天津：天津古籍出版社，1997：449．
華北建設史[M]．東亜新報．天津支社，1944．

（2）华北劳工协会俘虏收容所"行政供出"实态

表3 石门临时俘虏收容所华工去向（1941.8—1943.11）

| 去 向 | | 人 数 | 比例（%） |
|---|---|---|---|
| 满洲国 | 本溪湖煤矿 | 2 290 | 14.1 |
| | 东边道开发 | 1 000 | 6.1 |
| | 满洲煤矿 | 2 620 | 16.1 |
| | 抚顺煤矿 | 2 748 | 16.9 |
| | 昭和炼钢所 | 300 | 1.8 |
| | 小计 | 8 958 | 55.0 |
| 井径正丰煤矿（河北省） | | 1 598 | 9.8 |
| 对日供出 | | 564 | 3.6 |
| 就职 | | 350 | 2.1 |
| 归农 | | 913 | 5.6 |
| 死亡 | | 2 055 | 12.6 |
| 其他 | | 1 838 | 11.3 |
| 合 计 | | 16 276 | 100.0 |

自1941年开始，每年日本政府都要召集"华北、满洲、蒙疆、华中劳务联络会议"，1944年更名为"东亚劳务联络会议"。天津市档案馆藏有1944年12月23日在北京饭店召开的会议记录。1945年，日本政府阁议决定掳掠华工5万人，根据《外务省报告书》显示，仅从同年1—5月的移入数就有8 995人。

日军将强掳的华工集中到临时设立的俘虏收容所里。俘虏收容所由日军管理，劳工协会负责联络和办理向华北、满洲、蒙疆各地的供出手续。但是，自1943年开始，劳工协会直接负责管理收容所，并派遣大批日本人协助日军管理。

根据日军起草的《昭和18年11月15日石门收容所概况》记载：日军扩大侵华战争规模，侵入河北是1937年7月卢沟桥事变以来的事情。但是，日军在发动战争当初，就把这次战争视为"事变"，根本没有视为"战争"，因而认为不存在战时国际法所认定的俘虏，也根本没有把在战斗中捕获的俘虏当作国际法上的俘虏对待。该收容所"于1939年3月28日在保定设立（1941年迁移到石门），主要收容俘虏（包括被检举者）及归顺兵，特别是需要接受教育的人，以强化训练使其变成劳工移民为目的。"同时，

## 异域孤魂
——在日华工遗骨归还问题历史探源 第一章

"本收容所对外一概宣称为石门劳工教习所",其收容能力"大概以1 500人为标准",但是从1941年8月15日到1943年11月15日之间的2年3个月的时间里,"被收容的俘虏数量合计达到17 806人","俘虏被收容后,接受大概1个月的强化训练,主要对满洲国、各煤矿、井径正丰煤矿和对日劳务供出,本年(1943年)2次供出劳工全部在福冈县三井、日铁两个煤矿就职"。①

该阶段的"对日供出"还仅仅处于"试验移入"期,其大半劳工还是供出到"满洲国",如果加上河北省的井径正丰煤矿,65%的华工为中国国内供给。但是,令人吃惊的是,"死亡"率高达12.6%。其他地区,如太原、济南、塘沽等地的收容所的情况也大体一样。

其间,华工的悲惨遭遇被当时的北海道煤矿汽船株式会社劳务部长(战后曾任日本经营者团体联盟专务理事)的前田一在其专著《特殊劳务者劳务管理》中做了详细的介绍。

作为应该接受的的苦力,首先,最不应该接受的就是难民苦力;其次,即使那些有经验的苦力,如果从北满产业发展现状来考虑,也不能移出;第三,从农民当中募集苦力本身,从当前治安状况、农村剩余劳动力情况以及从募集机构的阵容来看,也一时无法满足各界对紧缺劳动力的需要。则剩下的唯一办法就是训练讨伐作战中俘获的俘虏和归顺兵,将此人等加以训练后,视为良民予以释放后移入内地。除此之外别无他法。这些经过训练后的俘虏和归顺兵一旦在训练结束后,也许将成为随时可以移入的人员。然而此等苦力果真能够如一般苦力一样顺从,思想上安心的话,就没有必要抱着畏惧的心态了。为此,完全有必要了解一下训练所的内容。②

前田一在概况当中还对收容所的教育问题进行了介绍。"教育的结果就是消磨(华工)身心,使其完全放弃抗日意识,宣誓忠诚于新政权,直至认定为释放后不会做出危害新政权的事,以及基于其他特殊原因才予以

---

①昭和拾八年十一月拾伍日概况石门临时俘虏收容所. 前田一. 特殊劳务者の劳务管理[M]. 东京:山海堂出版部,1943:11.
②前田一. 特殊劳务者の劳务管理[M]. 东京:山海堂出版部,1943:11.

释放,特别是经兵团长的认可后,使其归农,或者劳工移民"。

由此可见,在当时的关系者当中就所谓的"归顺兵"训练问题已然达成了共识,即"通过讨伐作战而俘获的俘虏和归顺兵,需经过训练后才得作为良民获得释放,然后将其作为劳工移入内地,除此途径外,别无他途"。也正是基于这个共识,军方才采取军事行动,将抓捕到的俘虏进行所谓"无害化"处理后,作为劳工强掳至日本。①

2. 训练提供

训练提供即华工经过所谓的"训练"之后,才向日本"供出"的。前文所提之《外务省报告书》则将其解释为大部分是经过训练的"原俘虏、归顺兵、囚犯"。实际做法是将日军在当地采用猎兔法作战所捕到的俘虏及归顺兵当作一般"良民"释放后再抓起来,以及中国地方法院释放的服刑人员移交给华北劳工协会,再将他们交由该协会管理下的训练所,训练三个月后再提供出来。1945年次官会议决定,在移入华工前尽量在当地适当机构内接受一定期限(一个月以内)的必要训练。按照上述手续提供的华工在济南、石门、青岛、塘沽等地的训练所接受训练后被移入日本。但事实上,这些华工根本没有接受任何的训练。

3. 自由募集

自由募集就是在主要劳工资源地出示招工条件招募希望应募者②,即在上海及天津、北京等劳动力聚集地,向失业者及工人许诺优越条件,然后诱骗抓来。

4. 特殊提供

是指在当地特殊劳务方面,华工经过了必要的训练而成为有经验者,即特定机关之在籍劳务者③。即对已经掌握装卸、木工等技术的现职

---

① 前田一. 特殊劳务者の劳务管理[M]. 東京:山海堂出版部,1943:11.
② 田中宏,松沢哲成编. 中国人强制连行资料:「外务省报告书」全五分册[M]. 東京:现代書館,1995:113.
③ 田中宏,松沢哲成编. 中国人强制连行资料:「外务省报告书」全五分册[M]. 東京:现代書館,1995:113.

工人，根据需要强制提供。①

这里所谓的"释放""训练""自由募集"等，都是日军为掩盖其奴役残害华工的真相和对付社会舆论而杜撰出来的一种措辞。实际上所有的华工（包括战俘和有技术的现职工人）一旦被抓，除非投靠日本人，就只有受奴役的分，而绝不会再有任何摆脱奴役的权利和机会。

在日本抢掳的38 935名华工中，行政供出24 050人，训练提供10 667人，二者占比近90%。除了采取上述不择手段的公开骗掳，日本政府和军部还指使在华日伪军警宪特大肆抓捕赴日华工。抓捕的主要方式有：

（1）"猎兔法"

这是日军掳掠华工最常用的手段，即集合军队，采取包围作战，袭击一二百户的大村庄，将包围住的中国人除老人、幼儿、妇女外，只要能干活的全部抓走。日军所发动的"44年秋季山东作战"和"45年春季山东作战"，都含有大规模的"猎兔"行动。1943年末山东日军第十二军五十九、三十九师团等在鲁南及鲁中会战中开展"猎兔作战"，抓捕数千名农民充当输日劳工就是实际例证。再如，1944年11月26日100多名日军和300多名伪军在河北赵县大吕村对中共地下党组织进行"清剿"时，就抓捕了100余名无辜的青壮年劳力充当赴日劳工。②

（2）抓浮浪，充劳工

抓浮浪，是日人指挥下的华北劳工协会强掳赴日华工的一个重要手段。1944年3月，该协会在关于《1944年度华北境内重要产业所需劳工确保对策实施要领》的重要文件中，曾明确规定，1944年度将从北京、天津、青岛、济南四大城市繁荣区抓3万名"浮游劳力"（指日佣劳工及闲散流动劳力），充紧急情况下"临时急需劳工"。③这种明火执仗在大城

---

①野添宪治. 花岡事件の人たち—中国人強制連行の記録[M]. 東京：評論社，1975：66–67.
②何天义. 日军枪刺下的中国劳工——中国劳工在日本[M]. 北京：新华出版社，1995：201–202.
③居之芬. 1933.9~1945.8日本对华北劳工统制掠夺史[M]. 北京：中共党史出版社，2007：240.

## 理解 责任 道义
### ——在日华工遗骨归还问题调查

市繁华区抓劳工的差事，由华北劳工协会相应办事处牵头，联络日本宪兵和伪警察来实施。此外，在实际实施"抓浮浪"时，各地劳工协会与日伪军警宪特抓捕的范围早已突破了上述"四市"，而扩展到广大乡村和县城，甚至疯狂到在街上只要见到青壮年就抓劳工，根本不限于日佣劳工或闲散流民，把大量小商贩、店员、学徒工甚至青年学生都俘去充当赴日华工，足见战争后期，日本政府和军部强掳赴日华工手段之疯狂，对沦陷区人民践踏蹂躏之重。

（3）迫"囚犯"充劳工

1944年末，日本驻青岛领事馆指令日本宪兵队和伪青岛市警察局将所羁押的"轻微盗窃犯"及在市内"肃正治安"中抓捕的"轻浮无赖者""不良洋车夫"与"其他障碍治安上之分子"，选年轻强健者送华北劳工协会青岛办事处的"劳工训练所"训练后，充作赴日华工。日领事馆还规定：青岛伪警局每月至少要选送200名羁押的"轻微囚犯"输往日本；且每选送一名"囚犯"输日，将支付给伪警局酬劳33元。伪警局自然乐于助纣为虐。从1944年末至1945年5月，有上千名"轻微囚犯"被日人强掳为"输日华工"。[①]

1950年4月26日，日本各界在文京公会堂举行了隆重的中国战俘殉难者国民追悼大会。发起人是石桥湛山、松村让三、高碕达之助、北村德太郎、铃木茂三郎、浅沼稻次郎、松本治一郎等人，这是一次超党派的社会运动。在这次追悼大会上，宣读了原侵华日军第59师团长藤田茂中将的悼词，表达了对死难华工的沉痛悼念之情和真诚的谢罪态度，并毫不隐晦地谈到了日军当年在华实施的"猎兔战法"。

我们曾经在日本军国主义实施的侵华战争期间，以军人、宪兵、警察官、官吏、特务等身份被派到了你们的祖国，做出了所有可耻的行为，并因之作为战犯受到了拘禁和处罚。我们当中很多人是原日本陆军第59师团的人，曾

---

① 居之芬主编. 日本掠夺华北强制劳工档案史料集[M]. 北京：社会科学文献出版社，2003：568–569.

经侵入到当时的山东省,将你们像猫狗一样抢掳到日本。并且,我作为当时的原第59师团长直接指挥了这样的战法。我们在日本政府命令和自身利益熏心的指使下,展开了被称为"猎兔战法"的大规模猎人作战。①

## 第二节 日本企业对华工的奴役与迫害

### 一、日本企业对华工的残暴统治与迫害

日本帝国主义劫掠华工的罪恶目的,从根本上决定了华工的悲惨命运。在日本国内,由内务省及其下属机构的地方官署及警察署负责指导中国人的全部管理工作。内务省和厚生省、军需省联名向地方官署通告了有关管理事项。

根据此项通告,许多地方警署都制定了针对劳工的极具侮辱性的管理条款。如釜石警察署于1944年9月25日向日铁釜石矿业所发出了如下的"指示事项":

汉民族不为感情所左右,愈是亲切相待就会越发使其傲慢起来,因此不必以亲切心或爱抚相待;宿舍坐着头上有三寸空余即可;中国人的观点认为,洗浴是征服者款待被征服者的设备,所以不需要。②

1944年11月5日,爱媛县新居滨警察所向住友别子矿业所下达"华人劳工警卫计划"的指示,指明"在周围要建立高10尺至12尺的板墙,为了防止逃跑,可在板墙上安设350伏的高压电网"。在这些"指示"中还指明"不让持有金钱",理由是为了防止劳工逃跑,实际上是不允许企业给劳工支付工资。警察对于有反抗意识或行为的华人劳工任意逮捕,直

---

①第034回国会 日米安全保障条約等特別委員会第27号. 日本国とアメリカ合衆国との間の相互協力及び安全保障条約等の締結に伴う関係法令の整理に関する法律案[EB/OL]. 1950-05-03. 国會會議録検索システム. http://kokkai.ndl.go.jp.
②赤旗報[N]. 1957-12-03.

## 理解 责任 道义
——在日华工遗骨归还问题调查

至刑讯致死或杀害。下面这组材料可充分说明问题：

土屋组天盐逮捕11名中国人后，全体去向不明；铁路工业美呗逮捕1名后去向不明；鹿岛组御岳逮捕3名全部死亡；飞岛组御岳逮捕7名，死亡1名；西松组安野逮捕5名，全体死亡；熊谷组与濑逮捕5名，死亡3名；熊谷组富士逮捕6名，死亡4名；日铁赤谷矿业所逮捕1名死亡；日铁二濑矿业所逮捕16名，死亡7名；日铁鹿町矿业所逮捕6名全部死亡；三菱大夕张矿业所逮捕1名死亡；三菱高岛矿业所逮捕1名死亡；三菱崎户矿业所逮捕27名全体死亡；三井田川矿业所逮捕22名，死亡4名；伏木港逮捕装卸工9名，死亡3名；新鸿港逮捕装卸工1名，去向不明。①

根据《外务省报告书》的记载："死亡原因，大部分为疾病死亡，在总死亡数6 830人中，有6 434人是疾病死亡的，即占死亡人数的94.2%，伤害死亡322人，只不过占4.7%，其他还有41人自杀及33人他杀者"。②外务省把华工死亡的主要原因归结于疾病，并且强调华工在"移入"时，很多人就患有疾病。中国人殉难者名簿共同编制会执行委员会编制的《中国人殉难者名簿》关于华工死亡原因认定为大多"因病而死"。如外伤疾病有"骨折第五腰椎脱臼即死""作业中落盘第四腰椎即死""作业中工具坠落脑浆溢出而死"等；内科有急性肺结核、败血症、肠炎、肾炎、重症黄疸、心脏衰竭等；五官科有耳下腺炎；皮肤科有"两足冻伤化脓""脚气"；其他还有"营养失调"及精神病；等等。

如槙峰矿业所役使华工250人，但是，日本战败后的1945年12月，回到中国塘沽的仅有173人。也就是说在短短10个月的时间里竟有77人遇难，死亡率在30.8%以上。根据死亡诊断书判断，死因最多的就是呼吸系统疾患，因此，病因死亡者达26人（肺结核、胸膜炎15人，肺炎、支气管炎9，感冒2人）。这些死者占槙峰矿业所实际役使华工人数241人的

---

①引自各《事业场报告书》。
②田中宏，松沢哲成编．强掳中国人资料：「外務省報告書」全五分册[M]．東京：現代書館，1995. 121.

11%（占全部死者的 41%）。

其次是消化系统疾患（肠炎、胃肠炎等）22 人，占桢峰矿业所实际役使华工人数 241 人的 7%（占全部死者的 26%）。显而易见的是，消化系统疾患往往是由于营养缺乏和恶劣的卫生环境造成的。

再次是维生素缺乏症 15 人（包括疑似）。造成此病症的直接原因是营养缺乏，但高温多湿的矿坑作业环境才是真正的起因。因维生素缺乏症就死亡了 15 人，更进一步说明了作业环境的恶劣。①

众所周知，《外务省报告书》是日本政府为了应付战后审判而写成的，自然带有掩盖罪行的目的。同时，该报告书又是根据各企业提供的材料写成，其欺骗性是十分明显的。作为报告书的写作人员，曾到现场进行调查的大友福夫在《现场调查报告备忘录》中，对日本企业提供的材料及死亡诊断书的虚假进行了揭露，并举例证实在铁工美呗的华工死亡总数 90 人中，竟有 26 人的死亡原因被改写。同时，大友福夫还指出："关于高死亡率的原因，各企业者强调在于大陆训练所、收容所的设施及粮食粗劣这一点，但这只不过是想把死亡责任转嫁给当地有关募集者的借口而已。战争结束后，华工疾病、死亡的锐减与体重的激增，便是战时恶劣待遇的反证"。②再如，按《外务省报告书》的记载，北海道川口组室兰出张所的 969 名华工，310 人死亡，其死亡原因全部为疾病。但是，在 1954 年秋于当地海滨发掘出川口组死亡的 125 具华工遗骨中，"在场医生认定'有人还在呼吸中，便被放入坑内'，这无异于活埋。有的是头盖骨上有弹孔，有的头盖骨有锐器击伤的裂痕"。③1955 年夏在下关市发掘出 73 具华工遗骨，掩埋时的目击者也证实："还有相当体温的华工，由于病情恶化，虽然

---

① 中国人强制连行强制労働损害赔偿等请求事件[EB/OL]．2013–03–04．http://hanrei.atpedia.jp/html/1151.html．
② 田中宏，松沢哲成编．中国人强制连行资料：「外务省报告书」全五分册[M]．東京：现代书馆，1995：468．
③ 上野志郎．室蘭における中国人强制连行/强制労働の记录[M]．中国人殉难者全道慰霊祭事务局，1994：65．

理解 责任 道义
——在日华工遗骨归还问题调查

未死却被认为死亡,尽管还活着,却被抛入墓穴之中……在墓穴的底下,还有夹在腐烂的尸体中拼命挣扎的重病人"。①

华工所从事的大都是有危险的工作,在日本有矿毒的地方,几乎都有华工。如在煤矿,华工就多从事危险的井下作业。北海道明治矿业昭和煤矿有日本矿工422人,其中井下工126人,井上工296人;华工197人,其中井下工191人,只有6人在井上。②据三井三池煤矿万田矿井的原日本采煤工古庄武夫讲:"我就曾亲眼看到这种情况,耗尽最后体力的华工,在倒下时,被碾在几百公斤重的推车轮下,肝肠飞出,随即死亡"。③1944年9月16日,这个矿井的邻矿三川矿井发生火灾,由于这两个矿井的通风系统相连,三川矿井因火灾而产生的一氧化碳便灌进万田矿井,加之会社为保住矿井,又用水泥与泥沙封闭了通向采煤现场的唯一入口,"那时确实死亡很多华工,我认为接近40人。万田矿井的死者几乎全是华工"。④可见一有事故发生,死亡的首先是华工。即便没有事故,极度的营养失调与每天10小时以上的超强制劳动也易于导致死亡。因反抗日本帝国主义的奴役与迫害而被屠杀及折磨致死的情况,尤以鹿岛花冈的华工最为典型。1945年6月30日(一说7月1日),由于不堪忍受饥饿、私刑和残酷的劳役,800余名华工在大队长耿淳的领导下举行暴动,逃向附近的狮子森山。但在日本警察、警防团、在乡军人等的追捕下,最终无一人逃出,全部被抓回。在大馆市共乐馆前的广场上,这些华工被连续拷打3个昼夜,出现众多死亡者。劫后余生的华工都证实了这一点。从《外务省报告书》的死亡统计看,1944年8月至1945年5月,花冈矿山的华工死亡106人,平均每月死亡10人左右;6月份死亡24人,7月份却猛增为100人。⑤这

---

①平冈正明. 中国人は日本で何をされたか[M]. 東京:潮出版社,1973:169.
②中国人强制連行事件資料編纂委員会編. 草の墓標:中国人强制連行事件の記録[M]. 東京:新日本出版社,1963:153.
③平冈正明. 中国人は日本で何をされたか[M]. 東京:潮出版社,1973:207.
④平冈正明. 中国人は日本で何をされたか[M]. 東京:潮出版社,1973:211.
⑤田中宏,松沢哲成編. 中国人强制連行資料:「外務省報告書」全五分冊[M]. 東京:現代書館,1995:644.

无疑是因为暴动后，日本当局对华工的酷刑而使死亡人数骤增，但是，报告书记载鹿岛花冈418名华工死亡原因却是：疾病死亡416人，自杀1人，他杀1人。①即使是真正因疾病而死亡的华工，也都与恶劣的劳动条件和得不到及时治疗有关。

在华工中，除死亡者外，还有467名致残者，而受伤和患病者则高达65 732人次。②如果从华工总数38 935人中减去死亡的6830人，所余32 105人，平均每人都有两次以上的受伤或疾病经历。1945年4月，原来在长野县木曾谷鹿岛组御岳出张所的276名华工被转送到群马县鹿岛组薮冢出张所。在他们到后的第4天，群马县卫生课医生北村彻志做出诊断：在276人中，肺肠病55人，眼淋病70人（其中48人双目失明，22人单目失明且将来可能双目失明），19人为夜盲症，37人为沙眼病，患者高达62%。③秋田县立女子医学专科学校的高桥实教授战后对花冈的华工进行检查，他说："我所诊断的几乎全是内科症患者，但通过对全体中国人进行的检查了解到，几乎所有的人都是营养失调症候，其中一部分人身上可以看到战争性浮肿。并且，有时虽然还没有达到营养失调症候的程度，但是，在当时的情况下，几乎所有的人都存在着潜在性的营养失调的病态。"④

通过梳理中日学者关于华工死亡原因的研究成果，以及参阅日本官方资料和民间调查资料、中文档案资料及生存华工的口述史料，可以将华工死亡原因归结为：

**（1）累死**

华工被强迫所干的工作，是那些最险、最累、最重的工种，诸如挖

---

①田中宏，松沢哲成编．中国人強制連行資料：「外務省報告書」全五分冊[M]．東京：現代書館，1995：586．
②田中宏，松沢哲成编．中国人強制連行資料：「外務省報告書」全五分冊[M]．東京：現代書館，1995：462．
③中国人强制连行事件资料编纂委员会编．草の墓標：中国人強制連行事件の記録[M]．東京：新日本出版社，1963：134-135．
④野添憲治．花岡事件の人たち—中国人強制連行の記録[M]．東京：評論社，1975：152．

煤、采石、开矿、海港搬运等，而且没有任何劳动保护。至于劳动定额之高，劳动时间之长，更是匪夷所思。据统计，华工一般劳动时间都在10小时以上，高者可达十五六个小时，最高可达到18个小时。减员—增加劳动时间—华工死亡加速—再增加劳动时间—更多的人死亡，这就是日本军国主义政府为华工设计的命运轨迹。

（2）饿死

华工伙食质量之差，在世界近代战争史上也是绝无仅有的。在所有生存下来的华工的印象中，"饱"成了他们当时只能在意念上回忆和想象，但绝不可能在生理上得到体验的最高奢望。按《外务省报告书》的统计，在135处事业场的华工平均每人每日供给的米麦杂谷类为924克，加上其他食物，每人每日摄取热量为3 466大卡，蛋白质为126克。[①]但是，到1944年3月时，大阪市民的营养摄取量仅仅为：热量1 842大卡，蛋白质59.0克。而1944年日本国民每人每日的摄取热量为1 927大卡，蛋白质为61.2克。就连三井矿山的采煤工人，1944年的主食配给量每天也只有6.10合（854克）。[②]在日本全体国民都缺少食物的情况下，华工却得到超过日本国民与日本工人的优待，这不啻弥天大谎。据战后留居日本的原华工刘智渠讲："1945年元旦以前，吃的馒头里虽然掺着苹果渣和橡子面，好歹还有一部分面粉。可是一过了正月，馒头里的面粉一点也没有了，橡子面照样有，苹果渣也剩不多了，掺上一些叫不出名字的树皮似的东西。馒头进了嘴，就像砂子似的沙拉沙拉的，又硬又苦，简直没法吃"。[③]北海道室兰的某日本监工将华工的"馒头"偷回家，家人咬一口便吐，根本无法下咽。长野县木曾谷发电所的华工为充饥而食桑叶，花冈的华工吃路边的草，最甚者竟有食死去同胞火化时的肉。饥饿对所有华工来说，同疾病、

---

[①] 田中宏，松沢哲成编. 中国人强制连行资料：「外務省報告書」全五分册[M]. 東京：現代書館，1995：502-503.
[②] 法政大学大原社会问题研究所. 日本労働年鑑别卷[M]. 東京：労働旬報社，1971：159-170.
[③] 〔日〕野添宪治. 花冈事件记闻[M]. 保定：河北大学出版社，1992：40.

死亡一样，随时都威胁着生命。

不管你怎么干，日本人总嫌不够快。矿井里大家都打着赤膊，被打得皮开肉绽，淌着血还得干，手脚稍微慢点又得挨打。碎煤块蹦进伤口，把血、肉都染黑了。对体力差的干不动的人自然更打得凶，元头村的王坚明就是活活被打死的。干的活比牛马还重，吃的东西比牛马还不如，谁也扛不住。有的人饿急了，头昏腿软，摔一跤倒下去就起不来，眨眼工夫就死了！①

饥饿除导致大批华工死亡之外，还使一些人丧失了正常的理智，演出了一幕幕争吃人肉的惨剧。花冈惨案时任第4中队长的宫耀光，是留在日本的一个幸存者，他在《强掳中国人纪录》中说："同胞们死了以后，尸体由我们抬到山上烧掉。当耿淳大队长发命令说'今天谁去抬尸首'时，竟然出现了抢着去的情况。大队长觉得有些奇怪，有一天悄悄地跟在后边去看了一下，原来，抬死尸的人在用罐头盒的铁片刮死人大腿上的肉吃哪！"②据调查，这在华工中间并非是极个别现象。为免遭饿死，有的华工吃野菜中毒而死，还有人因拣日本人扔掉的烂菜叶吃被日本监工活活打死。而有的日本平民为了能"欣赏"到华工惨遭毒打的场景，竟在他们经过的路上故意扔一些烂菜叶，引诱他们去拣。

**（3）冻死**

相当部分的华工，被送往日本自然条件最为恶劣的北海道，许多地区冬季最低气温在零下30多度。整个冬天，华工们只有一身不久便磨得稀烂的单衣。为抵御严寒，有的华工拣来一些破水泥袋围在身上。目睹过华工受虐待惨状的日本人对此曾有过以下揭露："大多数的中国人都没有一件完整的衣服，用水泥袋或稻草袋裹着身子，用绳子系着腰"，"风雪天里既没有防雨用具，也没有一件上衣，赤着脚推着装满煤炭的矿车。"③而

---

①欧阳文彬，三好一訳．『穴にかくれて十四年－強制連行された中国人の記録』東京：三省堂，1972：2.
②[日]野添宪治．花冈事件记闻[M]．保定：河北大学出版社，1992：87.
③新泻港湾的报告[A]．转引自薛建中．警喻中国人[M]．北京：民主与建设出版社，1997：40.

## 理解 责任 道义
——在日华工遗骨归还问题调查

用水泥袋裹身是日本人所禁止的,这样做的结果,常是换来更为残酷的折磨,或为此而被脱光衣服在寒风中罚站,或因此而被监工打死。要么冻死、冻残,要么被打死,日本人留给华工的只有这几种选择。花冈惨案的幸存者、河北藁城农民路晚成说:"我们每个人的脚都冻坏了,烂肉翻露着。……路春祯、柳荣福到死也没有长上脚后跟。"①

至于宿舍内的设备条件,按《外务省报告书》统计,华工宿舍总计135处,其中67处是"特设宿舍",即专门为华工修建,此外68处则是转用、改造的临时宿舍。不论是哪种宿舍,几乎都配有浴池和采暖设备,其中浴池配有率达94%,无采暖设备的只有14%。②但实际情况并非如此,在北海道室兰第三华工收容所,因缺少洗浴设备,"在伙房后面架设几口大锅,以消灭虱子。营养失调的中国人,被虱子叮咬得奇痒难熬,其中不少人因此染上顽固的疥癣,有人痒得彻夜不能入睡"。③而在《外务省报告书》中,关于华工疾病的统计,其中疥癣患者竟高达13 987人次。④由此可推测华工居处的洗浴及卫生条件之恶劣。岩手县釜石警察署1944年9月竟然向日铁釜石矿业所下达指示:"宿舍坐着头上有二三寸空间即可",不必设置洗浴设备。⑤1944年7月,日本内务省、厚生省官员与秋田县警察部、大馆警察署人员给予花冈矿山鹿岛组的指示中也认为:"对华工来说,宿舍构造与设备过于奢侈。理由:粗糙的穴仓式临时小屋适合华工的性格"。⑥在这种民族歧

---

① 刘宝辰编著. 花冈暴动[M]. 北京:人民出版社,1993:76.
② 田中宏,松沢哲成编. 中国人强制连行资料:「外務省報告書」全五分册[M]. 東京:现代书馆,1995:438–439.
③ 上野志郎. 室蘭における中国人強制連行/強制労働の記録[M]. 中国人殉難者全道慰霊祭事務局,1994:41.
④ 田中宏,松沢哲成编. 中国人强制连行资料:「外務省報告書」全五分册[M]. 東京:现代书馆,1995:615.
⑤ 中国殉難者名簿共同作成実行委員会编. 40,000人の中国人強制連行の真相[M]. 该会发行,1961:5.
⑥ 大館市市史編撰委員会. 大館市市史(第三卷下)[M]. 大館市教育委員会发行,1986:511.

视思想的指导下，华工宿舍的实际状况是可以想见的。

（4）直接虐杀

除上述方面外，导致华工大批死亡的更主要原因，是日本人对华工的直接虐杀。日本人强掳华工的整个过程，就是华工的死亡之旅。在这个过程所有的时间和空间内，都留有华工的冤魂。最早的虐杀发生在华工被劫往日本之前。以石家庄南兵营为例，建营6年间，先后关押过5万多名华工，除3万多人被送往中国东北和日本做苦役外，其余两万多人全部被以各种方式虐杀。即是说，仅在这里，华工被直接虐杀者就占40%以上。离开集中营后，更是加速了华工的死亡进度。日本人运送华工条件之恶劣，和16世纪时的奴隶贸易相比，有过之而无不及。华工们几乎全部是用装满煤和矿石的货船运往日本的。他们被赶进底舱，然后盖上舱盖，舱内空气稀薄，密不透风，许多人被活活闷死。仅在运送过程中，华工的死亡率就高达5%以上。能够活着到达服苦役地点的，前三个月的死亡率又高达17%。这一切正如野添宪治所言：北平的新生队送到日本的两三个月内，与其说是死了不少人，莫如说是被杀了不少人更准确一些。捱到日本战败投降时，各华工队的死亡率高达40%—50%。在已知的135个事业场中，华工死亡率达40%以上的有7个，它们是鹿岛花冈、川口芦别、空知天盐、日本峰之泽、日铁釜石、古河足尾和战线仁科。这7个事业场中，战线仁科的华工死亡率高达52%，200人中就死亡104人。个中有冻、饿、累、病死等各种原因，但更多的则是被直接用各种手段杀死，包括打死、吊死、刺死、枪杀、活埋、狗咬、火烙、电击，等等。残酷的虐待和奴役激起了华工的反抗，但反抗的结果则是有更多的华工被屠杀。在花冈暴动中，1000名华工，有432名先后被日本人虐杀，成为令世界震惊的一大惨案。其实这只是被揭露出来的许多同类事件的其中之一。据日本电气产业工会揭露，御岳水力发电厂曾一次虐杀中国战俘1000名。[①]

被强掳掠至日本的华工，都有在日伪监狱、俘房收容所或劳工训练所

---

[①]孟宪章. 中国近代经济史教程[M]. 北京：中华书局，1951：300.

## 理解 责任 道义
——在日华工遗骨归还问题调查

关押的经历,有的甚至关押很长时间之后才被押送日本。如,先后在福岛、长野、北海道等地被强制劳动的马汝骏就是1942年被捕,后被解往北京,关押在铁狮子胡同日本人监狱70天,后又被关进北新桥炮局胡同陆军监狱1年零7个月;1944年8月中旬被闷罐车运至塘沽,然后才送至日本。再如,被强掳至静冈县伊豆半岛的张文泉,是1943年1月被捕的,此后关押在"北京外籍人犯临时收容所",1944年农历十月又被运往塘沽,在塘沽的劳工收容所又被关押了一段时间,才被送至日本。①无论是抗日的中国官兵,还是普通农民、商人,在被送往日本之前的关押收容期间,都遭受到严刑拷打,并且关押收容的条件十分恶劣。仅以石家庄劳工训练所为例:"这里岗哨林立,电网密布。里边几座大席棚,每个棚里住有百十几个难友,睡在潮湿的地上,吃高粱米、喝菜汤,不管饱。小便不让出席棚,大便要报告,不报告就被痛打一顿。棚内又脏又冷,传染病连续发生,有病不给治,每天大棚里抬出十几个死尸或重病号。"②连使用华工的日本企业人员也承认"在收容2 000人以上的收容所内,一名医生也没有,主食是半生的窝头,也无给水设备,都饮用'白河'的泥水"。③华工在关押收容期间所受的虐待,仅仅是开始,在被送往日本的途中和至日本之后,他们蒙受了更大的苦难。因此在运送途中劳工的死亡率极高。

运往日立矿山的第三批人员,登船者300名,在船中死亡28名,登陆后在下关死亡13名,从下关到该事业场的途中先后死亡7名:其中死亡在广岛车站1名、大孤站1名、名古屋站2名、东京站附近1名、上野车站候车室2名。第四批登船者400名,在船中就死亡67名,从富山到作业点中间又先后死亡7名:其中死亡在牛久站附近1名、上野站附近1名、木通川站附近1名、冈部站附近1名、东京三河岛附近1名、水户站或胜田站附近1名、水户站1名。④

---

① 何天义主编. 日军枪刺下的中国劳工之四[M]. 北京:新华出版社,1995:222-274.
② 何天义主编. 日军枪刺下的中国劳工之一[M]. 北京:新华出版社,1995:369.
③ 世界[J]. 東京:岩波書店. 総第173号. 151.
④ 日本中国友好協会北海道支部連合会. 知っていますか北海道での中国人強制連行——全道五十八事業場受難の記録-第75号日本礦業日立礦山事業場報告書[M]. 同会,1989:5.

异域孤魂
——在日华工遗骨归还问题历史探源

被强掠至日本的华工,从大的地理方位来讲,被分置于日本本土的北海道、九州、本州、四国4个大岛上;以行政区划而言,日本的1道1都2府27县内配置有华工。他们的劳动场所,即日本称为"事业场"的地方,在全国有135处。其中以北海道为最多,达58处,四国的爱媛县最少,只有1处(见表5)。

表4　被强掳华工在日本的地域别、作业点数及配置数量统计

| 地　域 | 作业点数 | 配　置　数 | 构成比(％) |
|---|---|---|---|
| 北海道 | 58 | 19631 | 38.4 |
| 东北 | 9 | 4008 | 7.8 |
| 关东 | 7 | 3505 | 6.8 |
| 中部 | 25 | 10188 | 19.9 |
| 近畿 | 7 | 2708 | 5.3 |
| 中国 | 5 | 1332 | 2.6 |
| 四国 | 1 | 678 | 1.3 |
| 九州 | 23 | 9126 | 17.8 |
| 合计 | 135 | 51176 | 100.0 |

说明:根据《外务省报告书》第1分册第28—29页统计整理。

表5　被强掳华工产业别作业点及配置数量

| 产　业　别 | 事业目的 | 作业点数 | 配置数量 | 构成比(％) |
|---|---|---|---|---|
| 土建业 | 发电厂建设 | 13 | 6076 | 11.9 |
| | 飞机场建设 | 8 | 3428 | 6.7 |
| | 铁路港湾建设 | 6 | 1575 | 3.1 |
| | 地下工厂建设 | 6 | 2148 | 4.2 |
| | 工厂建设 | 1 | 580 | 1.1 |
| | 铁道除雪 | 2 | 666 | 1.3 |
| | 小计 | 36 | 14473 | 28.3 |

## 理解 责任 道义
——在日华工遗骨归还问题调查

（续上表）

| 产 业 别 | 事 业 目 的 | 作业点数 | 配置数量 | 构成比（％） |
|---|---|---|---|---|
| 矿山业 | 煤炭采掘 | 42 | 17433 | 34.1 |
| | 铜矿采掘 | 9 | 4382 | 8.6 |
| | 水银矿采掘 | 7 | 3077 | 6.0 |
| | 铁矿采掘 | 6 | 1397 | 2.7 |
| | 其他矿藏采掘 | 5 | 999 | 2.0 |
| | 精炼 | 1 | 132 | 0.3 |
| | 小计 | 70 | 27420 | 53.6 |
| 造船业 | | 4 | 1210 | 2.4 |
| 港湾装卸 | | 25 | 8073 | 15.8 |
| 合 计 | | 135 | 51176 | 100.0 |

说明：根据《外务省报告书》第1分册第27—28页统计整理（其中包括在作业点间移动的人数）。

使用华工的企业，按日本《外务省报告书》和传统说法为35个，包括鹿岛组、间组、飞鸟组、大成建设、西松组、熊谷组、奥村组、三菱矿业、三井矿山、三井造船、住友金属矿山、住友煤炭矿业、日铁矿业、同和矿业、野村矿业、昭和矿业、日本矿业、古河矿业、日本化学工业、铁道建设兴业、伏木海陆运送、东日本造船函馆、神户船舶、北海道煤矿汽船、日本港运业会、藤永田造船所、大阪船舶、新日本制铁、宇部兴产、地崎工业、青山管财、石川岛播磨重工业、临港协会、七尾海陆运送、酒田海陆运送。但由于《外务省报告书》是把"日本港运业会"作为一个会社统计的，而实际上该会下辖的会社中，有20个使用了华工，所以使用华工的日本企业事实上应该是54个会社。[①]从华工从事的行业来看，其中矿山业人数最多，为27 420人，分布在煤、铁、铜、汞矿等47处；土木

---

① 石飛仁. 中国人強制連行の記録[M]. 東京：三一書房，1997：82-83.

建筑业次之，为 14 475 人，分布在发电所、飞机场、铁道港湾、地下工程建设等 63 处；港湾装卸业 8 073 人，分布在港口码头、车站等 21 处；造船业 1 210 人，分布在 4 个造船所内。① 仅从 1945 年 3 月有关煤矿华工人数统计数据来看，华工 9 751 人，占全体劳工人数的 35.3%。②

日本政府与企业为了便于对华工进行管理与监督，将他们编为大队、中队、小队、班等，按军队一样组织管理。每天出工前要列队报数，集体劳动，不得分散行走。每个劳工的胸前，都有一块印上编号、姓名的白布，同使用囚犯没什么两样。为防止华工逃亡，除了在劳动场所有宪兵、警察监视和上下工的路上有日本管理人员带领外，在劳工的宿舍内外也采取了严密的监视措施。每个劳工宿舍内都有日本"寮长"或"舍监"，负责管理华工的起居。宿舍的四周建有两米左右的围墙，围墙的出入口经常上锁。围墙的角上设有监视岗楼，昼夜配置警察轮班监守。三井田川矿华工所居住的"身内谷寮"围有 1.8 米的围墙，日本当局还认为"这里有逃跑的危险"，命令"再把围墙增高一倍"。③ 尽管如此，1944 年 11 月，爱媛县新居浜警察署向别子矿业所指令："为防止华工逃亡，住友别子矿业所的华工宿舍修建在东西南三面是断臂悬崖、北面是千仞山谷的与世隔绝的地方。"④ 除了加强宿舍内外的监视措施外，在华工所在的县内各警察署和邻近府县都备有华工姓名、贴有本人照片的"名簿"。这对华工来说，无异于布下天罗地网，即使有人侥幸逃出本县，也无法逃出邻近府县。事实上，在华工的无数次逃亡中，最终也只有刘连仁 1 人逃亡成功，他在北海道山中隐藏了 13 年，于 1958 年被当地人发现而得以生还。

日本掳掠的 38 935 名华工，乘船途中和上陆后至日本事业场途中死亡

---

① 田中宏，松沢哲成编. 中国人强制连行资料：「外务省报告书」全五分册[M]. 东京：现代书馆，1995：22.
② 法政大学大原社会问题研究所编. 日本労働年鑑别卷/戦时特集版[M]. 东京：労働旬报社，1971：66.
③ 朝日新闻西部本部编. 石炭史话[M]. 东京：谦光社，1970：350.
④ 中国殉难者名簿共同作成实行委员会编. 40,000人の中国人强制连行の真相[M]. 该会发行，1961：5.

812人，在日本企业中死亡5 999人，再加上送还时死亡19人，总计死亡6 830人，死亡率占乘船人数的17.5%，死亡率在30%以上的事业场达13个。①其中静冈县的战线矿业株式会社仁科矿山的死亡率高达52%，川口芦别、日铁釜石、鹿岛花冈、古河足尾、日矿峰之泽5个事业场的死亡率都在40%以上，地崎大夕张、铁工神威等7个事业场的死亡率也在30%—38%之间。在川口芦别第二次"移入"的100名华工中，竟有65人死亡，死亡率更高达65%。②在北海道、九州两地41个煤炭事业场中共使用华工16 190人，占掳日华工总数的41.5%，平均死亡率达17.7%。华工最多的北海道23个煤矿，华工死亡率平均高达21.5%。③"岩手县矿业所有被胁迫去的中国劳工245人，其中123人因被强制劳动而相继死亡，其状甚惨……"。④

## 二、在日华工的反抗与死难

华工面对日本帝国主义的奴役与压迫，自始至终进行着英勇的反抗斗争。逃亡便是他们反抗斗争的手段之一。在中国运送过劳工的原日本独立汽车第64大队的松井胜重说："在拐弯处，卡车速度一减慢，他们当中就有人试图逃亡。可是日本军立刻从卡车上用机关枪与步枪瞄准，并打死他们。"⑤前述的押送华工的藏本也证实："也有人从奔驰的火车上跳下来，有盖货车的门紧闭着，还从外面上了锁，但不可思议的是，不知从何处肯定逃走了三四人，也许是把门撬开的"。⑥尽管逃亡多有被打死的危险，但华工逃亡始终没有间断。航海中有逃亡者，登陆后有逃亡者，到达企业后仍

---

①铃木贤士. 中国人强制连行の生き证人たち[M]. 东京：高文研，2003：147.
②田中宏，松沢哲成编. 中国人强制连行资料：「外务省报告书」全五分册[M]. 东京：现代书馆，1995：443-445.
③日本中国友好协会北海道支部连合会. 知っていますか北海道での中国人强制连行—全道五十八事业场受难の记录[M]. 同会. 1989：15-17.
④罗晃潮. 日本华侨史[M]. 广州：广东高等教育出版社，1994：320.
⑤日本劳働组合总评议会. 月刊总评[J]. 总第22号. 1958：55.
⑥上羽修. 中国人强制连行の轨跡—・圣战・の墓标[M]. 东京：青木书店，1993：200.

有逃亡者。各企业中的劳工逃亡事件层出不穷，以至于日本官宪为防止劳工逃亡而绞尽脑汁。

作为政治斗争，日立矿山的华工在收容所的板壁上写下"世界公敌日本"，三井砂川矿业所的华工在矿井事务所旁直书"打倒日本帝国主义"，以此激励同胞对敌斗争的民族精神。此外，还有华工为抗议非人的待遇，集体"生病"拒不上工的斗争事例。①作为华工反抗斗争的最有影响的事件，除前述花冈暴动外，还有1945年3月28日在长野县木曾谷发电厂由中共党员徐强领导的"爆破发电所事件"。日本学者平冈正明评价这两个事件"是作为以后朝鲜人俘虏、中国人俘虏造反的先驱之伟大事件"。②战后华工的斗争事件更为增多，据《外务省报告书》载：在当时有华工劳动的107个事业场中，有91个事业场发生"纷争"，其件数达127件。③

华工的这些斗争事件，多数为要求给予衣食和未付的工资以及对虐待的补偿，此外有袭击会社事务所、警察署，惩罚日本监工和内奸的。但在《外务省报告书》和日本企业的社史中，多被歪曲为"不当要求""报复""暴行"事件。如果说战争期间华工的反抗斗争是为了谋求生存的话，那么战后华工的斗争，则是"反对民族虐待，捍卫民族权利与自由的斗争。非常明显，这是本国民族解放与独立斗争的一部分，是与偶发的、个人的报复根本不同的"。④因为华工与同被强制劳动的英美俘虏不同，英美俘虏在战后很快便由美国占领军解放出来，而华工只能靠自身的力量去争取权利与自由。

---

①平冈正明. 中国人は日本で何をされたか[M]. 東京：潮出版社，1973：229.
②平冈正明. 中国人は日本で何をされたか[M]. 東京：潮出版社，1973：17.
③田中宏，松沢哲成编. 中国人强制连行资料：「外務省報告書」全五分册[M]. 東京：現代書館，1995：747-759.
④日本労働組合総評議会. 月刊総評[J]. 総第22号，1958：56-57.

## 三、征用劳务供给与企业责任

大量劳工被掳掠到日本，被强制进行残酷的苦役。有的人被剥夺了生命，有的人背负了极为严重的精神伤害。鉴于当时华工掳掠处于国家总动员法下，已被强制纳入"国民动员计划"中。因而，在日华工的劳作可以认定为日本"国策"强制下的劳动，因此日本企业使用劳工本身也带有"国策"性质。

### （一）日本企业界关于企业征用劳务性质的认识

根据1942年日本东洋书馆发表的乘富丈夫的《征用劳务管理》记载：

按照历来社会通行看法，向特定企业主提供技术及劳务的对象应该是基于私法上的雇佣契约为条件的佣金或者工资收入者。以与雇主签订双劳务合同为从业者应该负担的基本条件，国民在职业自由原则和契约自由原则的基础上，与事业主一同在求职者双方自由选择的基础上，订立雇佣关系和从业关系。作为其结果则表现为向生产方面提供技术及劳务，从而确保从业员工的充足。

根据历来社会的共识所产生的职业、勤劳、生产、经营，由于征用的实施，被彻底改善了——至少在根本观念上被特别改变了。这样一来，就使其具有了公法性格。进而根据征用的实施，即或是私营经济，即营利主义的经营，其事业全体也被赋予了公益优先的国家性，乃至于具备了勤劳以奉公为第一要义的公务性质。

征用实施下的当事者间的公务关系就排除了历来基于私法的劳动法规和经营上的惯习。进而，具有同一内容或者同一趣旨的法规惯习被赋予了公法性质，从而以清新的形式促进了生产、勤劳和经营的运行，或者某种场合下的强制推行。①

### （二）国民总动员体制下"职业介绍"的"国策化"与"国营化"

日本政府在制定、颁行《国民总动员法》的同时，全面修正了《职业

---

① 乘富丈夫. 徵用劳務管理[M]. 東京：東洋書館，1942. 著者是日本光学工业的劳务课长. (田中宏. 中国人の強制連行と国・企業—労働力「行政供出」のメカニズム[J]. http://space.geocities.jp/ml1alt2/data/data1/data1-4-2.html. )

介绍法》，以往私营的职业介绍事业向国营事业转变。以此为契机，"此前作为失业救济机关的职业介绍所的机能被彻底的改变了。主要从事于劳务资源的开拓与劳务配置。进而，使得介绍所本应承担的职业指导和职业辅导业务被取消了。（中略）本（1944）年3月1日，招牌被换成了'国民勤劳动员署'"。①

另一方面，日本政府也给劳务供给事业编织了一个规制网。根据1938年6月制定的《劳务供给事业规则》，"欲获得劳务供给事业许可者需具备下列条件：应该向管辖作业点所在地的地方长官提出申请"。其目的在于"其事业与劳务需要、供给有很大的关系，且往往容易将其本身及其所负担的作用当做是职业介绍事业，进而急欲将职业介绍事业置于政府管辖下来运营，所以才将其置于政府统制下"。②

由此可见，华北劳工协会的作用就是"劳务供给事业（依据劳务合同从事劳务进出口业务）"。相对于日本企业而言，华北劳工协会是一个"外国"组织，但其实质就是日本的国营机构。并且，如果从强掳中国人的阁议决定来看，华北劳工协会当然具有国家总动员法下的公务机关的性质。

上述《征用劳务管理》中《征用与责任的归属》一章关于"使用劳工的事业主的责任"做出如下规定：

> 征用劳务必以战时不可或缺的总动员业务代替政府所推进的事业主的"征用申请"为动机。因而，关于征用实施以及运营的事业主的责任是直接的，且是全面的。并且，被配属的被征用者具有公务员的性质。进而，应该雇佣、使用被征用者的企业主可以说是役使公务员而在从事私营事业。即使从这个意义上讲，企业主当然对被征用者的人身及生活负有不可推卸的全面责任。③

---

①厚生省勤劳局监修. 国民徵用読本[M]. 東京：新紀元社，1944：11–12.
②劳務供给事業規則. 労務統制の研究：労務配置機構を中心として. [M]. 東京：協調会，1943：5–13.
③乘富丈夫. 徴用劳務管理[M]. 東京：東洋書館. 1942，著者是日本光学工业的劳务课长. (田中宏. 中国人の強制連行と国・企業—労働力「行政供出」のメカニズム[J]. http://space.geocities.jp/ml1alt2/data/data1/data1-4-2.html. )

### (三) 企业的积极响应与策划

日本民间企业不仅在强掳华工的策划与政策制定上积极而为，而且在政府强掳华工政策的推行过程当中也积极响应，特别是那些土木建筑业、煤矿业、金属矿业、港湾装卸业等与军需军工密切相关的产业。日本企业在强掳华工的"军政官财"链条当中处于末端的使用方，华工所遭受的迫害与痛苦主要发生在企业的事业场现场。关于这一点在下文的战后日本相关企业的报告书当中将得到体现，因而日本企业在强掳华工的责任问题上，无可推卸。

**土木建筑业**

战时劳务资源已经极度枯竭，为补充劳力，起初求之于朝鲜。然其后，朝鲜应该移入日本内地的劳力已然达到顶点，再次陷入移入困难的状态。正是由于劳动力的极度缺乏，致使土木建筑业成为完成国家要求的工事建设任务的一大暗礁。政府为了破解困境，决定移入华工，因而敝社决定了遵照政府的华工移入计划和指示。①

**煤炭采矿业**

战争中内地的劳务供给已经极度窘迫，同时，以往成为唯一稳定劳力供给源的朝鲜半岛的形势也越来越严峻，伴随着战争事态的不断进展，煤炭需求量亦愈增加。为确保达成战争目的，确保相当的产煤量也就越来越紧要。具有浓厚国家性质的煤炭业的运营始终依照政府的指令，而政府为了打开劳务枯竭的窘状，决定移入华工，为此下达了移入华工的指令。②

**金属矿业**

政府要求昭和19年度务必出产120万吨铁矿石，为确保完成此任务，无论如何应该确保有充足的劳力资源……然目前应该应诏的内地劳力及朝鲜劳工的

---

① 株式会社地埼組落部出張所. 華人労務者就労顛末報告書[M]. [1946-03報告]. 西成田豊. 中国人强制连行政策の成立过程[J]. 一橋大学研究年報 経済学研究, 2000 (42)：98.
② 三井田川鉱業所. 華人労務者就労顛末報告書[M]. [1946-03.04報告]. 西成田豊. 中国人强制连行政策の成立过程[J]. 一橋大学研究年報 経済学研究, 2000 (42)：98.

移入也越来越困难，限于此，断难完成政府要求的出矿量。为此，恳请、建议政府昭和19年初移入华工，通过协商，遂决定了华工移入事宜。①

港湾装卸业

伴随着决战事态的亦愈临近，为确保完成政府规定的责任吨数，至少需要1 000名劳力，但是，目前募集的中坚劳力由于劳动量过大，已经极度疲劳，因而出现缺勤等现象，造成了劳力的不足……限于此现状，到底难以完成规定的装卸任务，为此向日本港运协会提出雇佣华工的申请。②

通过以上史料可以得出三点结论：

第一，"完成国家要求的工事建设任务""确保相当的出煤量""政府规定务必出产120万吨铁矿石""确保完成政府规定的责任吨数"等各种陈词，证实了增强战争末期无以为继的生产能力是日本政府断然决定"正式移入"华工的一大要因。

第二，以往为确保生产能力提供必要劳力的强掳朝鲜劳工的供给源已经枯竭的现实，是日本政府决定"正式移入"华工的又一原因。在这一点上，不能不说"正式移入"华工一事具有替代强掳朝鲜劳工困境的一面。③

第三，尤其重要的是，虽然上述企业建议日本政府决定强掳华工，并积极参与构建强掳华工机制，但是根据史料可见，最终需要日本政府的决断，并积极地、不断地向各相关企业下达"指示""指令""劝勉"。

---

①日鉄鉱業釜石鉱業所．華人労務者就労顛末報告書[M]．[1946-03報告]．西成田豊．中国人強制連行政策の成立過程[J]．一橋大学研究年報　経済学研究，2000（42）：98．
②敦賀港海陸運送株式会社・敦賀華工管理事務所．華人労務者就労顛末報告書[M]．[1946-03報告]．西成田豊．中国人強制連行政策の成立過程[J]．一橋大学研究年報　経済学研究．2000（42）：98．
③西成田豊著．近代日本労資関係史の研究[M]．東京：東京大学出版会，1988：406．西成田豊．中国人強制連行政策の成立過程[J]．一橋大学研究年報　経済学研究，2000（42）：98．

## 第三节　在日本被强掳华工及死难人数考

### 一、日本政府及加害企业公布数据

"二战"时被日本强掳的华工，大致有三种去向：一是押往中国东北、华北等地的矿山去做苦工；二是被送往南洋；三是被掠往日本。那么，被掳往日本的华工又有多少呢？在日本政府1942年11月27日的《关于向国内移入华人劳务者事项》颁行后，从1943年至1945年日本战败，究竟有多少华工被强掳至日本，目前大致有以下几种说法。

（1）1946年日本外务省管理局编制的《华人劳工就劳事情调查报告书》（简称《外务省报告书》）所载，被强行押运上船到日本的人共有38 935名，赴日华工死亡人数为6 830人（见表6、表7），出现了17.5%的高死亡率。其中1943年至1945年5月在登船运往日本各企业事业场的船中与途中死亡812人，在日本事业场劳动期间死亡5 999人，在1945年10月9日至1946年2月战后遣返华工期间死亡19人。[①]"从事业场别观察，总死亡率超过30%者有14个，最高者为52%；再从移入批次观察，死亡率超过30%者为18批，其中最高者达65%"。[②]

---

[①] 田中宏，松沢哲成编. 中国人强制连行资料：「外務省報告書」全五分册[M]. 東京：現代書館，1995. 235.

[②] 田中宏，松沢哲成编. 中国人强制连行资料：「外務省報告書」全五分册[M]. 東京：現代書館，1995. 121.

表6　强掳华工机构及人数统计表

| 提 供 机 关 | 华 工 人 数 |
|---|---|
| 华北劳工协会 | 34717 |
| 华北运输公司 | 1061 |
| 华中劳务协会 | 1455 |
| "国民政府"机关 | 682 |
| "满洲"福昌劳工股份公司 | 1020 |
| 合　　计 | 38935 |

（出处：外务省管理局制作的《华人劳务者就劳事情调查报告书》1946.3.1）

表7　作业点分类及使役华工人数统计表

| 类　　别 | 作 业 点 数 | 华 工 人 数 |
|---|---|---|
| 矿山业 | 47所 | 16368 |
| 军事土木工程 | 63所 | 15253 |
| 造船业 | 4所 | 1215 |
| 港湾装卸工 | 21所 | 6099 |
| 合　　计 | 135 | 38935 |

（出处：外务省管理局制作的《华人劳务者就劳事情调查报告书》1946.3.1）

"根据日本内阁会议和次官会议的决定，所移进的华工数量，从1943年3月至11月间进行的移进试验8组1 411名，1944年3月至1945年5月之间的正规移进161组37 524名，共计达169组38 935名。"[①]其中死亡人数6 830人（见表8），死亡率高达17.5%。

---

①野添憲治. 聞き書き花岡事件[M]. 東京：御茶の水書房，1990：98.

表8 被强掳到日本的华工人数以及死亡者数统计表

| 各项统计 | 人 数 | 备 注 |
|---|---|---|
| 事业场内死亡人数 | 5 999 人 | 从被抓到中国国内收容所内至上船之前死亡者未统计在内。在各事业场内下落不明者51人 |
| 船上死亡人数 | 564 人 | |
| 登陆日本后死亡人数 | 248 人 | |
| 回国上船前 | 10 人 | |
| 留在日本者当中的死亡人数 | 9 人 | |
| 死亡人数总计 | 6 830 人 | |
| 移入人员（实际上船人数） | 38 935 人 | |

（出处：外务省管理局制作的《华人劳务者就劳事情调查报告书》1946.3.1）

表9 被强掳华工的死亡时间统计

| 时 间 | 死 亡 数 | 构成比（%） |
|---|---|---|
| 移入时在船上 | 564 | 8.3 |
| 登陆日本后到达作业点前 | 248 | 3.6 |
| 以上途中死亡小计 | 812 | 11.9 |
| 到达作业点后3个月以内 | 2 282 | 33.5 |
| 到达作业点3个月以后 | 3 717 | 54.4 |
| 以上作业点内死亡小计 | 5 999 | 87.8 |
| 送还时、作业点出发后到乘船前 | 10 | |
| 战后留于日本时 | 9 | |
| 以上集体送还后死亡小计 | 19 | 0.3 |
| 合 计 | 6 830 | 100.0 |

说明：根据《外务省报告书》第2分册第18—19页统计整理。

（2）日本友好团体"中国人殉难者名簿共同编制实行委员会"在此基础上核实认为，赴日华工死亡人数应为6 873，比外务省报告多出43人。其中，在华工登船运往日本各事业场的船中和途中死亡814人，较外务省报告增加了2人；华工在日本各事业场就劳期间死亡6 010人，比外务省报告增加了11人；战后遣返华工期间死亡25人，比外务省报告增加在遣返船中死亡者6人；另增加了被掳华工从其羁押的各劳工收容所、训练所、集中营供出到登船赴日前，已查实的死亡人数24人。①

（3）1960年岩波书店出版的《世界》总第173号中《战争中强掳中国人的记录》认为：据《外务省报告书》的统计，乘船之前分摊给事业场的人员至少是41 317人，这其中2 382人由于死亡或逃走而未能乘船，不包括在"移入"之内。②

（4）1961年5月以大谷莹润为团长的日本"中国殉难烈士名单捧持代表团"访华，该团除送来一份6 753名死难华工的名单之外，还向中国方面递交了一份题为《关于抓捕劫运中国人案件的报告书》。大谷团长在欢迎大会上的讲话中，就华工人数问题做了如下说明："从收容所被抓捕劫运到日本去的时间是在1943年4月到1945年5月之间，人数至少也有169批41 762人。这些人到押送上船为止，就少了2 827人。"③

（5）1963年法政大学社会问题研究所《资料室报》总第89期载宇佐美诚次郎文《作为战时劳动力的中国人俘虏资料》记为：从中国当地收容所押往日本的中国人为41 762人，上船之前减员2 823人，从乘船到登陆日本又死亡548人，从登陆后到押至各劳役场所又有238人死亡和下落不明。强掳乘船人员38 939人。④这样，被押至日本各劳役场所的华工是38 117人。战后被送回中国却只有30 737人（其中有6人在归国船中死亡）。另外，战争期间有169人归国，战后残留日本99人。这就是说，华工从被押往日本到战后被送回国至少有1万人死亡，就是在日本国土上死亡也达6 000人之多。1964年中国殉难者名簿共同制作执行委员会的《关于强掳中国人事件报告书》的记载与此相同。"被强掳到日本的华工至少有41 762人，其中

---

① 田中宏，松沢哲成编. 中国人强制連行資料：「外務省報告書」全五分冊[M]. 東京：現代書館，1995：669.
② 戦争なかの中国人強制連行の記録[J]. 世界（第173号）. 東京：岩波書店，1960：145.
③ 人民日报[N]. 1961-05-28.
④ 宇佐美誠次郎. 戦時労働力としての中国人捕虜の資料(1)——戦時労働年鑑編纂のために(4) [J]. 法政大学大原社会問題研究所資料室報（総第89号），1963：8.

死亡6 782人，下落不明者30人。被掠华工从中国港口被掳掠开始，到从日本港口被送还为止，平均在日时间为13.3个月，死亡率是17.6%。即强掳华工事件作为日本帝国主义侵华战争的一部分，是日本政府、军队、垄断资本直接实施的重大战争犯罪行为。"①

（6）1964年由强掳中国人事件资料编纂委员会编辑，新日本出版社出版的《草墓碑》载：在"契约"人员41 603人之中，由于死亡或逃走而有所减少，作为补充，再使之从收容所出发者至少有159人。加上这些补充于"契约"的人员，从收容所出发者至少是41 762人。这其中实际乘船人数为38 939人。②

（7）1990年出版的田中宏等人编著的《强掳中国人的记录》认为："38 935人是外务省《报告书》统计，实际被赶上船运往日本的中国人数，除此以外，由于饥饿、疾病和迫害，乘船劫运前已死亡2 832人，强掳中国人实际应为41 758名"。③

（8）1995年由东方出版社出版的《强行掳掠中国人》中所刊登的《强掳中国人遗留的课题》一文，作者在考察运往日本5个会社的8个事业场的华工"契约数"与实际乘船之间的所谓"华北减耗"后，认为："向这5社8事业场运送中国劳工的'华北减耗'就有320人，由此看来，现在在强掳中国人数中加上这320人，应订正为39 255人"。④许多研究华工问题的学者援引的数据都是大谷莹润团长讲话中所说的"41 762"这个数字。值得注意的是大谷团长的数字比外务省报告的数字（38 935）多了2 827人，而根据大谷团长对此所作的说明可以看出，两者数字之所以不同，是因为

---

①中国人殉難者名簿共同作成実行委員会．「中国人強制連行事件に関する報告書」の作成を終って[M]．同会．1964：641．
②中国人強制連行事件資料編纂委員会編．草の墓標·中国人強制連行事件の記録[M]．東京：新日本出版社，1964：77–78．
③刘宝辰编著．花冈暴动[M]．北京：人民出版社，1993：6．
④战争牺牲者铭心会南京集会编．强掳中国人[M]．上海：东方出版中心，1995：30–31．

日本外务省讲的是到岸数字,大谷团长讲的是上船前的数字。

同时,根据1975年日本日中友好协会中央本部编写的《日中友好运动史》记载:在1943年4月至1945年5月这段时间内,主要在华北地区抓捕中国人强行运到日本,分到全国135个企业中强制劳动。被抓的劳工共169批,约4万人。到日本战败为止,这4万人中约有7 000名被虐待致死或惨遭杀害。①

目前,日本的战后责任网②公布了部分抗战期间被抓的赴日劳工花名册,主要是日本港运业会、铁道工业株式会社、三菱矿业株式会社、住友赤平矿业、三井矿业以及北海道、札幌一些企业,里面有籍贯、被抓前职业、年龄、死亡原因等。从这些劳工花名册看,籍贯全国各地都有,以河北、山东、河南居多,职业多数是农民和被俘军人。但是,令人感到遗憾的是,这里仅限于部分华工名册。

## 二、国内学界统计数据

日本政府究竟强掳多少华工,在日华工死难人数怎样,特别是日本强掳华工究竟始于何时?近年来学界分歧不大。国内学者往往以1942年日本阁议通过的《关于向国内移入华人劳务者事项》为标志,认为日本政府强掳华工开始于1943年,终止于1945年。

美国南伊利诺斯大学吴天威教授撰文考证指出:近年以来我们讨论日本输入华工问题,主要根据两个文件:1942年11月27日《阁僚会议决定向内地移入华工》;1944年次官会议决定《关于促进向内地移入华工》。根据以上两文件,我们一般确定日本输入华工始于1943年。但是,东京女子大学松泽哲成教授提出1939年七八两月有关输入华工文件,7月1日"申请雇用中国苦力数件"的有14家公司,包括大仓公司,申请输入劳工6 100名。此次申请是否获得政府批准尚无资料加以证实,但就各公司

---

①日中友好协会中央本部.日中友好运动史[M].北京:商务印书馆,1978:33.
②戦後責任ドットコム:http://space.geocities.jp/ml1alt2/index.html.

## 理解 责任 道义
——在日华工遗骨归还问题调查

与中国东北及华北工业有密切来往而论,日本输入华北劳工,可能始自1939年下半年。①

吉林大学陈景彦教授考证认为,日本外务省公布的实际上是一个经过压缩的数字。这个数字之所以被大大压缩,我们只能解释为是企图掩盖日本的侵略罪行,并提供证据认为:1942年1月伪华北劳工协会在它的《本年度劳工需给政策》中提出,当年的劳力供给额为200万,其中分配给伪满的150万,"分配于日本内地10万"。②这就等于已经告诉我们,日本此项活动开始于1942年而非外务省报告书中所说的1943年。也就是说,到日本内阁会议和次官会议分别通过决议把大批劫掠华工作为一个国策确定下来时,此项活动至少已经进行了一年左右时间,按计划应有10余万华工被抓到了日本。若从此时算起,到日本战败投降,这项罪恶活动共持续了约三年半左右。仅仅1942年一年的数字,就大大超过了日本《外务省报告书》中所说的数字。③

学者何天义综合以上日本各界说法,分析指出:除第3、4种说法认为华工乘船数为38 939人而外,余者皆为38 935人。以"契约数"即从收容所出发的人数而论,第1种说法中无此记载。第6种只是考察、计算了使用华工的5个会社8个事业场的"华北减耗",自然少于其他说法。至于第2种说法与第3、4、5种说法之所以出现400人左右的差异,是由于乘船前死亡与逃走的人数不同而致,即前者为2 382人,而后3者则为2 832人。如果从这两个数字极其相似,只是位数的排列顺序不同来看,可以推定其中有一笔误者。综合以上6种说法,被掳掠去日本的华工乘船数应为38 935人或38 939人,而从收容所出发即"契约数"的华工当在41 000—42 000名之间。

据《外务省报告书》的统计:在日本强掠的38 935名华工中,70岁

---

① 吴天威. 日本在侵华战争期间迫害致死中国劳工近千万[J]. 抗日战争研究. 2000(1):144.
② 重庆. 新华日报[N]. 1942-07-07.
③ 陈景彦. "二战"期间在日本的中国劳工[J]. 历史研究. 1998(2):127.

以上的老人共有 12 名，15 岁以下的孩童共有 157 人，16 岁至 19 岁者 2 583 人，20 岁至 29 岁者 17 051 人，30 岁至 39 岁者 10 612 人，40 岁至 49 岁者 5 468 人，50 岁至 59 岁者 1 520 人，60 岁至 69 岁者 236 人，年龄不详者 1 296 人。①从年龄段上分析，以 20 岁至 29 岁者为最多，占总人数的 43.79%，其次是 30 岁至 39 岁者占 27.25%，合计这两者即占总人数的 71.04%。如果再加上 16 岁至 19 岁和 40 岁至 49 岁的 6.6% 与 14.04%，合计占总人数的 91.68%。所以，不论日本企业方面如何强调，华工中有"几乎不能劳动的老人"，年富力强的青壮年占绝大多数这一事实却是不容否定的。

因此，"二战"期间，大约有 41 762 名华工被强制收容，其中 38 935 人被迫乘船来到日本，被分散在日本全国 135 个事业场。据日本外务省在 1946 年 3 月 1 日制成的《外务省报告书》记载，日本掳掠的 38 935 名华工，除乘船途中和上陆后至日本事业场死亡 812 人外，在日本企业中死亡 5 999 人，再加上送还时死亡 19 人，总计死亡 6 830 人，死亡率占乘船人数的 17.5%。②

但是，中国人俘虏殉难者慰灵实行委员会认为这个统计数字是不完全的，实际死亡人数远在其上。战时被劫往日本去的华工究竟有多少？中国学者认为有 22.6 万人。③也有学者认为还要大于这个数字。战后 70 年来，日本各方陆续向中国提供的在日死亡华北劳工名单 6 873 人。从 1943 年至 1945 年 8 月的两年多时间内，掳日华工被折磨致死者达近 7 000 人，死亡率平均超过 17.5%。其中 14 个事业场的华工死亡率超过 30%。另有伤残华工 6 778 人，两项之和，达到掳日华工总数的 1/3。④

---

①田中宏，松沢哲成编. 中国人强制連行资料：「外務省報告書」全五分册[M]. 東京：現代書館，1995：460–461.
②野添憲治. 聞き書き花岡事件[M]. 東京：御茶の水書房，1990：98.
③刘惠吾，刘学照编. 日本帝国主义侵华史略[M]. 上海：华东师范大学出版社，1984：159.
④陈景彦. "二战"时期在日中国劳工问题研究[M]. 长春：吉林人民出版社，2005：261–262.

### 理解 责任 道义
——在日华工遗骨归还问题调查

另据学者居之芬考证,实际被掳赴日华工人数应该远远高于《外务省报告书》所报人数。因为日本外务省在作《报告书》时,漏报了使用华工的日本企业和事业场。例如,曾为国民党军第十五军六十四师192团防毒排长的华工魏书方和河北丰南县大佟庄被掳赴日华工佟久的证词均证明,1944年夏秋间,日本曾把华工和平民与其他赴日华工同船运往日本北海道后,又转运至北部的库页岛日本三星煤矿服苦役,人数大约有200余人,经一年多的折磨死亡70余人。1945末和1946年初又被美军运回北海道,与那里的中国劳工汇合一起遣送回天津塘沽港。① 1948年1月上海市社会局档案也记载,1947年11月28日,上海港曾接收被美军登陆艇从库页岛送回的161名难侨,其中有劳工、战俘及家属20余人。另据山东寿光县王望乡卜家村劳工刘洪武证词,1945年3月间,日方曾把刘洪武及同乡在内的数百名山东劳工,从青岛运往日本的琉球岛"东亚寮",掘沟挖河服苦役。到1945年战争结束时,"东亚寮住的五六百华工,(被折磨致死)仅剩200人了"。② 如果这两处日本本土的企业和事业场战争期间征用华工的事实被进一步核实。则被掳至日本的华工总数就应增加700余人,上升到39 600余人。③

即或如《外务省报告书》所言,强掳华工总数为38 935人,如按照1945年10月6日天津地区日本官兵善后联络部长内田银之助奉日本政府之命致函国民政府第十一战区联络官施奎龄的告知:"正在日本劳动的31 601名华工的遣返工作已准备就序……"④ 则截至彼时,强掳华工减员已至7 334人,与外务省报告书所报死亡人数6 830人,相差504人,如按

---

① 何天义主编. 日军枪刺下的中国劳工(之四)[M]. 北京:新华出版社,1995:88.
② 何天义主编. 日军枪刺下的中国劳工(之四)[M]. 北京:新华出版社,1995:91.
③ 居之芬. 论战后赴日华工归国及遗留问题[J]. 抗日战争研究. 2004(4):167.
④ 天津地区日本官兵善后联络部长内田银之助关于在日华工将回国请中方接收安置函[A]. 1945-10-06. 天津市档案馆219-1-3-4476:7-8.

照上述居之芬统计数据，相差7999人。此间相差人数估计多为死亡人数了。①

尽管后一个数字比前一个数字前进了一步，但我们仍认为，这两个赴日华工死亡人数，也基本是以日本上述135个事业场的报告书编制出来的，因此，难免存在重大遗漏和误差。

首先，无论是《外务省报告书》还是中国人殉难者名簿编制委员会，其统计华工在日本就劳期间死亡人数时，肯定仅统计了在上述135个事业场就劳期间的华工死亡人数。那么，同样在1944—1945年期间，在当时还属于日本的库页岛三星煤矿和日本琉球岛"东亚寮"就劳死亡的370余名华工，显然均被日方统计者遗漏了。

其次，日方确认的这两个华工死亡人数均提到战后1945年10月9日至1946年2月遣返华工期间，滞留日本或遣返船中死亡华工数，前者称有19人，后者确认为25人。但这两个数字显然均未提及美日遣返华工期间，在日本港内触雷死亡的华工数。据山东枣庄薛城区小刘庄在日本北海道福冈香月町大石煤矿当劳工的徐月明证词陈述："1945年10月11日（在当地）第一批回国的劳工，乘'老松号'大船启航，还没驶出门司湾港口，碰响了水雷，大船被炸沉，200多个中国劳工（日本三菱公司、上岫、下岫铁矿和大浦煤矿劳工——原注）全部遇难。其中我们峄县北常的老乡褚××、阎××等，也遇难死去，我们十分难过和忿恨……"②在战后遣返华工时，有着众多目击证人的如此大的沉船事故，以及当事人如此具体、清晰的陈述和证言，作为日本政府机构的外务省是不难调查核实的吧？为何在统计战后遣返华工死亡人数时，漏掉如此重大的死亡事故和死亡人数，是工作的疏忽，还是有意逃避和减轻罪责？不能不令人再次质疑日本外务省在调查华工事件时的诚意。

---

①笔者在此使用"减员"一词意强调在于此时有个别强掳华工已经逃亡（如刘连仁），可能不在日本公布数据统计内，且未知死活，故用之。
②徐月明. 我被抓到日本当劳工[J]. 日军枪刺下的中国劳工之四. 北京：新华出版社，1995：174.

## 理解 责任 道义
### ——在日华工遗骨归还问题调查

第三,"中国人殉难者名簿共同编制实行委员会"首次统计了被掳赴日华工在登船赴日前的死亡人数,认为被掳华工从被羁押的劳工收容所、训练所、集中营,被"契约"确定为"赴日华工"并被实际供出,到押运至中国各港口登船赴日前减员 2 832 人,其中确有证据死亡者 24 人,逃亡者 108 人,其余减少的 2 700 余人至少有一半人死亡,也应算在赴日华工死亡数字内。①

居之芬通过对各项公布的资料进行梳理后,认为赴日华工在日本期间死亡人数应增加 570 余人(基于外务省报告书提出来的 6 830 人),上升到 7 400 余人。若加上登船赴日前在港口羁押期间被虐待死亡减员者,则掳日华工死亡人数应达 9 000 余人。②

我们认为,尽管"中国人殉难者名簿共同编制实行委员会"提供的华工登船前的减员人数,会因"被掳至日本的华工"数字的扩大而有所减少;且其查实的减员中死亡人数只有 24 人,与实际数字差距不大,但该团体彻底查清强掳赴日华工事件,致力于日中两国人民友好的真实诚意,是显而易见的。为了还历史以本来面目,我们无权对这类显然的差别视而不见。与此有关的一个问题,是这些华工的去向。逐一弄清他们的去向,显然是查证他们总人数的一个有效办法。③

到底在日华工死亡多少人?统计范围如何确定?要准确揭开这些谜底,我们必须全力以赴,早日完成调查和研究,统计出科学的中国战俘和劳工被奴役、迫害和屠杀的数目,也期待着日本方面能够拿出诚意,向中国方面做出令人信服的说明。

---

① 田中宏,内海愛子,石飛仁. 資料·中国人強制連行[M]. 東京:明石書店,1987:668-669.
② 居之芬. 1933.9~1945.8 日本对华北劳工统制掠夺史[M]. 北京:中共党史出版社,2007:375.
③ 唐玉良. 中国工人运动史(第5卷)[M]. 广州:广东人民出版社,1998:475.

## 第四节　在日华工遗骨数量考

### 一、送还骨灰总数与实际安放数

目前国内现存华工遗骨，有名、有原籍的401具，有名、无原籍的1 671具，无名、无原籍的246具，共2 318具。

表10　送还批次、送还数和实际安放数统计表

由于个别强掳华工强制劳动地点较为分散，* 表示按照实际强制劳动地点统计，但以大作业点为统一表示单位，○表示全部安放，△表示基本安放，●表示绝大部分没有，× 表示姓名不详，无法辨认，◎重复

| 作业点 | 送还数 | 批次 | 实际数 | | 备注 |
|---|---|---|---|---|---|
| 041 鹿岛花冈 | 411 | 1次 | 404 | △ | |
| 060 熊谷高山 | 1 | 1次 | 1 | ○ | |
| 084 同和小坂 | 59 | 1次 | 2 | ● | |
| 094 三菱尾去泽 | 80 | 1次 | 0 | ● | |
| 003 地崎大府 | 5 | 2次 | 5 | ○ | |
| 004 地崎平岸 | 8 | 2次 | 8 | ○ | |
| 006 地崎函馆 | 10 | 2次 | 10 | ○ | |
| 007 地崎大野 | 2 | 2次 | 2 | ○ | |
| 008 地崎落部 | 1 | 2次 | 1 | ○ | |
| 011 地崎东川 | 88 | 2次 | 84 | △ | |
| 027 荒井落部 | 17 | 2次 | 15 | △ | |
| 070 井华奔别 | 6 | 2次 | 6 | ○ | |
| 085* 古河足尾 | 1 | 2次 | 1 | ○ | |
| 085 古河足尾 | 104 | 2次 | 104 | ○ | |
| 101 三井美呗 | 1 | 2次 | 1 | ○ | |
| 115 港运函馆 | 94 | 2次 | 92 | △ | ◎ 重复 36 |
| 125 港运新泻 | 148 | 2次 | | ● | |
| 128 港运室兰第一 | 31 | 2次 | 29 | △ | |
| 129 港运室兰第二 | 29 | 2次 | 29 | ○ | |
| 130 港运室兰第三 | 65 | 2次 | 65 | ○ | |
| 所属不明 | 2 | 2次 | 1 | × | 王子臣 |

理解 责任 道义
——在日华工遗骨归还问题调查

（续上表）

| 作业点 | 送还数 | 批次 | 实际数 | | 备注 |
|---|---|---|---|---|---|
| 042 鹿岛御岳 | 3 | 3次 | 3 | ○ | |
| 042 鹿岛御岳 | 33 | 3次 | 33 | ○ | |
| 044 鹿岛薮塚 | 49 | 3次 | 49 | ○ | |
| 050 间组利稷川 | 43 | 3次 | 43 | ○ | |
| 051 间组后闲 | 10 | 3次 | 10 | ○ | |
| 074 日矿峰之泽 | 65 | 3次 | 3 | ● | |
| 017 川口室兰 | 310 | 4次 | 277 | △ | |
| 042* 鹿岛御岳 | 2 | 4次 | 2 | ○ | |
| 047 间组御岳 | 3 | 4次 | 3 | ○ | |
| 052 飞岛御岳 | 19 | 4次 | 19 | ○ | |
| 059 熊谷富士 | 48 | 4次 | 46 | △ | |
| 064 野村置户 | 1 | 4次 | 0 | × | 姓名不详 |
| 072 井华别子 | 195 | 4次 | 194 | △ | |
| 086 战线仁科 | 84 | 4次 | 80 | △ | |
| 089 宇部冲之山 | 93 | 4次 | 93 | ○ | |
| 099 三菱崎户 | 1 | 4次 | 1 | ○ | 64 李肥子 |
| 100 三菱橇峰 | 1 | 4次 | | ● | 75 郭志吉 |
| 123 港运酒田 | 1 | 4次 | 0 | ● | 31 贾定录 |
| 124 港运東京 | 10 | 4次 | | × | 10名姓名不详 |
| 124 港运東京 | 119 | 4次 | 116 | △ | |
| 所属不明 | 2 | 4次 | | × | 函馆残留死亡 姓名不详 |
| 012 川口芦别 | 2 | 5次 | | × | 姓名不详 |
| 020 土屋天盐 | 47 | 5次 | 45 | △ | |
| 113 藤永田造船 | 5 | 5次 | 5 | ○ | |
| 126 港运门司 | 3 | 5次 | 3 | ○ | |
| 127 港运博多 | 1 | 5次 | 0 | ● | |
| 所属不明 | 73 | 5次 | | × | 下关上陆地点遗体 |
| 012* 川口芦别 | 3 | 6次 | | × | |
| 043* 鹿岛各务原 | 1 | 6次 | 0 | × | 姓名不详1 |
| 043 鹿岛各务原 | 1 | 6次 | 1 | ○ | 王景卢 |
| 049 间组瑞浪 | 39 | 6次 | 39 | ○ | |
| 061 熊谷各务原 | 2 | 6次 | 2 | ○ | |
| 102 三井芦别 | 1 | 6次 | 1 | ○ | 李岐山（残留者） |

（续上表）

| 作业点 | 送还数 | 批　　次 | 实际数 | | 备　　注 |
|---|---|---|---|---|---|
| 011* 地崎东川 | 5 | 7次 | | × | |
| 052 飞岛御岳 | 1 | 7次 | 1 | ○ | 吴荣海 |
| 068 北炭角田 | 72 | 7次 | 0 | ● | 日华劳务协会 |
| 070* 井华别子 | 11 | 7次 | 0 | ● | 日华劳务协会 |
| 075 日矿日立 | 122 | 7次 | 1 | ● | |
| 095 三菱胜田 | 56 | 7次 | 0 | ● | 日华劳务协会 |
| 117 港运神户 | 1 | 7次 | | ● | 04 俞祥兴 日华劳务协会 |
| 128* 港运室兰第一 | 31 | 7次 | 0 | ● | ◎日华劳务协会 |
| 129* 港运室兰第二 | 29 | 7次 | 0 | ● | ◎日华劳务协会 |
| 130* 港运室兰第三 | 1 | 7次 | 0 | ● | ◎龚与福 日华劳务协会 |
| 056 西松安野 | 5 | 8次 | 5 | ○ | |
| 056 西松安野 | 18 | 8次 | 18 | ○ | |
| 056 西松安野 | 3 | 8次 | 3 | ○ | |
| 082 日铁鹿町 | 6 | 8次 | 6 | ○ | |
| 097 三菱端岛 | 1 | 8次 | 1 | ○ | 张培林 |
| 099 三菱崎户 | 27 | 8次 | 27 | ○ | |
| 110 三井日比 | 25 | 8次 | 25 | ○ | 24+1 送还时死亡（祖崇荟） |
| 112 播磨造船日之浦 | 2 | 8次 | 2 | ○ | 26 高贵有、27 姜富有 |
| 041 鹿岛花冈 | | 9次 | | × | 12 盒（数十人遗骸的各部分） |
| 042 鹿岛御岳 | 1 | 9次 | 1 | ○ | MO42-46 孙志诚？ |
| 047 间组御岳 | | 9次 | | × | 1 盒（92 名中的大约 20 个人的骨灰） |
| 077 日铁釜石 | 1 | 9次 | 1 | ○ | 俞文茂 |
| 045 铁建信浓川 | 7 | 政府 | 7 | ○ | |
| 056 西松安野 | 1 | 政府 | 1 | ○ | ◎重复 牛德草 |
| 063 熊谷沼仓 | 1 | 政府 | 1 | ○ | 尹记 |
| 122 港运广岛 | 2 | 政府 | 2 | ○ | |

　　由于死亡名单上的姓名和有些骨灰盒上的姓名往往抄写有误，此表需要进一步核对，而送还总数与实际安放数，大约相差 550 具，要继续探寻这些华工遗骨。

——在日华工遗骨归还问题调查

## 二、遗留华工遗骨数

根据中国人殉难者名簿共同制作执行委员会制作的《关于强掳中国人事件报告书》第二编"中国人殉难者遗骨送还情况"数据显示，自1953年7月第一次遗骨送还开始，至1964年11月第九次送还结束止，日本方面总计公开送还华工遗骨2 749具[①]（第九次送还12箱，无法确认具体人数，学界估算第9批12箱骨灰约遗骨114具，则可计算出的送还遗骨数为2 863具）。

据《外务省报告书》记载，在日华工死亡5 999人，再加上送还时死亡19人，总计死亡6 830人。[②]而目前可以确认的送还的遗骨只有2 863具，那么，其余的遗骨到底在哪里？如果按照《事业场报告书》记载，大部分华工遗骨已经被华工幸存者带回国了。按其记载大略统计，90%以上的事业场的大约5 000具以上的华工遗骨被带回中国。这个数字的可靠性有疑点，送还遗骨过程中，陆续发现日本各地还遗留许多华工骨灰，很明显这种记载不真实。

那么，能不能弄清幸存者回国时带回来的遗骨到底有多少？比如，父子俩一起被强掳到日本，其中父亲死了，或者同乡同村的人死了，当然无论如何也一定要把这些人的遗骨带回去。像这样的证言也有不少，但是，可以估计这样带回来的遗骨不会占多数。

弄清带回来的遗骨下落有一个线索：1995年和2000年，在天津发现埋葬"二战"华工骨灰的墓碑。据《天津日报》2000年7月17日报道：天津西青区农民发现一抗日战争时期墓碑，碑上刻有"在日死亡华工之墓"字样。此碑材料为大理石，长1.3米，宽0.57米，厚0.12米，墓碑两面记载了约300多名中国劳工的名字。

---

[①] 根据中国人殉难者名簿共同制作执行委员会制作. 关于强掳中国人事件报告书-「第二编中国人殉难者遗骨送还情况[M]. （1960. 10）整理.
[②] 陈景彦. "二战"期间在日本的中国劳工[J]. 历史研究, 1998（2）: 127.

# 异域孤魂
## ——在日华工遗骨归还问题历史探源 第一章

此墓碑的内容可和市档案馆藏史料互相对照,据天津档案馆馆藏史料的记载,从1945年10月18日到1946年3月11日,天津籍劳工遗骨共有1 561具,前后从日本送还到天津,除99具在当时登报被家属领取外,留下的1 462具从天津市政府回国劳工管理处转让到市警察医院保管。后被葬在天津市西郊杨柳青乡的劳工公墓内。[①] 1946年10月,在大稍直口汪家庄腾出4.5亩的土地,天津市警察局派遣人员,和有关人员一起挖坑30个,铺上红砖,分号掩埋,并且刻了四块石碑以便识别。

据天津档案馆的档案记载,埋葬时共立碑4块,其中2000年发现的第一块石碑,现存天津博物馆,其模型在2楼展厅展出。1995年发现的石碑,是第二块,现藏于西青区档案馆。

根据这两块碑文和天津档案馆在日死亡劳工遗骨姓名清册记载,与日本档案死亡人员名单核对,当年带回来的遗骨,可以认定以下事业场死难者。

表11 在日死亡劳工遗骨姓名清册里可认定的事业场的人数[②]

| | | | | | |
|---|---|---|---|---|---|
| 001 地崎伊屯武华 | 11 | 033 铁工美呗 | 50 | 093 三菱大夕张 | 41 |
| 003 地崎大府 | 2 | 034 铁工神威 | 1 | 097 三菱端岛 | 7 |
| 004 地崎平岸 | 2 | 035 铁工鹿部 | 2 | 098 三菱高岛 | 1 |
| 005 地崎第一华人 | 2 | 036 铁工室兰 | 17 | 100 三菱槙峰 | 16 |
| 009 地崎大夕张 | 23 | 037 铁工计根别 | 1 | 101 三井美呗 | 50 |
| 010 地崎上砂川 | 38 | 041 鹿岛花冈 | 143 | 102 三井芦别 | 50 |
| 012 川口芦别 | 31 | 047 间组御岳 | 3 | 103 三井砂川 | 17 |
| 014 川口上砂川 | 6 | 049 间组瑞浪 | 5 | 104 三井田川第二 | 1 |
| 015 川口丰里 | 3 | 055 大成上松 | 12 | 105 三井田川第三 | 3 |
| 016 川口胁方 | 1 | 062 熊谷平冈 | 11 | 106 三井山野 | 32 |
| 017 川口室兰 | 62 | 064 野村置户 | 2 | 107 三井三池宫浦 | 16 |
| 018 土屋伊屯武华 | 1 | 065 明治昭和 | 1 | 108 三井三池万田 | 135 |

---

[①] 天津发现在日本死亡华工墓碑[N]. 天津日报,2000-07-17.
[②] 本资料由日本"强掳中国劳工强制劳动事件日本全国律师团"授权"中国918爱国网"独家发表。

——在日华工遗骨归还问题调查

（续上表）

| | | | | | | |
|---|---|---|---|---|---|---|
| 019 土屋岩见泽 | 1 | 067 北炭天盐 | 40 | 109 三井三池四山 | 56 |
| 022 土屋几春别 | 1 | 072 井华别子 | 100 | 115 港运函馆 | 2 |
| 023 菅原函馆 | 13 | 073 日矿大江 | 2 | 118 港运敦贺 | 1 |
| 024 菅原门静 | 3 | 074 日矿峰之泽 | 34 | 119 港运七尾 | 12 |
| 025 菅原小樽 | 1 | 075 日矿日立 | 63 | 121 港运伐木 | 5 |
| 027 荒井落部 | 3 | 077 日铁釜石 | 15 | 123 港运酒田 | 1 |
| 028 荒井国缝 | 6 | 079 日铁二濑高雄 | 6 | 125 港运新泻 | 81 |
| 029 荒井埒下 | 7 | 080 日铁二濑润野 | 24 | 131 港运小樽 | 1 |
| 030 伊藤置户 | 1 | 081 日铁二濑中央 | 11 | 134 港运大阪川口 | 1 |
| 031 伊藤上砂川 | 1 | 086 战线仁科 | 15 | 135 港运大阪筑港 | 44 |
| 032 濑崎有川 | 16 | 089 宇部冲之山 | 23 | 未确定 | 46 |

华工幸存者带回来的遗骨与日本送还的遗骨核对，有出入也有重复，如此可以得出初步结论，下落不明的的遗骨还有几千具。今后需要继续调查、研究和寻找。

# 第二章 魂兮归来

## ——在日华工遗骨归还问题的产生

日本战败后，日本民间和平团体发起了在日华工遗骨送还运动，敦促日本政府早日着手搜集、奉祭、归还华工遗骨，但是日本政府在华工遗骨归还问题上，采取遮掩、推延的态度。各民间团体和地方政府、企业遵照外务省指令，起草了在日华工调查报告。外务省在此基础上汇总而成《华人劳务者就劳事情调查报告书》（《外务省报告书》）。但是，日本政府为掩盖强掳华工的罪行，辩称该报告书已经散失。1993年，该报告书被披露出来后，引起中日相关方面的高度关注。因此，究明日本政府掩饰、隐匿《外务省报告书》的事实，就可以进一步说明日本政府及企业的不作为；同时，也可以证明自20世纪70年代后，在日华工遗骨归还问题长期被搁置的原因。

## 第一节 遗骨归还问题的"萌动"与日本政府的应对

### 一、东京审判的遗患

"二战"后，东京审判对华工"花冈惨案"等事件进行了审理，因为美国对华政策的变化，其审理过程及最后的判处也极不彻底，留下很大的隐患。

---

本章除特别注释外，引文资料均来源于《外務省"極秘"文書が語る中国人強制連行・強制労働事件の戦後史~国際犯罪隠滅工作の数々と平和友好を願う内外世論》2003年12月 中国人強制連行・強制労働事件福岡訴訟原告弁護団発行（http://www.bengoshi-honryu.com/wp-content/uploads/2010/08/F20500.pdf）。

## 理解 责任 道义
——在日华工遗骨归还问题调查

1945年9月美军占领日本之后，为了在远东地区对抗苏联，希望扶植中国。所以最初对调查、处理日本强掳和虐待中国战俘与劳工事件还是比较认真和重视的。

1945年10月初，美军在花冈鹿岛公司事业场无意中发现了大量华工的尸体后十分愤怒，立即派驻日美军第二参谋部特别调查官辛普森赴花冈专门彻查此案。辛普森对该事件做了详细调查，并一一拍照取证后，向美军占领当局提交了翔实的报告。美军上层看了报告后，"了解到在日本有很多中国劳工这一悲惨事件，……都很震惊……感到强掳中国人与强制劳动是很严重的问题"①，应当彻查。因此，不仅立即逮捕、拘押了鹿岛花冈事务所实施暴行的主要责任者河野正敏等7名罪犯，还在第一批决定逮捕的39名甲级战犯中囊括了对强掳、奴役和虐待中国战俘与劳工负有直接责任的日本大藏省、商工省、通信省、厚生省大臣贺屋兴宣、岸信介、寺岛健、小泉亲彦。②但是，随着中国内战形势的变化与美苏对立的进一步加剧和明朗，美国逐渐对中国国民党失望，转而将希望与扶植重点转向日本，"对日本占领政策的目标，不仅在能使日本自立，而且对今后远东可能发生的新的集权主义战争威胁（指苏俄—引者），使之充分发挥强有力的防波堤作用……"。③

美国对日占领政策的变化，直接影响到对掳日华工问题的追究和审判，花冈事件调查官辛普森此后曾说："我想中国人的问题似乎是这样：除这个事件（指花冈事件——引者）外不再进行追究。这是总司令部的决定。在中国已发生了内战，美国认为再花费气力，对自己国家来说，也无所获。在我的直接感觉中，因为美国需要将日本企业的干部们作为冷战的

---

① NHK取材班. 幻の〈外務省報告書〉——中国人強制連行の記録[M]. 東京：日本放送出版協会，1994：188.
② 对花冈事务所所长河野正敏的起诉书. 刘宝辰. 花冈暴动[M]. 北京：人民出版社，1993：275.
③ 藤井松一，大江都夫. 戦後日本史（上）[M]. 東京：青木書店，1972：103.

同盟者，所以决定终止追究他们的污点。"①因此，远东国际法庭在横滨展开"花冈事件"的审理，从1946到1947年，以耿淳为首的该事件的26位证人出庭作证，1947年7月确认了河野正敏等7名案犯虐杀中国战俘的犯罪事实，1948年3月1日判处花冈事务所所长河野正敏无期徒刑，福田金吾郎、伊势知得、清水正夫三位日本"辅导员"与"监工"绞刑，判处花冈警察署署长三浦太一郎、警察后藤建藏20年徒刑，终止了深入追究。②即未追究日本政府与军部联合提出"移入中国劳工"这一日本国策的犯罪，从而也未逮捕追究鹿岛组责任者社长；同时，免除了有管理责任的秋田县知事和特高警察的罪责，免除了具有最重要责任、决定《关于将华人劳务者移入内地事项》的日本内阁、特别是商工大臣岸信介的罪责等，"回避了审判事件的核心部分的犯罪"③。更甚者，1948年末，在无罪释放了岸信介等嫌犯后，美军在对河野正敏等7名罪犯的判决进行确认时，均做了减刑处理，并在1953年前后陆续释放。④1948年10月美军在横滨BC级法庭审理另一宗在日本影响很大的大阪筑港华工事件时，更明显地暴露出公然袒护日本战争罪犯的事实。美军在对该案主犯大阪筑港华工事务管理所厚生科长武内实等4名日本案犯进行起诉时，曾全面采用了华工陈修身、张玉生、范振华三名证人关于上述案犯虐待、殴打、虐杀中国47名劳工的证言，但在最后审判时，美军检察机关却与案犯的美国人辩护团和日本人辩护团协商，合作提出：在判决前从上述三名华工证言中删除21项不利于被告的有关虐杀华工的事实——如"空袭时不允许他们去防空壕，致使数名（中国劳工）负伤、死亡"；由于虐待、殴打"促使他们之中的

---

①田中宏，松沢哲成编. 中国人强制连行资料：「外務省報告書」全五分册[M]. 東京：現代書館，1995：191.
②刘宝辰. 花冈暴动[M]. 北京：人民出版社，1993：197.
③石飛仁. 花岡事件[M]. 東京：現代書館. 1996：6.
④刘宝辰. 花冈暴动[M]. 北京：人民出版社，1993：197

46人死亡"；由于虐待、饥饿和劳累，"他于10日后死亡"；"殴打非常激烈，他（段美）大约10天后死亡"；"殴打非常激烈，他们（安小心、王狗申）几天后死亡"等，使法庭最终免除上述4名日本案犯的虐杀华工罪责，只对虐待责任加以判决，大大减轻了对日本案犯的惩处。最终仅判处杀人恶魔武内实12年徒刑，大阪府警署搜查主任幸西广一8年徒刑，大阪筑港华工管理所所长小泉时一2年徒刑，警备员堀江政一3个月徒刑。而这4人很快就被保释出狱，直接虐杀中国劳工10余人的武内实出狱后，还重新回到大阪港，任中谷运输会社的劳务干部，继续从事抵制日本工人争取权利的罪恶活动。[①]正是美国为了一己私利，放弃正义，公然掩盖和庇护日本战争罪犯的行为，使战后远东国际军事法庭基本放弃了对日本政府与军部在战争中大规模实施强制劳动等罪行的追究与审判，也为战后日本政府开启了一条拒不承认战争罪行的危途。

## 二、日本政府采取措施避免华工遗骨问题表面化

1945年8月15日，日本政府接受《波兹坦公告》，宣布无条件投降。8月21日，日本政府根据内阁会议决定，废除积极推动战争的大东亚省和军需省，新设立外务省管理局，负责处理居住在日本国内的外国人事务以及中国东北及南方地区的在留侨民事务。战后初期，外务省管理局的最大业务之一就是撤退海外在留侨民，同时送还战争时期强掳至日本的中国人和朝鲜人。

日本政府于8月17日召开了内务省主管防谍委员会委员会议，最终制定了以让华工全员回国为基本方针的《华工管理办法》。根据该办法，商议决定遣送华工回国所应该采取的诸项措施。

1. 终止使用华工继续作业，在现地保护和收容；
2. 给华工提供基于合同所规定的工资、衣食，以及尽可能改善其待遇；

---

①居之芬. 1933.9—1945.8 日本对华北劳工统制掠夺史[M]. 北京：中共党史出版社，2007：390.

3. 严加戒备对华工的危害和暴行，给伤病者提供必要的看护；

4. 释放一切因犯罪嫌疑而被关押滞留的人。①

日本政府于9月2日签署了投降协定。根据投降协定，驻日盟军对日本政府及日本大本营下达了立即释放日本国统治下的所有盟军俘虏及被关押者，并向其提供必要的保护、津贴、给养，以及向指定场所即时输送给养的命令。9月9日，日本政府签署了向中国投降的《降书》，其中第六款规定"日本陆海空军所俘联合国战俘，及拘留之人民立予释放，并保护送至指定地点。"②但是日本政府对所犯战争罪行，始终持掩盖和逃避罪责的态度。早在战争结束前夕，日本军部和政府就在占领区和本土密令大规模销毁各类机要文件和罪证。1945年8月15日正式宣布投降后，更加快了销毁机要文件和罪证的步伐。在强掳、奴役中国战俘与劳工罪行方面，据《华鲜劳务对策委员会活动记录》记载，在宣布投降的次日，"8月16日，……根据军需省命令，烧毁关于战争中华人及朝鲜人的统计资料及训令、其他重要档案文件。……除有关会计、经理方面之外，即使是个人私有物也要一件不留地烧掉。于是在樱田国民学校内（当时的战时建设团本部）烧了三天"。③

日本政府与企业除了立即销毁文件、资料外，还迫令直接参与使用、管理华工的日本监工和负责人员大量逃亡、隐匿，以免在远东审判追究这一罪责时充当证人，"仅就福冈的日铁二濑矿业所来说，企业便命令如下人员（共87人的名单在此省略）逃避"，因为"对企业主来说，虐待使用俘虏的事实成为他们的致命伤。他们所干的事，首先就是调换直接责任者，退职、彻底毁灭证据"。④当鹿岛公司花冈事务所虐俘事件曝光后，日

---

① 華人労務者の取扱[A]. 閣議雑載（朝鮮人台湾人及支那人の処遇・移入華人及朝鮮人労務者の取扱）「公文雑纂」内閣次官会議関係（1），1945．卷7．
② 田桓主编. 战后中日关系文献集1945—1970［E］. 北京：中国社会科学出版社，2001：11.
③ 野木崇行. 華鮮労務対策委員會活動記錄[M]. 華鮮労務対策委員會，1947：98.
④ 平岡正明. 中国人は何をされたか——中国人強制連行の記録[M]. 東京：潮出版社，1973：56.

## 理解 责任 道义
——在日华工遗骨归还问题调查

本政府与企业做的第三件事,就是不惜重金贿买"律师团"和政府有关官员为其掩盖和逃避罪责服务。1945年10月鹿岛花冈事务所所长河野正敏等7人被美军逮捕拘押后,11月1日鹿岛公司所在的日本建筑业企业即成立了日本建设工业统制组合总会。11月12日又在该总会内设立了专门处理所谓华鲜劳工问题的"华鲜劳务对策委员会",会长是10月5日刚被解散的"战时建设团"团长加藤恭平,副会长就是残酷役使、虐杀华工的鹿岛公司副社长鹿岛新吉。他们说:"假如本事件(指花冈事务所所长等7人被捕)立即扩大到其他作业场及其他企业主时,不用说肯定会给企业以极大的影响,因此务必发挥该辩护律师(指曾为三菱重工社社长乡古洁作无罪辩护的平林慎一律师)的实力,以防患于未然。"①为此,他们还专门邀请外务省管理局熟悉华工事务的平井庄一调查官到神户与平林律师会晤、出谋划策,并在次年(1946年)6月15日由上述日本建设工业统制组合下属的14个建筑企业主与平林律师正式签订了如下的《辩护报偿约定》:"第一,着手办理金10万日元,立即由委托人支付;第二,成功感谢金,不论判决与否,按以下结果支付酬金:①现收容于巢鸭拘留所之鹿岛组7名职员如全部无罪,并不波及鹿岛组及有关委托人之情况下,给予40万日元;②只处罚收容者便终结此事件,不波及鹿岛组及有关委托人之情况下:(A)给予20万日元;(B)收容者中如有无罪者,每有1人给予2.5万日元;③事件如波及鹿岛组,但不波及其他有关委托人而终结之情况下:(A)给予8万日元,(B)鹿岛组无罪之情况下,给予8万日元。"②

与此同时,日本内阁以往主管掳日华工事务的内务省自知罪孽深重,在战后也紧锣密鼓地密令各厅、府县及有关管理部门,立即处理好掳日华

---

① 野木崇行. 華鮮劳務対策委員會活動記録[M]. 華鮮劳務対策委員會,1947:112.
② 野木崇行. 華鮮劳務対策委員會活動記録[M]. 華鮮劳務対策委員會,1947:113.

# 魂兮归来
## ——在日华工遗骨归还问题的产生

## 第二章

工的善后工作,准备"撤销合同",尽快将掳日华工遣送归国,并尽快搜集有利于掩盖罪行、应对远东军事法庭审判追究的调查报告和材料。1945年4月18日,北海道土木建筑统制会组合理事长伊藤丰次在给下属企业的《关于华人劳务者遗骨处理事项》中透露:"根据当局之各种指示,作为处理事务之必要,应提出医师之死亡诊断书及对死亡原因无异议之同僚者之同意书各一份……关于死亡诊断书及同僚者之同意书,因有国际关系之事由或许何时发生必要之事态,因此必须将其作为永久保存之文件加以处理"。①9月23日,内务省下达《关于华人劳务者的指令》密文,详述了各厅、府、县要急办的华工善后事项,并特别强调做好以下几点:"(6)查清华工死亡原因,备好相关的诊断书:要调查清楚华人劳务者的死亡人数、人名及病名,备好能证明这一事实的诊断书。……并将一份送交内务省……(7)备好案件的说明材料。用人单位如有华工被检举判刑的,要准备好材料以备中国方面要求时对此予以说明,……并把相关材料报送内务省。"还特别强调"在调查华人劳务者的待遇问题时,要尽量多收集能证明按着合同公正、妥当地对待劳务者的资料,并把它保存好(例如:能显示人员健康的照片、国防捐款交款证明,以及各种付款凭证等)"。②这实际上是秘密教唆日本企业与各有关华工管理部门,尽早伪造好华工"因病正常死亡"的医生"诊断书",华工"合理被拘审讯"的证明,以及日方按"合同契约","善待"华工,及华工在日期间"身体健康""工资按时发放"的"证明材料",以应对远东军事法庭审判可能的追究。③而日本外务省战后新设的"管理局",主要负责对在日华工的遣返并交换接回在华的日俘日侨事宜。在正式遣返数万名掳日华工之前,外务省就多次接到中国国民政府外交部直发电报或由日本驻华公使转达国民政府主席蒋介石提出的要求:"查清在日华工从业种类、从业地点、各地点的从业人员、

---

① 花岡問題全国連絡会(準)編. 資料中国人強制連行・暗闇の記録[M]. 同会,1991:117.
② 刘宝辰. 林凤升. 日本掳役华工调查研究[M]. 保定:河北大学出版社,2002:275-276.
③ 居之芬. 1933.9~1945.8日本对华北劳工统制掠夺史[M]. 北京:中共党史出版社,2007:393.

## 理解 责任 道义
——在日华工遗骨归还问题调查

近期生活状况等，并将结果速报。""蒋委员长已经向联合国军最高司令部提出委托，要求对被强掳到日本的中国战俘和其他被扣留人员的状况进行调查"①，同时，驻日联合国军司令部也多次催促日本外务省"要将（华工）每人的户口所在地以及以前所从事的职业（包括去日本之前的职业）等材料备齐，以便在上陆之时能够立即向中国方面提交足够的必要资料"②。但这项调查因遣返华工及接回日俘日侨事多繁杂而一再被拖延。直到1946年初，为了应付已进驻日本的中国驻日军事代表团的质询，同时也为了应对联合国军总司令部可能的调查和追究，外务省认为有必要设计出一份有别于内务省调查的有关华工事务的调查报告，便于1946年1月确定方案，2—3月由各用人部门（135个事业场）送来报告，并派官员对局部地方进行一些现场调查，对各事业场报告的内容作了某些修改，并于1946年6月据此写出外务省关于华人劳务者的调查报告书，即《外务省报告书》。但在调查与写作《外务省报告书》时，掳日华工已基本全部归国，外务省官员在向使用华人的事业场作调查核实时，"企业及当地警察合谋对付本调查，以免泄漏自己的罪行。对本人所做的反复解释，……表面上表示赞同，却未给予充分的合作。平时就缺乏完备资料的企业，态度更为强硬。"所以"非常遗憾，无法把握其确证"。③

1946年2月16日，日本外务省次官向内务次官、厚生次官发出了《关于要求协助调查华人劳务者就劳事情事项》，指出："关于本事项，估计不日间联合国军方面将提出审问，所以认为有必要按照各种情况，广泛地准备更为详细之资料。"④2月22日，外务省管理局局长又以"管经大合第

---

①国民政府驻日大使谷正之给外相重光葵电. 1945-09-05；日本驻中国公使楠木给外务省电. 1945-09-20（华人劳务者送还书信电文辑[M]. 田中宏，松沢哲成编. 中国人强制連行资料：「外务省报告书」全五分册[M]. 東京：现代書館，1995）

②支那派遣军总参谋长所发电文. 1945-10-06（华人劳务者送还书信电文辑. 田中宏，松沢哲成编. 中国人强制連行资料：〈外务省报告书〉全五分册[M]. 東京：现代書館，1995）

③刘宝辰，林凤升. 日本掳役华工调查研究[M]. 保定：河北大学出版社，2002：257.

④田中宏，松沢哲成编. 中国人强制連行资料：〈外务省报告书〉全五分册[M]. 東京：现代書館，1995：22.

"107号"文件，向有关企业主和有关统制会下发命令："就现在大致已送还完之华人劳务者，因认为有实施与此相关之调查之必要，按另件所附调查项目及样式，各有关企业提出报告书。为调查实际情况，我局派遣调查员，希望提供调查之方及尽可能之协助。另外，关于此事，要正确报告，严守真相及编制期限之秘密，以期万无遗憾，务必避免招致将来之不测与不利。"①

因此，日本外务省的调查报告书，就只能依据135个事业场的报告书写成。而各事业场报告书，如前所述，是接到内务省上述密令后，已对华工的待遇、工资、受伤和死亡状况做了大量伪造、粉饰和取得伪证的情况下制成的，所以《外务省报告书》在涉及华工此类问题时的真实可靠性就可想而知了。因此，《外务省的报告书》与此前《内务省的调查》实际上并没有实质性的区别。但，就是这样一份连撰写者自己也认为不确实的报告书，在1946年5月3日，远东军事法庭审判已正式开始，甲级战犯名单已确定，日本政府认为从此不会再有新的被捕和被起诉者，留下这份报告书"如被用于当作审理战犯的资料，将给很多人添麻烦"时——②而且1946年6月，中国内战已正式爆发，蒋介石及国民政府也无心再追究掳日华工事件，所以，日本政府就下令将其销毁。

1947年6月19日，远东委员会对投降后日本之基本政策出台，其中规定："各国自日本总赔偿额中之分配额，应从广大的政治基础上予以绝对地决定，并对各要求国因日本侵略而受之物质破坏，人民死伤及所受损害之范围，予以适当考虑。"③尽管有此规定的责任与义务，但是日本政府依然消极而为，被动应对民间的呼声与华工遗骨送还运动。

---

① 田中宏，松沢哲成编. 中国人强制连行资料：〈外務省報告書〉全五分册[M]. 東京：現代書館，1995：22.
② 田中宏，松沢哲成编. 中国人强制连行资料：〈外務省報告書〉全五分册[M]. 東京：現代書館，1995：785—786.
③ 田桓主编. 战后中日关系文献集1945—1970［M］. 北京：中国社会科学出版社，2001：47.

## 理解 责任 道义
——在日华工遗骨归还问题调查

1948年末，菅原惠庆等人为了供养已经发现并收集到的华工遗骨，向当时的外务省政务次官问询政府的态度，得到的答复是：出于宗教情感，能够和宗教界一起合作，努力促使政府采取积极措施妥善解决华工遗骨送还问题。但是，要等到相关事项明晰以后才能够上报内阁官房长官。同时，务必要考虑到不要被左翼势力所利用，因而还是不要搞此类活动为好。

1950年1月留日华侨民主促进会在《华侨民报》上披露了"花冈惨案"真相后，日本民间和华侨团体相继开始了对华工问题的调查活动，基本围绕两点进行：一是重新提出追究日本战争犯罪和责任问题；一是搜集华工遗骨，将其送还给中国的人道方面的问题。花冈问题的报道，立即在日本全国引起震动，紧接着木曾谷事件便被揭露出来。长野县木曾谷事件首先是由日本工会开始调查的，但企业把强掳劳工的档案文件烧掉了，还把有关人员调出了。因为会社掩盖事件的活动，所以木曾谷分会于1950年3月23日在福岛町劳动会馆邀请警察局长、当地新闻记者等，曝出了虐待俘虏事件的全貌，把在木曾谷水力发电站的中国人被秘密虐杀的事件公布出来。3月31日，全日本产业工会机关报登载了《木曾谷事件报道记事》。4月，华侨总会的留日华侨民主促进会也发表了《长野县木曾谷虐杀中国人俘虏事件调查书》。日本工会与在日华侨组织冲破日本政府及企业所设置的障碍，使木曾谷事件为世人所知。紧接着，民间调查组织又陆续判明了在秋田县、新泻港、神奈川与濑水库、京都大江山、北海道各地都有虐待中国俘虏的事件。

留日华侨民主促进会在各方拥护和支持下，于1950年2月向日本政府及所谓"驻日中国代表团"提出，强烈要求他们处理遗骨事宜，彻底追究查办残酷虐待华工的鹿岛组的罪魁祸首。但是几经交涉，并无人理会这件事。同年4月，日中友好协会准备会也向花冈町町长递送了《关于花冈事件的声明书》，明确提出了安置殉难者遗骨并早日送还本土、建立纪念碑以及"明确事件相关责任所在"的愿望和要求。①

---

① 杉原達. 中国人強制連行[M]. 東京：岩波新書，2002：171.

## 魂兮归来
### ——在日华工遗骨归还问题的产生

此时的日本共产党在日本虐待华工问题的态度上极为积极、鲜明，1950年4月3日，在日本众议院外务委员会会议上，日本共产党党员听涛克已质询政府在木曾谷事件和北海道民间团体挖掘华工遗骨问题上的态度。4月26日，日本共产党党员梨木作次郎、横田甚太郎以日共名义向国会特别考察委员长提出《调查要求书》。其中明确提出：

1. 战争中，日本帝国主义者，强制性将很多中国俘虏以及一般劳务者输送到日本内地，使用于增强战力方面，在语言无法表述的苛酷劳动条件与饥饿威胁之中，有很多残虐行为，结果致使很多中国人被虐杀；

2. 了解以上事实的全中国人民，群情激愤，舆论沸腾，他们说："亲身了解了日本法西斯残暴行为的中国人民永远不能忘记这仇恨，我们一定要复仇……"，坚决要求惩罚战犯分子；

3. 此种事情是阻碍日本与中国未来关系的重大问题，国会彻底调查这些事件，明确责任，不仅是对中国人，也是对全世界人民的当然义务。[①]

日本政府虽然在日共与日本人民的压力下，表示将在雪化时进行调查，但其后并未有任何行动。7月中旬，中国人殉难者慰灵实行委员会在各民主团体的援助下，先后数次到花冈町中山寮收集遗骨残骸。至10月中旬，日本佛教团体、日中友好协会、民主促进会及该会代表再度前往花冈町，将散落各处的殉难者遗骨收集8箱，于10月16日移至东京浅草本愿寺存放。11月1日，留日华侨总会和日中友好协会主办的"花冈殉难烈士追悼大会"在本愿寺隆重举行。留日华侨纷纷派代表从北海道、仙台、群马、福井、京都、大阪、神户、名古屋、四国、九扑等地赶往东京参加追悼会。在东京的日本共产党、日本产别工会、日苏亲善协会、朝鲜学生同盟及其他工人、学生、妇女、商人、宗教等22个民主进步团体的代表也参加了哀悼仪式。[②]

---

① 何天义. 范媛媛. 何晓. 强制劳动：侵略的见证死亡的话题[M]. 北京：中华书局，2005：164.
② 崔兮明. 在日本大写中国[M]. 济南：山东文艺出版社，1999：12.

## 理解 责任 道义
——在日华工遗骨归还问题调查

1950年6月25日,朝鲜战争爆发,美国占领军与日本政府对日本国内民主进步势力进行残酷镇压,放逐了调查追究华工事件的41名日共干部,解散了调查主体的日本全国工会联络协议会,许多工会干部或被放逐或被逮捕,日共的机关报《赤旗》被无限期地停刊,《华侨民报》也被停刊。在这种严峻的形势下,日本人民并未屈服美国占领军及日本政府的高压政策,在各地自发地成立了中国人俘虏殉难者慰灵实行委员会,积极开展遗骨调查与遗骨送还活动。

1952年8月11日,元社团法人日华劳务协会理事长伊藤幸太郎与外务省官房长官和运输省港湾局局长协商常乐寺保管华工遗骨的供养费以及埋葬遗骨土地的借地费等费用问题,并争得了两位局长的同意和签署意见。同年8月22日,在常乐寺举行了中华劳工协会主办的死难华工追悼会,日本外务省亚洲局第二课崎山事务官也以个人名义出席;同时,三井、三菱等企业代表也出席了此次祭奠活动。9月4日,日本政府向伊藤幸太郎提出要提交8月22日开展的华工追悼会报告书。[①] 10月10日,厚生省收到了伊藤幸太郎提交的《关于竖立华工慰灵碑及解散协会的有关文件》。[②] 该文件即为日华劳务协会向日本政府做出的保证,即关于8月22日举行慰灵祭及竖立石碑、解散协会的报告,以及由于华工关系文书等材料的烧毁,已经无法编制报告书,今后事关华工问题的一切事态均与该协会以及各业者无任何关系。

### 三、日本政府适当应付"不干预"中国人遗骨问题

1953年1月24日,日本红十字会接受了东京华侨总会(会长康鸣球)

---

[①] 華人労工者慰霊祭の収支決算書に関する件[EB/OL]. http://sengosekinin.peacefully.jp/data/data1/data1-5-1.html.
[②] 華人労工慰霊石碑建立並に協会解散に関する件[EB/OL]. http://sengosekinin.peacefully.jp/data/data1/data1-5-1.html.

提出的《关于促进花冈事件牺牲者遗骨送还的文件》①。提案中单列了"花冈事件概要"一节，严正指出，尽管自1950年以来就不断向政府提出建议，但是屡次遭到拒绝，此次日本政府务必采取必要的措施送还花冈事件牺牲者的遗骨。

2月12日，日本红十字会后藤理事声称，华侨总会提出的花冈事件遇难华工遗骨移动许可申请，已由厚生省侨民撤退援护厅撤退课介绍给厚生省公众卫生局环境卫生课。而公众卫生局环境卫生课则声称，应该向遗骨所在地的市町村长提出申请，同时，出具中共方面允许遗骨埋葬在中国本土的文书，但是，该项业务属于外务省管辖的范畴。

2月20日，东京华侨总会副会长陈焜旺、日本红十字会企划室干事冈田好治、海外战死者追悼委员会事务局长岩田拜访了亚洲局中国课，建议利用日本侨民遣送船送还花冈事件遇难者遗骨（浅草寺有416具，东京有数十具遗骨）。当时，日本红十字会的冈田认为："越是敷衍地处理遗骨，以及越是不负责任地应付送还计划，就越会伤及中共方面的感情，同时也必将给侨民的遣送造成不必要的障碍"，为此，红十字会将积极地给予合作。

3月3日，慰灵实行委员会13名代表前往外务省，向亚洲局事务官片山递交外务大臣冈崎的一封信，要求：对慰灵实行委员会的工作提供积极协助，为收集遗骨提供必要的记录及资料，对把遗骨送还中国等工作提供协助。②3月4日，据东京华侨总会副会长透露，已经就国内关系团体的动向、政府对花冈事件的态度、华侨方面的态度、中共方面的态度、花冈町长的态度，以及留日华侨联合总会与东京华侨总会间的关系等问题，与厚生省进行了对话。对话中发现了厚生省想逃避责任的嘴脸，因而想得到

---

①花岡事件犠牲者遺骨送還促進方依頼に関する件[EB/OL]. http://sengosekinin.peacefully.jp/data/data1/data1-5-1.html.
②日本华侨华人研究会. 日本华侨留学生运动史[M]. 东京：日本侨报社，2006：271.

# 理解 责任 道义
## ——在日华工遗骨归还问题调查

日本方面的合作。东京华侨总会从秋田县知事那里得到了关于改葬手续的答复，并表示该问题就是厚生省的问题。①

3月13日，为了进一步推动416具花冈矿山遇难者遗骨的保存、追悼及送还等事，中国人俘虏殉难者慰灵实行委员会②发起了倡议书。此外，还向外务大臣递呈了东京华侨总会陈副会长带来的请愿书，希望能够得到政府在遗骨送还事业上的积极协助与合作等。负责人在复函当中提到："最好事先应对这件事情""次官本人听取当事方（中国人俘虏殉难者慰灵实行委员会）的要求后，也认为这是行不通的"。当日，亚洲局局长也就花冈事件遇难者遗骨送还一事，对来访的中国人俘虏殉难者慰灵实行委员会代表表达了政府的看法，"该事确为外务省管辖范围之外，与外务省全然无关"。

3月19日，东京华侨总会收到了中国中央人民政府华侨事务委员会办公厅的日文译文回信（该回信早在同年2月26日就已发出）。中央人民政府在回函中表示：关于遇难者同胞遗骨的送还问题，已经与日侨归国问题一并与三团体代表进行了磋商，当日本华工遗骨送还船到港之际，祖国人民将以庄重的仪式来迎接和安置。

4月21日，中国人俘虏殉难者慰灵实行委员会事务局局长（菅原）、事务局次长（赤津）等10名代表拜访外务省，再次向外务省陈请了关于花冈事件遗骨送还的事由，建议"利用遣送船送还遗骨"，但是，外务省依然坚持认为"遗骨送还事业在外务省管辖范围之外，与外务省无关"。

外务省在民间和平团体的强烈呼吁下，于1953年6月23日召开了海外同胞撤退回国及遗属调查特别委员会会议。会议邀请了当时启动华工遗

---

① 「秘」花冈事件関係遺骨送還問題[EB/OL]. http://sengosekinin.peacefully.jp/data/data1/data1-5-1.html.
② 中国人俘虏殉难者慰灵实行委员会成立于1953年2月，发起团体包括日本红十字会、在华同胞归国协力会、日本和平联络会、日本和平推进国民会议、日本中国友好协会、日本国民救援会、日本工会总评议会、海外阵亡者追悼委员会、日本佛教联合会、枣寺、日本宗教联盟、东京华侨总会、日中贸易促进会议、中国留日同学总会。

## 魂兮归来
### ——在日华工遗骨归还问题的产生

骨送还运动的社会知名人士，有中国人俘虏殉难者追悼实行委员会委员长大谷莹润，东京华侨总会会长康鸣球、副会长吴普文，日中友好协会代表平野义太郎，日本平和联络会代表阿部行藏。会上，海外同胞撤退回国及遗属调查特别委员会委员长山下春江表达了政府召开此次会议的目的：中国人俘虏遗骨送还问题与中共地区残留同胞撤退的配船密切相关，本委员会急切盼望该问题能够早日解决，希望早点派出接送在华侨民回国的船只。

但是，与会代表在日本侨民遣送问题与在日华侨和华工遗骨归还问题上进行了激烈的争论，民间和平团体代表与政府代表截然分为两派。和平团体代表极力主张将华侨回国与华工遗骨送还等同对待，建议将此问题与在华侨民遣送问题作为一个问题来看待，一同视为是对中国方面人道、和平的友好表现，并能够早日促成在华日侨的回国，而不应该对立视之，当成对华外交的交换条件，以致丧失侨民遣送交涉的主动权。政府代表则站在保守的立场上，建议将日本侨民遣送问题与在日华侨和华工遗骨归还问题区别对待，特别强调华工遣送问题的复杂性，认为将上述问题等同划一加以解决，会引起"中华民国政府"（台湾方面）的不满，进而引起外交纠纷。[①]

菅原惠庆等人拜会了法务省的法务次官，对方对于菅原等人的"心情以及事前所进行的种种人道主义活动深表理解和赞赏，但是理解归理解，正如草叶君（外务省政务次官）所言，恐怕被各种各样的人所利用，特别是被恶用"。[②] 1954年9月6日，亚洲局局长中川融在厚生委员会中国人俘虏殉难者遗骨送还分委员会会议上接受委员质询时辩解说：日中双方所

---

①第016回国会 海外同胞引揚及び遺家族援護に関する調査特別委員会第4号[EB/OL]．1953-06-23．国會會議録検索システム．http://kokkai.ndl.go.jp．
②第019回国会厚生委員会中国人俘虜殉難者遺骨送還に関する小委員会第1号[EB/OL]．1954-08-16．国會會議録検索システム．http://kokkai.ndl.go.jp．

## 理解 责任 道义
### ——在日华工遗骨归还问题调查

进行的交涉仅为在华日侨的遣送问题，在日华工遗骨送还问题不在此交涉范围内，中共方面根本不了解我国的想法，即或提出希望我方务必送还遗骨，作为政府也务必予以充分的考虑。然而关于这一点，目前中共方面态度尚不明了，鉴于此，可趁中国红十字会代表10月来访的时机，探寻对方与三团体或日本红十字会等民间团体协商的结果，或者了解对方到底希望怎样返还遗骨。关于收集遗骨一事，正如大家所知，本就不是政府的义务，因为此前已经由民间组织了委员会加以解决。①

对于战俘遗骨和华工遗骨归还的责任问题，日本政府认为在日华工是日本企业招募的劳动力，与战俘待遇显然不同，也根本不适用于国际法。

战争时期从中国招募而来的劳务人员被分配到内地的各个地方从事体力劳动，其中一部分人因各种各样的事情而死亡，即为今日成为问题的遗骨。但是，这些人是在战争时期作为招募的劳动力来到日本的，并且，这些劳动力是在战争时期曾与日军作战，作为日军的俘虏被管押后被释放的人。因而，华工中的相当多的人是以普通人的身份应招来到日本的。因而，从出身来看，虽然也可以说是俘虏，但是，来到日本内地参与劳动的场合就不是俘虏的身份了，而是以自由人的身份来的，进而，关于俘虏的国际法规定就不适用于华工遗骨。即便是关于俘虏的国际法规定，如果战争结束后依然活着的人，当然在战争结束后应该送还回母国，也就是说，国际法中根本没有归还死亡者遗骨的规定。如果本国政府要求送还遗骨的话，也仅仅是根据国际法中关于俘虏的规定，但是华工根本就不是作为俘虏来到日本的，因而其遗骨送还的要求就不适用于关于俘虏的规定了。②

---

①第019回国会　厚生委员会中国人俘虜殉難者遺骨送還に関する小委員会第2号[EB/OL]．1954–09–06．国會會議録検索システム．http://kokkai.ndl.go.jp．
②第019回国会　厚生委员会中国人俘虜殉難者遺骨送還に関する小委員会第2号[EB/OL]．1954–09–06．国會會議録検索システム．http://kokkai.ndl.go.jp．

## 四、日本政府了解"花冈事件等中国人俘虏殉难事件"

1953年3月，中国人俘虏殉难者慰灵实行委员会发行了《花冈事件等中国人俘虏殉难事件概要》的小册子，开始向社会公开调查和反映华工在伙食等待遇以及劳动强制等受虐待的事实。当时，外务省也得到了这份资料。

中国人俘虏殉难者慰灵实行委员会在小册子里推定被日本强掳的中国人俘虏数大约六七万人。现在，有4万人的身份已被判明。直接操纵并将俘虏强掳到日本国内的机构及强掳人数为华北劳工协会（约2.5万人）、华北运输公司（约1 000人）、日华劳务协会（约1.5千人）、福昌华工KK（约1 000）、汪精卫政权（约700人），详细记载了华工被配置的事业场、地域、待遇情况（收容所与饮食）、死亡者数量等。另外，该文书中也有一些鲜为人知的记载。如"三井矿山在北海道、九州等各煤矿役使华工近6 000人，死亡人数在1 000人以上（中略），三菱矿业在煤矿、金属矿山役使华工两千七八百人，死亡约450人"。①

同年4月22日，中国人俘虏殉难者慰灵实行委员会得到了当时警务部门内部发行的资料《花冈事件的真相及其后围绕本事件的左派华侨的动向＜附＞关于小坂、尾去泽、船川遗骨》。其中提到了关于花冈事件的原因，即"因为当时食物、衣料、其他物资严重不足，因而难以满足这些劳工的期望和要求。加上当时战事紧张，企业责无旁贷，只能够不断加固工事，因而接连不断地出现因过度疲劳和营养失调而死亡的人，到战争结束为止，死者累计418名，这期间，就引发了对现有待遇不满而爆发的所谓花冈暴动事件"。

1954年2月5日，警察厅撰写了《华工遗骨问题》内部资料。该资料中的记载与外务省调查报告书的内容有多处是一样的。由此可以推断，警

---

① 花岡事件など中国人虜殉難事件の概要[EB/OL]. http://sengosekinin.peacefully.jp/data/data1/data1-5-1.html.

——在日华工遗骨归还问题调查

察厅通过正式或者非正式手段已经得到了外务省调查报告书的全部或者一部分。也就是说，警察厅已经了解了花冈事件的全部信息，且明了政府其他部门的态度。

## 第二节　日本佛教界华工遗骨调查与日本政府的态度

### 一、日本佛教界开展华工遗骨调查

在日本遇难的华工遗骨，在战后盟军进驻调查之前，其情况鲜为人知。除部分遗骨被同乡携带回国外，有的被葬于劳动现场附近，有的暴露荒野。1949年，花冈在日朝鲜人开始发掘劳工遗骨，居住在秋田的金一秀首先向华侨团体报告了散乱在山里的遗骨情况，从此开始了实地调查。

1950年1月11日《华侨民报》（第16期）头版刊登了花冈现地的调查过程，同年1月20日的《赤旗》报纸用大篇幅介绍了花冈事件，从此，许多日本人了解到此事。华侨团体和市民团体进入现场调查，收集遗骨带回到东京。从战前已开始尽力于中日交流的菅原惠庆（真宗大谷派浅草本愿寺长老）接管了这些遗骨，安放在浅草本愿寺里，直到1953年7月第一批送还船起航为止。

1953年2月17日，以接受日本人归国的团体为中心，民间14个团体（日中友好协会、东京华侨总会、日本红十字会、工会以及日本各宗派的佛教者等）组成了中国战俘殉难者慰灵实行委员会。该委员会的章程规定：

本会立足于人道、和平、友好的精神，超政党政治派别，以追究日本军国主义所犯的侵略战争罪行、体现全体国民的道义责任感、追悼在战争中被强掳至日本而惨死的中国人俘虏殉难者、将遗骨送还中国为目的……本会进行以下事业：①调查殉难情况，搜集、编纂资料；②调查遗骨所在，进行挖掘、收集和追悼事项；③在同日本红十字会、日中友好协会、日本和平联络会三团体的协作之下,通过中国红十字会将遗骨送还给遗属;④其他为达到本会目的的必要事业。①

该委员会在3月12日向日本众参两院提出了《遗骨送还决议案》的希望书,要求外务省给予协助。②委员长大谷莹润(真宗大谷派东本愿寺)、事务局长菅原惠庆(真宗大谷派浅草本愿寺)、事务局次长赤津益造对被迫从事强制劳动而死亡的中国俘虏殉难者,开始了实地调查、挖掘收集遗骨、举行追悼会等活动。

## 二、日本佛教界关于华工遗骨送还问题与政府的交涉

1953年4月1日,为悼念从花冈事件、小坂矿山、岐阜县等收集来的551具华工骸骨,在东京浅草本愿寺里举行了中国战俘殉难者追悼大法会。中国红十字会发来了唁电。

当时的日本政府担心遗骨送还会与在华滞留日本人归国以及在日华侨归国问题产生连锁反应。实际上,早在1953年3月,在华滞留日本人就已经开始陆续返回国内,而在日华侨的归国以及遗骨送还却并未实现。台湾方面以确保在华滞留日本人归国船只的航行安全为条件向日本政府提出了"No Cargo(禁止运送遗骨)、No passenger(禁止搭载在日华侨)"的要求。当时在在日华侨中希望回到中国大陆的人中有七成是台湾籍人士的说法,而台湾方面对华侨归国问题采取的不认可态度与此说法密切相关。

到了6月,虽然台湾方面默认了华侨归国,但对遗骨送还中国大陆则表示了坚决反对的态度。至于台湾方面对遗骨送还中国内地采取的反对态度,中山理理基于以下三点理由表示了同情:

1. 不满向没有与日本建立邦交的中华人民共和国政府进行遗骨送还;
2. 十分不满于日本朝野上下对送还了三万在华滞留人员的中华人民共和

---

①田中宏,内海爱子,石飞仁. 资料中国人强制连行[M]. 东京:明石书店,1987:410.
②陈景彦著. "二战"期间在日中国劳工问题研究[M]. 长春:吉林人民出版社,1999:369.

## 理解 责任 道义
### ——在日华工遗骨归还问题调查

国政府表示了感激之情,而对战败之初就安全地将百万驻华日军及非战斗人员送回日本的中华民国政府无所表示;

3. 不满于遗骨送还护送团中有对中国共产党表示同情的团体。①

中山的意见与保守的佛教徒以及批判社会主义的佛教徒的意见是共通的。实际上,像"遗骨收集、哀悼死者是佛教徒的工作,但送还运动则不然""比起收集中国人的遗骨,还是先收集战死海外的日本人的遗骨吧!"这类意见在当时的《中外日报》上随处可见。但是,在华日本人的归国问题和中国人遗骨送还问题与日中佛教交流是分不开的。1953年4月,中国佛教协会向日本佛教徒赠送佛像,佛像恭迎会的志愿者在银座举行了欢迎平野义太郎(在华同胞归国准备代表团副团长)和加岛敏雄(日中友好协会)的聚会。平野义太郎向佛像恭迎会的成员传达了这样的想法,"佛像是佛教大慈悲的象征,为了亚洲的和平而存在,中日友好的目的则是以两国的亲善最为重要","对佛教徒热心地送还花冈事件遇难者遗骨深表感激"。

4月21日,慰灵实行委员会访问了外务省亚洲局第五课课长铃木、首席事务官浅田,正式提出要求:①使用华侨归国船只送回华工遗骨;②为向中国送回华工遗骨的代表团(15—20名)发放签证。但外务省回答说,华工遗骨送还问题有别于华侨归国问题,与外务省无关。对此,慰灵实行委员会代表指出:送回俘虏遗骨问题属于处理战后的问题,不能说与外务省无关,并提出抗议,但是事情未取得进展。②

1953年6月,为早日实现华工遗骨送还,中国战俘殉难者慰灵实行委员会向国会、外务大臣提出了《关于送还中国人殉难者遗骨的请愿》,提出三项要求:

1. 用送还在日华侨的船只兴安丸送还华工遗骨;
2. 给送还华工遗骨的护送团员发放护照(对在日华侨护送团员,给予日

---

① 天津文史研究馆. 天津文史丛刊(第4期)[M]. 天津:天津文史研究馆,1985:158.
② 日本华侨华人研究会. 日本华侨留学生运动史[M]. 东京:日本侨报社,2006:272.

## 魂兮归来
### ——在日华工遗骨归还问题的产生

本出入境许可）；

3. 送还华工遗骨经费由日本政府承担。

日本政府却回答："以日本红十字会名义斟酌决定送还华工遗骨事宜与政府无关。"面对无情的日本政府，慰灵实行委员会里有人主张："把遗骨拿到外务省，提出抗议！"但是，菅原惠庆劝告说："我们向被日本军国主义残害的中国人的亡灵叩头，要尽心做到诚实追悼之意，为尽早把这些遗骨送还其祖国而努力。这是今天我们能够做到的最起码的赎罪方式。得不到日本政府的理解，应该说我们的努力还不足，绝对不能允许再利用遗骨。我们努力不足，怎么向遗骨表示歉意！如果有人非把遗骨拿出来不可，先把我杀掉再说！"兼任国会议员的大谷莹润会长等坚持不懈地与日本政府继续交涉。

6月12日，外务省虽然认可了由即将归国的在日华侨将华工遗骨带回中国，却没有向遗骨护送团的成员发放护照，也没有向他们的遗骨送还活动提供任何援助。为此，慰灵实行委员会与政府以及日本红十字会的交涉仍在继续。在这期间，对问题迟迟没有进展而焦急万分的华侨集聚夏目寺，并演变为宣称要抬着遗骨去外务省静坐的紧张局势。那时，菅原惠庆脸色苍白地向华侨怒谏道："遗骨送还一直没有进展是由于我们还不够努力。我决不允许在返还运动中将遗骨拿去，如果要拿的话就踩着我的尸体去吧。"之后，大谷莹润与相关内阁成员交涉，终于在19日得到以下认可：

1. 遗骨由15名护送团成员搭乘日本红十字会末班船送还；
2. 到那时，所有遗骨要收集在一起；
3. 送还费用由政府负担。

但是，之后由于在日华侨提出与遗骨一同归国的要求，事态再次回到了原点。社会舆论对日本政府的所作所为表示谴责，日本政府和民主团体不断收到在华日本人打来的抗议和要求电报，形成了应该让遗骨和归侨一起回国的舆论压力。原本预定于20号乘高砂丸归国的日中友好协会和日本和平联络委员会的成员提出：除非遗骨问题得到解决，否则拒不登船。在舆论压力下，日本政府决定派遣在大岛航线上行驶的黑潮丸作为送还华

## 理解 责任 道义
——在日华工遗骨归还问题调查

工遗骨的船只。

22日，冈崎外相向上述三个团体及慰灵实行委员会做出表态："关于遗骨送还，应当使用作为其他途径的红十字会的船只，请尽快做准备吧"，于是遗骨护送团在离开外务省后直接去了浅草本愿寺，之后带着遗骨坐上了去舞鹤方向的火车。在车站，在以菅原惠庆为首的众多僧侣的诵经声中，在众多飘动的中国国旗以及红旗中，在日华侨、朝鲜人、日本人焚香目送遗骨离开。在途中，大津的比叡山延庆寺的僧侣们手持佛经法器欢迎遗骨。在京都，宗教界人士集体出迎。23日，到达舞鹤的一行人受到了舞鹤市民的列队欢迎，举办了大型法事。之后一行人又和到来的慰灵实行委员会的成员们一起与日本政府及日本红十字会方面继续交涉。外务省在认可华侨归国与遗骨送还的同时，唯独不接受日方护送团的乘船要求。慰灵实行委员会提出，由护送团进行送还工作是一种国民的礼节，并且归国华侨也希望如此。25日，慰灵实行委员会总会决定除了日本红十字会代表之外，委任和平三团体所指名的僧侣为遗骨服务。但是，到了26日，华侨方面又表示了"没有护送团乘坐的船只，遗骨也不会乘坐"的态度，从而推翻了前面所做的决定。运到舞鹤的遗骨与华侨分离，被日本红十字会接在华日侨的船只黑潮丸送走。最终，日本政府全盘接受了慰灵实行委员会的要求，认可了包括华侨在内的护送团成员乘坐黑潮丸。在护送团的10名日本人中，包括了团长中山理理，佛教俗家弟子妹尾义郎，以及壬生照顺、佐佐木晴雄、畑义春等佛教徒，他们的数量占了一半。

# 第三节　送还遗骨舆论的高涨与日本政府的方针

## 一、要求送还遗骨社会舆论的蔓延和反复陈请

到1953年1月，日本民间团体在各地已经开始调查的有：秋田县鹿岛组花冈出张所事件，秋田县同和矿山小坂矿业所事件，秋田县三菱尾去泽矿业所事件，长野县与间组、鹿岛组、飞岛组有关的木曾谷事件，京都府日本冶金矿业大江山矿业所事件，茨城县日本矿业日立矿业所事件，福岛县熊谷沼仓发电站事件，群马县间组岩本发电站事件，神奈川县熊谷组与濑水库事件，岐阜县熊谷组高山作业所事件，秋田县船川港事件，新泻县新泻港湾事件，石川县七尾港事件，东京港事件，北海道三井、三菱大夕张、美呗、芦别等各矿业所、北炭汽船平和矿业所、井华（住友）煤矿等事件，九州三井的三池、三菱的高岛、贝岛煤矿事件，山口县宇部矿山事件，栃木县古河足尾矿山事件，爱媛县外华别子矿山事件，岩手县日铁釜石矿山事件。这些事件的调查人员就华工的死亡人数、遗骨处理以及有关人员的叙述进行了详细记录，并编制成报告。慰灵实行委员会将这些最初的报告和调查资料集中整理，然后再根据有关人员的揭发证言，对资料进行充实。同时，该委员会还确认了日本外务省编制的《外务省报告书》的存在，并利用《外务省报告书》提供的关于强掳中国人事件的概貌，特别是数字以及花冈和其他地方的调查资料，于1953年3月发布了《花冈事件等中国人俘虏殉难事件概要》，广泛宣传日本强掳华工的事件。慰灵实行委员会的行动，得到了日本民间团体的有力支持。该委员会成立不到10个月，全国各地就有36个团体加盟其中；此外，还在其他各处成立了9个地方慰灵实行委员会。参加慰灵实行委员会的有团体与个人，包括日本各阶层。地方慰灵实行委员会的独立调查与中央慰灵实行委员会的指示相结合，按照已有的资料，在全国范围内掀起了一场广泛调查华工问题的活

## 理解 责任 道义
——在日华工遗骨归还问题调查

动。

东京华侨总会在调查华工问题的过程中,也积极协助中央慰灵实行委员会的工作。1953年5月中旬,东京华侨总会副会长、中央慰灵实行委员会委员陈焜旺亲自赴北海道,对日本掳掠华工人数最多的这一地区,直接进行指导调查。他到北海道后,召集残留于北海道内的华工,会见日本红十字会北海道支部、北海道煤矿业联盟、土建关系业者11个会社、煤炭工会北海道地方本部、佛教联合会、报社代表等,要求就事件调查给予协助;并与使用华工的野村矿业、伊藤组、地崎组、濑崎组、铁道工业、日本矿业、荒井建设、鹿岛组、菅原组、日铁矿业、北海道矿山及日本红十字会北海道支部进行协商和交换意见,开始了在北海道的正式调查。

由于华侨总会和日本红十字会北海道支部的调查和努力,北海道岛内的矿业与土建业的全部企业点,将强掳的中国人名簿、死亡名簿提交给正在准备成立的北海道慰灵实行委员会,这为以后的调查提供了方便。6月27日,由日本红十字会北海道支部、日本和平联络会札幌支部、北海道佛教联合会、全道工会评议会、北海道土建业者团体、北海道煤炭矿业联盟、北海道矿业会、北海道日中友好协会、札幌华侨总会、中国留学生北海道同学会共同组成北海道中国人殉难慰灵实行委员会,北海道佛教联合会会长安藤专哲当选为委员长。[1]

1953年6月9日,6名中国人俘虏殉难者慰灵实行委员会的代表向外务大臣冈崎胜男递呈了以中国人俘虏殉难者慰灵实行委员会会长大谷莹润名义起草的《请愿书》,恳请政府能够利用已经开通的红十字遣送侨民船,援助在日华侨归国,也借此实现遗骨的送还,却得到了这样的答复:"已然没有饥饿恐惧的遗骨与所谓的人的问题相比,仅仅是其自身的个别问题而已。"

同日,日本红十字会外事部长拜访外务省官员,递呈了关于送还在日华侨及遗骨的报告和请求书。"(除红十字会的两个团体)本项业务的实

---

[1] 何天义,范媛媛,何晓. 强制劳动:侵略的见证死亡的话题[M]. 北京:中华书局,2005:165-166.

## 魂兮归来
### ——在日华工遗骨归还问题的产生

施,有赖于包括红十字会在内的三团体,介入国内准备业务、与政府的联络沟通以及红十字会遣送船的运行等项事务",然恐有给红十字会开展业务造成障碍之虑,因此,想特意向其他两团体解释陈明"政府的方针终归是让红十字会负责实施本事项"。记录文书的栏外字迹潦草地写着"使政府更加信任红十字会"。

6月11日,慰灵实行委员会三名代表拜访外务省,再次陈请华工遗骨送还事宜,得到的答复依然是"(该事项)为外务省管辖范围外的事宜",但是,送还遗骨问题事关中日两国间关系,因而,将遗骨"送往国外,特别是此次利用红十字会船只送往中国大陆,如果没有作为政府窗口的外务省的明确表态及方针的确定,该事宜断难完成"。因而,此次拜访的目的就是探询外务省的态度,希望得到政府的明确答复,尤其是想得到政府在红十字船的利用、接送遗骨人员的差旅费、遗骨送还费用等相关事项上由国库负担的明确答复。如果政府不能实施的话,希望政府阐明原由,假使政府不能利用第一艘红十字船送还遗骨,希望政府能够在派遣最后一次侨民遣送船之前,送还所有遗骨。外务省向红十字会"口头"传达了政府的方针,即由红十字会酌情处理,然由归国华侨携带的华工遗骨以及搭乘本次红十字船的乘船代表,与政府无关。政府不予考虑接送遗骨人员的差旅费、团员中的在日中国人的出国及再入境许可以及遗骨送还所需费用。

6月12日,外务省人员与慰灵实行委员会代表座谈,再次重申了前日政府在遗骨送还问题上的裁断:①由红十字会酌情处理遗骨送还问题;②国库不负担费用。代表们强烈抗议政府的裁决,提出"本项事业纯为忏悔过去日本人的残虐行为而开展的事业,政府怎能无动于衷呢?"

6月15日,五名归国协作会代表向外务大臣冈崎胜南递呈了在华侨民家族会的请愿书,建议政府"在中国人遗骨送还上尽到尊重殉难者之礼"。同时提出"自第一次遣送船开通以来,历时三次共有近15 000名在华同胞饱含着中国人民的深厚友谊踏上了深深思念的母国日本的土地。相比而言，在日华侨归国问题和中国人遗骨送还问题，尽管有中国人民和在日华侨的强烈要求，但是，时至今日，也没有看到政府带有诚意的努力，结果造成第四次归国船事实上被终止"，"此种事态完全是由日本政府毫无诚意造成的，因而希望政府立即打破僵局，打开事态"。①

据 6 月 19 日日本红十字会外事部长报告反映，"本日阁议后，经过相关阁僚的讨论，最终达成共识，决定利用最后一次红十字会遣送船送还中国人遗骨，允许 15 名奉持遗骨人员乘船"。恰在此时，中国红十字会给日本红十字会发来电文，"我方已经得知在贵国发现多具中国人殉难者遗骨，然若探求通知当事人（有关人员）的方法，还有赖于贵团体的调查，方能掌握详情"。

6 月 24 日，亚洲局第五课起草了高级裁决议案《关于中国人遗骨送还案》；6 月 26 日，内阁大臣进行了商议和裁决，认为"该事项的实施事关在中共地区的侨民的顺利遣返"，有鉴于此，决定"①责成日本红十字会完成此项事务。②将（来自民间）特许船舶黑潮号作为红十字会运输船。③政府自国库中支付实施本事务的必要经费。"（《内阁大臣裁决案》的栏外注有：已经取得运输及大藏事务当局的谅解），并"将此作为方针，实施到在日中国人遗骨送还大陆问题上"。

9 月 6 日，东京华侨总会会长康鸣球向正在召开的厚生委员会中国人俘虏殉难者遗骨送还小分委会提出《关于中国人俘虏殉难者遗骨收集、送还以及释放、送还中国人俘虏王松山的请愿书》。

一、由于中国战俘的遗骨多数被放置在日本各地，因此，必须考虑到要采取遗骨收集和送还所需要的必要且切实可行的措施，同时，日本政府也要充分考虑这些措施。

二、为了释放中国战俘王松山，必须快速拿出必要且有效的措施，同时，政府也要快点拿出这样的措施。

---

① 何天义，范媛媛，何晓. 强制劳动：侵略的见证死亡的话题[M]. 北京：中华书局，2005：165-166.

三、以上请愿中的二件是极为重大的人道问题，无论从人情上讲，还是从道理上讲，都不应该被搁置，同时，该问题的快速解决还可以极大地为推进中日两国及两国人民间的和平且友好的关系打下坚实的基础。①

## 二、日本政府规避强掳华工的战争责任

在日本全国各地开展的华工遗骨调查过程中，大都遇到了来自企业方面及当地有关机构的推诿与搪塞等困难。群马县调查人员向鹿岛组、间组当时的监督及当地村当局调查时，他们最初几乎异口同声地说，"遗骨全部由俘虏带回去了"。甚至当调查人员明确指出，在碑文上记载着留有死者遗骨时，他们仍坚持说，"不，恐怕是没有吧。"当地的村、市机关的人员，虽然也给调查人员看火葬证明书等资料，但一涉及对华工的监督管理、劳役、死亡者尸体、遗骨处理等问题，不是说遗骨被带回，就是闭口不谈。在岩手县釜石的调查也是如此。调查人员之一的釜石华侨程国贵（20世纪90年代任中日合资大连长龙水产有限公司董事长）根据对甲子村大桥出张所姓"中馆"的人的调查，寻找到当时在矿山当劳务系长的关谷，关谷却说他当时在会计课，与劳务无关，只是到战后才转到劳务课，还说当时的劳务系长唯恐事情暴露，自己辞职了，关于俘虏的全部资料也都烧毁了。程国贵向原釜石市长小野寺有一咨询时，小野寺说对中国劳工一事完全不知，让其咨询当时的釜石警察署特高课藤井勉调查。而当程国贵调查藤井时，藤井又推托自己不清楚此事，让去找甲子村的实美等人。这种当事人员你推我、我推他的现象十分普遍。静冈县的调查人员为调查日本矿业峰之泽矿山的华工情况，到矿山附近的农村，几乎是一家挨一家地打听、询问，但村民几乎都不说与日本矿业会社有关的事情。直到后来会见一位姓松野的村民，才知道有很多华工死亡一事。在松野的带领下，调查

---

①第019回国会　厚生委员会中国人俘虏殉难者遗骨送还に関する小委员会第2号[EB/OL]．1954–09–06．国会议事録検索システム．http://kokkai.ndl.go.jp．

## 理解 责任 道义
——在日华工遗骨归还问题调查

人员冒雨找到了掩埋华工的地方。当调查人员要求古河与劳务系的板津久一协助挖掘遗骨时，古河态度十分恶劣，在新闻记者在场的情况下，竟对进行调查的日中友好协会的村濑武士说：华工"绝对不是俘虏，如果是俘虏的话，作为会社没有回答你的必要，文件、名簿当然还有遗骨也不在日立矿山"，并声称日本企业无虐待劳工的事实。使调查工作无法开展。于是，调查人员重新组织民主团体调查团，一面再与会社方面进行交涉，一面继续进行现场调查。在与会社的交涉和斗争中，团体和民众的力量得以显示。所以，静冈县也成立了县中国人俘虏慰灵实行委员会。在该委员会的努力下，最后进行了遗骨发掘，确认了在静冈县间组、鹿岛组、日矿峰之泽死亡的华工遗骨数目，并举行了慰灵祭等。

1953年7月18日，慰灵实行委员会等民间团体再次向政府请求送还黑潮号遣送后新近收集到的500具华工遗骨，并再次确认了政府的方针，即"由日本红十字会酌情处理，让归还华侨携带遗骨搭乘红十字会船回国，此种场合与政府无关。上次搭乘黑潮号遣送船的遗骨奉持团资格不予承认（作为最后的让步，考虑可以允许三名以内僧侣同行）"。

8月14日，亚洲局局长倭岛英二会见了慰灵实行委员会代表，当被问询外务省在遗骨送还问题上的基本态度时，倭岛明确指出"外务省将以相关问题事项中的侨民遣送问题为第一要务。进而，也将在与此问题相关联而产生的华侨、遗骨送还问题上，予以圆满地解决"，"总而言之，为避免给侨民遣送造成障碍，即使在别项问题上，也想予以圆满地解决"。

8月21日，慰灵实行委员会代表再次造访亚洲局局长，并再次强调指出：应该从清算过去的战争罪责的所谓国民总忏悔的立场考虑遗骨送还问题，因而，该问题不能仅仅像运输货物那样就能够解决。对此，倭岛局长表示"此次仅以安全地安置遗骨为目的，该事项在48小时以内就能够加以解决。因而，此际丝毫没有考虑到派遣国民总忏悔特使"，"本来，遗骨送还的惯例是由遗骸所属国来迎取，但这是将来的事情。此时日本方面派遣船只安全送达遗骨一事，在某种意义上说，是日本方面的一番好意，我们此番的诚意，我想中国方面已然深刻地体会到了"。

魂兮归来
——在日华工遗骨归还问题的产生

第二章

## 第四节　刘连仁事件与日本外务省回避补偿责任

### 一、日本外务省态度的暧昧

1958年2月8日，在北海道石狩郡当别地方的雪山洞穴中，发现了中国人刘连仁。[①]刘连仁事件发生后，札幌入境管理事务所却要把刘连仁作为"非法入境者""非法滞留者"加以审讯。当时的岸信介内阁也矢口否认强掳华工的事实，强调刘连仁是"根据合同来到日本的，在北海道参加劳动中逃跑的"。[②]

对此，中国方面提出严正抗议：日本政府的这种强词夺理的欺骗和逃避责任，完全激怒了中国人民……根据当时的情况是日本军国主义者把中国看作殖民地，视中国人民为奴隶，试问还能存在什么"合同"关系吗？日本军把刺刀对准一个平民刘连仁的胸膛并将其捆绑起来，这样能够说是在履行"合同"吗？日本政府必须承担这一事件的全部责任，对这一事件予以声明，赔偿刘连仁的一切损失并且送回中华人民共和国。同时，《人民日报》发表社论指出：

岸信介政府在刘连仁问题上所采取的这种卑劣手段和不负责的态度，是使人难于容忍的。它必须对这事件尽快地作出交代。今年2月间刘连仁被发现以后，日本政府当局一直回避它所应负的责任，诬称刘连仁有所谓"非法入境"嫌疑，企图加以新的迫害；以后，日本政府内阁官房长官爱知揆一又一再

---

[①] 刘连仁是1944年夏季在山东诸城县被日军绑架送往北海道的明治矿业昭和矿业所役使的，因为抗拒而遭虐待。刘连仁于1945年7月从收容所逃走，以后13年间，辗转于北海道山中，过着逃亡的苦难生活。
[②] 第028回国会予算委员会第二分科会第3号．昭和三十三年度政府关系机关予算[EB/OL]．1958–03–25．国會會議録検索システム．http://kokkai.ndl.go.jp．

## 理解 责任 道义
### ——在日华工遗骨归还问题调查

抵赖非法掳去刘连仁的事实；日本外务省亚洲局局长板垣修并且公开声称，刘连仁是根据"合同"在北海道作劳工的；而有的日本官员甚至为岸信介政府这种态度进行辩解，说什么日本军国主义者侵略中国的战争，岸信介政府不能负责，因此它对刘连仁事件只能冷淡置之。很显然，日本政府当局的种种辩解，都是根本站不住脚的，相反地却再一次暴露了岸信介政府的帝国主义的立场。[①]

1958年2月26日，刘连仁发表了题为《抗议日本政府》的抗议文。抗议文指出：（刘连仁）正在田间劳作时，被日军不法强掳，被强制送到明治矿业昭和矿劳动，其间忍饥挨饿，不断进行重体力劳动遭受殴打。1945年7月逃离，在13年里，一直陷于一旦被发现就会被杀的恐惧当中，因而不得不躲避人群，躲入深山中才得以保全性命。他强烈呼吁日本政府应该早日将其送回和平的家中。当然，也强烈地要求明治矿业和日本政府对过去13年间所遭受的肉体的、精神的损害以补偿。

3月3日，中国红十字会通告日本三团体联络事务局，"希望日本方面在通告事件的详细经过及当事人健康状况调查的基础上，进一步合作，尽快让刘连仁安全地回到中国"。同年3月5日，日本红十字会木内调查课长将中方电文递呈外务省。

中国方面的北京电台于3月8日报道了刘连仁事件的动向并附加了社论，指出："日本红十字会的木内氏说了刘是被强征来到日本的，有劳务合同的。这是已经被确认的事情。但是，此类不利的证言一出，就马上极为明显地使政府的立场处于不利的地位。"

3月12日，日本参议院外务委员会委员田中稔男质询出席会议的首相岸信介，认为死难的华工多数是因为被虐待和营养失调而死亡的，但是，这些华工遗骨的送还问题时至今日（1958年3月）也没有完全解决，当时任东条内阁商工大臣的岸信介应该负有不可推卸的责任。相对中国政府积极主动解决在华日侨及日侨遗骨送还问题而言，日本政府的态度是极其冷

---

[①] 中国红十字会发言人谈. 日本政府必须就刘连仁事件负全部责任[N]. 人民日报, 1958-04-17.

## 魂兮归来
### ——在日华工遗骨归还问题的产生

淡的。刘连仁事件是日本对华侵略的活证据，希望在刘连仁事件的处理上显示出日本政府和日本国民的诚意。①

外务大臣藤山爱一郎受理了日中友好协会常任理事会递交的题为《关于尚未取消俘虏身份的中国人刘连仁君的处理意见》的请愿书。认为政府将刘连仁视为无视国际法的牺牲者，并将其作为"不当残留者"而关押的做法不过是暴举而已。日本政府应该将其引渡回中国，说明整个事件的缘由，并给予正当的补偿。政府对刘连仁事件做出如下决定："刘不是日军俘虏，是在华北劳工协会的斡旋下，被明治矿业雇佣的"，"政府（厚生省）委托日本红十字会妥善处理（刘）归国事务"。

在3月25日的预算委员会第二分委会的会议上，政府官员道出了隐瞒或技术处理华工身份的真实想法。外务省政务次官松本龙藏认为华工身份的认定涉及到细微的技术问题。外务省亚洲局局长板垣修密切予以配合，指出：战争时期，相当多的华工来到日本工作，通常被说成是"俘虏"，但是，我曾经在当地直接接触过这些人，全部不是俘虏，即或身份是俘虏的，也在被运送到日本前替换了身份，全部以雇佣合同的形式来到了日本。所以，不是通常所说的"俘虏"身份。②

《人民日报》社论强烈谴责日本政府的不负责任，提出：我国政府也曾屡次要求日本政府对在侵华战争中劫持中国人的情况进行认真的处理和提出报告。日本政府企图逃避责任根本是不正确的。日本政府继续以过去的军国主义态度不断对待中国人民，这是我们绝对不能容忍的。③

4月4日，社会党议员吉田法晴拜访首相官邸，问询政府对刘连仁

---

① 第028回国会外務委員会第12号．日本国とインドネシア共和国との間の賠償協定の締結について承認を求めるの件[EB/OL]．[1958-03-12]．国會會議録検索システム．http://kokkai.ndl.go.jp．
② 第028回国会予算委員会第二分科会第3号．昭和三十三年度政府関係機関予算[EB/OL]．1958-03-25．国會會議録検索システム．http://kokkai.ndl.go.jp．
③ 日本政府必须负责处理和报告刘连仁事件[N]．人民日报，1958-04-01．

## 理解 责任 道义
——在日华工遗骨归还问题调查

的补偿事宜。亚洲局第二课辩解说:"刘连仁辩解说是违背本人意愿的强掳,但是,作为实际问题,是否是'强掳',目前尚无确切证据","即使根据当时的文献,因为作为政府方面没有任何物证,因而该项调查非常困难"。而据新华社特派员发自东京的报道,日本政府内阁官房长官爱知揆一坚持认为"他所遭受到的痛苦与以何种手段将其带到日本完全是不同的两回事,不能够相提并论","如果被提起刘连仁的来日情况及国际法问题,日本政府将不得不采取冷淡的态度"。

日本政府面对社会各界对刘连仁的关注,不得不做出缓解压力的举动。4月8日,官房长官爱知揆一派去日本红十字会外事课长挂川,向刘连仁转交了一封信和慰问金。对此,刘连仁表示,不能直接接受这种方式的日本政府的慰问金。官房长官的慰问信内容如下:

　　刘连仁先生在战争期间到日本,进入昭和矿业所以来受了种种磨难。特别是其他大多数华人劳工在战后很快地被安排回国,因为您在山里不知道这件事情,致使您长期生活在困难中,甚为同情,所以我们已经做好安排,请您乘坐准备最近出航前往中国的白山丸。祝您回国后好好静养,健康长寿。

　　此致
　　刘连仁先生

内阁官房长官　爱知揆一<br/>1958年4月8日①

信件清楚地表明,日本政府毫不承认强掳的事实和进行赔偿的诚意,暴露了日本政府逃脱强掳罪责,也暴露了当时岸内阁及其后历届内阁的态度。

政府官员的此种举动立即引起各界的争议。认为内阁官房长官此举纯属谢罪行为,说明政府已经认可了强掳华工的罪行。在1958年7月3日召开的众议院外务委员会会议上,社会党议员田中稔男认为:如果将刘连仁认定为一名普通的雇佣劳动者,那么一国内阁的官房长官故意拿出慰问

---

①日本华侨华人研究会. 日本华侨. 留学生运动史[M]. 东京:日本侨报社,2006:280.

金是毫无必要的，是否说明日本政府此举带点谢罪的意思。外务省亚洲局局长板垣修辩解为：（刘连仁）本来就是根据雇佣合同来到日本的，因此在战争时期的劳动中当然要得到佣金。但是面对刘连仁躲居深山十二三年的苦难经历，出于同情其劳苦的考虑，以慰劳的名义提供一笔钱，根本没有谢罪的意思。①

4月9日，国会议员、参议院外务委员会委员田中稔男再次质问首相岸信介：刘连仁是基于当时东条内阁的决定而被强掳至日本的一名华工，完全是违背个人意愿的强掳，而不是基于本人自愿而来到日本的，这一点已然明确。政府在此问题上是什么态度？岸信介认为，目前政府尚未掌握能够证明当时情形的资料，并且确认事实的方法不符合现在的实际情况，当时内阁的决策非常明确，就是不违背本人意愿，不是强掳。但是作为一种事实，是被强掳的还是基于本人的意愿自由来的，还没能得到确认，因而政府在此问题上是否负有责任？当下还不能够得到确认。②

## 二、内阁官房长官强迫"约束调查"

与处理刘连仁事件的态度一样，日本政府与企业一贯回避强掳华工的责任。首先是一贯否认"非法掳劫"的事实。日本外务省亚洲局局长中川融（1954年时任）在"厚生委员会中国战俘殉难者送还小委员会"上的答辩中说："（华工）在战争中主要以劳务者身份来到日本的，现在的遗骨是由于种种原因死亡了的。战时从中国带来的劳务者都是招募的，尽管在那些劳务者中，有的曾经和日本军作战，被日军俘获成了俘虏，但是后来释放成了老百姓，有很多这样的老百姓作为劳务者被带到日本……到日本来

---

①第029回国会外務委員会第5号．国際情勢等に関する件[EB/OL]．1958-07-03．国會會議録検索システム．http://kokkai.ndl.go.jp．
②第028回国会外務委員会第20号．国際情勢等に関する件[EB/OL]．1958-04-09．国會會議録検索システム．http://kokkai.ndl.go.jp．

## 理解 责任 道义
——在日华工遗骨归还问题调查

时是自由人的身份,并非俘虏。"①

1958年3月12日,民间三团体(日本红十字会、日中友好协会、日本和平联络会)、留守家族团体全国协议会向首相岸信介递呈了《关于提供中国人殉难者名簿的建议书》。建议书指出:战争时期,被日本强掳并强制劳动的中国俘虏约4万人,其中约7千人死亡或者情况不明。1957年访华之际,中国红十字会代表"中国遗属的热烈愿望"提出希望提供"殉难者名簿"的请求。我方想向对方提供1946年3月外务省管理局编制的《华人劳动者就劳事情调查报告书》(全5册)。假如名簿信息不全,则希望政府指示相关事业会社等再次提供资料,而后由政府统计名簿。

3月15日,中国战俘殉难者慰灵实行委员会等13个团体向外务大臣藤山爱一郎递呈了题为《关于为送还中国战俘殉难者遗骨的配船事项及提供殉难者名簿的建议书》,主张为促进遗骨送还,政府应该承担此项责任,满足中国人民外交学会提出的"提供殉难者名簿"的请求。②

3月18日,中国媒体以日本政府的非友好态度为题,大量报道了刘连仁事件。各大报纸纷纷发表社论,"我们要求日本政府尽快认识到对此事件的责任,并采取相应的态度"。新华社报道:(刘连仁)在干农活途中,被突然跑过来的四五名日本兵抓住带走。从此以后,一家人的生活陷入困境,妹妹被卖掉,两个弟弟与父亲被逼无奈只好做长工。刘连仁被日军强掳两个月后,男孩出生了,家人给这个孩子起名为"寻"。③

1958年3月25日,外务省亚洲局局长板垣修在参议院预算委员会会议上作出了虚假的答辩(谎称)说:"战时有相当多的劳务者从中国来日

---

①第019回国会厚生委员会中国人俘虏殉难者遗骨送还に関する小委员会第2号[EB/OL]. 1954-09-06. 国会会议录检索システム. http://kokkai.ndl.go.jp.
②中国人俘虏殉难者遗骨送还の为の配船并に殉难者名簿の提示についての要请[EB/OL]. http://sengosekinin. peacefully. jp/data/data1/data1-5-1. html.
③人民日报[N]. 1958-03-18.

## 魂兮归来
### ——在日华工遗骨归还问题的产生

本劳动，有人说他们的身份是俘虏。但我在现场直接见到过他们，了解到并不是俘虏。即使原来的身份是俘虏，在送来日本以前，于当地已经更换了身份，都是以雇佣合同的身份来到的日本。所以，不是一般所说的俘虏身份。"①

4月8日，三团体代表就刘连仁的送还问题发表了强烈主张，"刘完全是被强制征召带到日本来的，绝不是根据'随意契约'而来的，也没有得到任何薪酬。正是由于这一点没有被承认，即或是回到了故乡，也无颜与父老相见。希望开展彻底的调查"，对此，内阁官房长官（代理）认为"将来政府（主管为外务省）尽可能地调查当时华工的雇佣情况"，三团体最终采纳。

同日，北京对日广播再次深度报道了刘连仁事件，中国红十字会发言人严正指出：日本政府对刘连仁事件负有不可推卸的责任。中国红十字会要求日本政府提供日本侵华战争期间被强掳到日本的中国人的姓名及其相关的资料。

4月9日，国会议员、参议院外务委员会委员田中稔男再次质问首相岸信介：以往华工遗骨的调查、发掘和送还都是民间团体出于人道主义在做，希望政府拿出更加具体的措施，如财政上的援助，或者政府下发各种指令予以合作，以体现出日本政府解决问题的诚意，认为唯有如此，才是超越政治问题的人道主义措施。岸信介表示对田中稔男的建议抱有同感，并提出政府打算做一些尽可能的事情。

内阁官房长官爱知揆一表态认为：完全赞同总理的想法，将督促有关部门采取有诚意的各项措施。并举例指出：在送还华工遗骨的白山丸出发之际，首相敬献了表示吊唁之意的花圈，这也许是毫无价值的做法。田中稔男认为政府总理这样做很好，绝对不是毫无价值的举动，起码已经初步

---

①第028回国会予算委员会第二分科会第3号. 昭和三十三年度政府関係機関予算[EB/OL]. 1958–03–25. 国會會議録検索システム. http://kokkai.ndl.go.jp.

## 理解 责任 道义
——在日华工遗骨归还问题调查

显示出了一种带有诚意的心情。①

4月10日，北京对日广播报道：日本政府在刘连仁事件上应该负有全责。但是，日本政府对刘连仁事件没有做出任何有责任的说明。日本政府应该进行彻底的调查，并对调查结果负有责任，应该予以说明。4月17日，人民日报社发表社论指出：日本政府应该对刘连仁事做出负有责任的回答。在第二次欢迎大会上，各界代表一致支持刘连仁对岸政府的损失赔偿要求。②

4月18日，北京对日广播报道：国人对刘连仁事件的关心不断高涨。报道指出：刘连仁于1944年被日军强掳至福冈县饭塚市保坂村的煤矿，被强制劳动，战后经历了九死一生，当时遭受到非人道的迫害，与不堪忍受虐待的三个同胞逃离了煤矿，要求日本政府调查同胞的行踪。③

6月13日，日本外务省亚洲局中国课课长与厚生省遣送援护局庶务课课长一起与大谷参议院议员面谈。两课长共同表示了今后政府将直接处理此事的基本方针，即厚生省负责遗骨的调查和发掘业务，外务省负责追悼、遗骨送还工作。厚生省将指示都道府县开展遗骨的实态调查。同时，因为政府相关新规定的实施，政府正在考虑如何和平、圆满地解决与慰灵实行委员会间的关系，并建议大谷议员以书面形式提出关于政府处理的具体方法。

日本政府迫于舆论压力，在未归还者问题处理阁僚恳谈会上首次提出：政府应该从人道角度来考虑调查、收集和送还在日华工中已经死亡了的人的遗骨问题。主张由厚生省负责遗骨的调查与收集，而由外务省负责慰灵和送还遗骨。同时责成各都道府县开展"华工死亡状况调查"。调查的内容为死亡者姓名、原籍、年龄（死亡时）、所属厂矿、死亡年月日、

---

①第028回国会外務委員会第20号．国際情勢等に関する件[EB/OL]．1958-04-09．国會會議録検索システム．http://kokkai.ndl.go.jp．
②日本政府关于刘连仁事件应该作出负有责任的回答[N]．人民日报，1958-04-17．
③北京对日广播[N]．1958-04-18．

## 魂兮归来
## ——在日华工遗骨归还问题的产生

死因、遗骨以及遗体等状况。根据当时的调查结果显示：已经得以判明为事实死亡的中国人有 6 401 人，先后通过日本红十字会遣送回中国。①

日本政府官员的上述表态，不但没有得到各界的赞赏，反而引起各种议论，多为质疑政府此举仅是一种策略或者做给中国看的姿态。在1958年7月3日召开的众议院外务委员会的会议上，社会党议员田中胜男就曾经提出过质疑。

所谓的华工遗骨送还问题，以往任凭民间的力量一点一点加以解决。但是终归因为财政不足的原因，即使着手调查，地方各自治团体如果得不到其他力量协助的话，也难以进行。因而无论怎样讲，都需要政府的大力支持。尽管民间团体多次向政府提出协助的申请，但是，政府长期以来一直没有协助的意思。

但是，最近政府突然开始关注起这个问题来了。当然，能够得到政府的援助是最好不过的了，但是，政府如此表态到底是什么意思呢？如果政府此举仅是一种对中国的故作姿态的话，根本不是表达一种诚意的话，不但无助事情的解决，反而会起到相反的效果。②

外务省亚洲局局长板垣修辩解为：关于华工遗骨送还问题，以往全部借助民间团体的力量开展遗骨的调查与送还。但是民间团体能够做到的终归有限，因而社会各界呼吁政府直接参与。即使政府参与，也需要调查研究后才能够做出裁决，因此，政府在此基础上，决定以厚生省为中心，用政府的力量开始调查。

目前，厚生省已经给各府县下达了预备调查的工作指令。加之目前华工遗骨送还问题所遗留下来的问题，往往是历来民间团体所无法做到的问题，由于存在着非常大的难度，政府才从为了追悼华工遗骨的纯粹人道主义角度出

---

① 「中国人労務者の遺骨調査関係資料」. http://www.mhlw.go.jp/houdou/2004/09/h0927-6.html.
② 第029回国会外務委員会第5号. 国際情勢等に関する件[EB/OL]. 1958-07-03. 国會會議録検索システム. http://kokkai.ndl.go.jp.

## 理解 责任 道义
——在日华工遗骨归还问题调查

发,拿出诚意,尽可能地开展调查与发掘,并郑重地送还给中国。①

7月29日,慰灵实行委员会收到了首相岸信介关于质问书的回函。慰灵实行委员会在质问书中指出:就在各有关事业场纷纷主张"遗骨已经全部于生存者归国时被送还了"的时候,慰灵实行委员会就发掘了约3 000具遗骨,但是,政府站在什么立场上来推进此项事宜哪?被强掳到日本的人的名簿和死亡状况不明,中国遗属正在热烈期盼着能够早日知道家人的信息,难道政府不应该命令原相关会社企业点再次提供资料,制作名簿吗?日本政府在着手遗骨送还之际,到底秉持着什么样的基本认识呢?

战后日本民间和华侨组织的华工遗骨调查活动,不仅使死亡的华工遗骨被大量挖掘出来并送回中国,而且通过调查还订正了《外务省报告书》中的错误记载。仅以北海道为例:根据《外务省报告书》记载,在北海道有17个会社58个企业点,直接强掳华工人数为15 050名,配置人员(即包括从其他地区企业转至者)19 631人,其中死亡2 610人。但根据民间团体调查:北海道有19个会社,58个企业点,强掳实际人数为16 286人,强掳总数(即配置人员)20 430人,死亡人数为3 047人。②

后来山口日中友好协会等17个团体组成的中国人殉难者名簿共同编制实行委员会,于1960年至1964年编制了《关于强掳中国人事件报告书》。该报告书共分四篇,第一篇为《中国人殉难者名簿、中国人殉难者名簿别册》;第二篇为《第一次至第八次中国人殉难者遗骨送还状况》;第三篇为《强掳及殉难状况》;第四篇为《被掳中国人名簿(1)(2)》,全面反映了日本民间团体与华侨组织所调查的有关华工的各种状况,给后来研究掳日华工问题,提供了丰富、可靠的资料。③

---

①第029回国会外務委員会第5号. 国際情勢等に関する件[EB/OL]. 1958–07–03. 国會議録検索システム. http://kokkai.ndl.go.jp.
②日本中国友好協会北海道支部連合会. 知っていますか北海道での中国人強制連行—全道五十八事業場受難の記録[M]. 同会, 1989: 17.
③何天义. 范媛媛. 何晓. 强制劳动: 侵略的见证死亡的话题[M]. 北京: 中华书局, 2005: 166–168.

# 第三章 博弈对话

## ——中日关于华工遗骨归还问题的态度

呜呼痛哉 时值青年 夙矣殒命 尔等万灵 即星升天 吾侪思慕 深觉可怜
生存中华 亡于海外 可悲可愤 父母别妻子散 令人闻之 无不惊骇 呜呼
为国牺牲奋斗 光荣殉命 我等可钦可佩 尔等遗骨 因路途遥远 少数携带
归国还家 余骨留葬外藩 作为纪念 望尔等英灵升天安心 吾等为慰矣
呼呜痛哉 华人全体留念。

——群马县鹿岛薮壕的死难华工纪念碑碑文

面对华工遗骨送还问题，在政府层面上，日本政府、中华人民共和国政府（以下统称"中国政府"）以及台湾方面，持三种完全不同的态度。1952年日本签署了《旧金山对日和约》，当时代表中国与日本签订和约的是台湾"中华民国"政府，同时与日本建立外交关系并被承认为"中国"的也是"中华民国"，而中华人民共和国并未参与《旧金山对日和约》，并且也不会承认"日台条约"的合法性。这种情况使得遗骨归还大陆的阻力非常大。

中国政府积极应对，想要迎回在日殉难劳工的遗骨，而台湾方面坚决反对将遗骨送还大陆。相对于民间团体积极解决问题的态度，日本政府则呈现出"不承认""不作为""与政府无关"的敷衍态度。中国政府就在日华侨回国及华工遗骨归还问题给予了高度的关注，并积极主动利用集团遣送日本居留民的有利时机，与日本方面开展民间外交，促成了一批华侨和华工遗骨的归国。但是从当时的国际关系和中日关系角度来说，华工遗骨归还问题绝对不是仅仅从人道主义角度就能够解决的问题，而是涉及中国的外交政策、日本对中国和台湾的选择问题。除此之外，还涉及日本国内经济复兴时期的对美关系、出入境管理等问题。

# 理解 责任 道义
## ——在日华工遗骨归还问题调查

## 第一节 日本民间请愿运动的推进与日本政府的拖延与推诿

1953年7月18日,中国战俘殉难者慰灵实行委员会等民间团体再次向政府请求送还"黑潮号"遣送后新近收集到的500具华工遗骨,并再次确认了政府的方针,即"由日本红十字会酌情处理,让归还华侨携带遗骨搭乘红十字会船回国,此种场合与政府无关。上次搭乘"黑潮号"遣送船的遗骨奉持团不予承认(作为最后的让步,考虑可以允许3名以内僧侣同行)"。8月14日,亚洲局局长倭岛英二会见了慰灵实行委员会代表,当被问询外务省在遗骨送还问题上的基本态度时,倭岛明确指出"外务省将以相关问题事项中的侨民遣送问题视为第一要务。进而,也将在与此问题相关联而产生的华侨、遗骨送还问题上,予以圆满地解决","总而言之,为避免给侨民遣送造成障碍,即使在别项问题上,也想予以圆满地解决"。

8月21日,慰灵实行委员会代表再次造访亚洲局局长,并再次强调指出:应该从清算过去的战争罪责的所谓国民总忏悔的立场考虑遗骨送还问题,因而,该问题不能仅仅像运输货物那样就能够解决。对此,倭岛英二表示"此次仅以安全地安置遗骨为目的,该事项在48小时以内就能够加以解决。因而,此际丝毫没有考虑到派遣国民总忏悔特使","本来,遗骨送还的惯例是由遗骸所属国来迎取。但这是将来的事情,此时日本方面派遣船只安全送达遗骨一事,在某种意义上说,是日本方面的一番好意,我们此番的诚意,我想中国方面已然深刻地体会到了"。

1953年8月3日,栗林商会东京支店长提出照会,"北海道中国人殉难者慰灵实行委员会提出希望我们提供资料的请求,但是,我们是否给予提供,希望得到指示"。得到的答复是"华人遗骨与政府无关"。栗林商会提出"如果与政府无关,希望仅就该请求文书予以回答",接着外务省指示:"本事项的调查涉及全国范围,仅据本文书给予回答是不适当的,应予拒绝"。

8月中旬,北海道涉外课长给外务省亚洲局局长拍发电报,请示是否向民间团体提供在日华工资料。得到的指示却是"本省与民间团体收集中国人就劳资料事宜无关",顺便回答了13日的请求文书。同月25日,长野县社会部长发来《关于华工遗体处理经费问题》[①]的照会,给予同样的答复,指出"你们提出的关于长野县中国战俘殉难者慰灵实行委员会等民间团体所进行的华工遗体的发掘、追悼、送还等事项与本省无关,因而,对其请求经费一事不予回答,希望予以谅解"。

9月25日,中国战俘殉难者慰灵实行委员会代表拜访外务大臣冈崎胜男,当面递呈了"希望政府在第三次遗骨送还后继续予以合作"的书面申请,提议政府继续开展遗骨送还工作。对此建议,冈崎认为"政府无法做到利用遣送侨民船只和派遣特殊船只送还遗骨。也不能说考虑到了将来的好意"。当然,在该请愿书当中还陈述了"在过去的8月6日和7日两天里,向参众两院开展了请求遗骨送还的请愿活动"。12月23日,中国战俘殉难者慰灵实行委员会发行了《慰灵实委消息十六号》。以东京都举行的盛大死难华工追悼大会为代表,日本全国各地相继开展死难华工追悼活动。

1954年,各运动团体发行了《战时中国战俘强掳与殉难事情》。其中记述道:"地方自治体、日本红十字会支部、民间团体、劳动组合、宗教团体等机构在北海道、东北地区、关东地区、中部地区、近畿地区、九州地区先后开展了遗骨调查","虽说有关会社已经送还了遗骨,但是调查结果显示,被发现的企业还很多","据政府调查,死亡人数也有6830名之多,但是如果根据残留者证言,已经超过了1万人","显而易见,这是一场虐杀,但值得关注的是,根据政府调查数据,这些人全部为疾病死亡"。

4月8日,株式会社播磨造船所东京事务所所长三田岳次给外务省亚

---

①中国人强制連行・強制労働事件福岡訴訟原告弁護団編.外務省『極秘』文書が語る中国人强制連行・強制労働事件の戦後史~国際犯罪隠滅工作の数々と平和友好を願う内外世論[M].リーガルブックス出版,2003(12).

## 理解 责任 道义
——在日华工遗骨归还问题调查

洲局局长发来题为《关于引渡死亡华工遗骨的指示》的照会。三田在该文书当中不无忧虑地指出：在战争时期，我们遵照原海军当局的指令，与华北劳工协会签署了487名华工的劳务合同，但是有3名劳工死在日本，埋葬在相生市营墓地。而今日中友好协会向鄙社提出引渡劳工遗骨，然"鄙社尤恐日后招致中共政府或者遗属的麻烦，特此仰祈请示，妥善处理该事宜"。对此，外务省亚洲局局长中川融给予回答，即"现今考虑到政府的危机处境，不再给本事业以特别的积极援助，例如为送还遗骨特别派遣船只，或者发掘的费用。希望贵社本着对本事业认真负责的态度，决定采取适当的态度"。

根据1954年2月5日发行的警察内部资料《华工遗骨问题》，前言部分特别提示"关于本项资料的管理和查阅要绝对保密，禁止外漏。发行目的仅为使警察方面了解实情，或者希望得到有关的资料和情报等。千万注意不要被左派的宣传策谋所利用"。同时，该项资料还记述道"警察方面与遗骨问题直到现在也无任何责任，仅仅是左翼华侨在各县与当地企业间围绕遗骨处置问题而发生的纠纷，或者可以有充分的理由想见到，这是民战系朝鲜人、当地原共产党分子等同流合污而策动的事态。因而，警察方面要预先了解各县遗骨现状，以有利于警备情报活动，特此发行本资料"。同时，在"本次遗骨送还现状"一栏中记述道：（中国战俘殉难者追悼执行委员）会与外务省、厚生省等官厅已经交涉3次，总计送还1 376具华工遗骨。"但是，他们从地方劳动组合及其他机构那里有组织地收集到了一批资料，并在调查报告中声称，在日本仍然有大约5 000具遗骨残留（注：根据本部资料推定死亡人数6 830名，本次送还遗骨1 376具，还剩遗骨5 454具，但是在集团送还后死亡的19具必须排除在外，结果还剩5 435具）。"

日本政府为了操控民间不断兴起的华工遗骨送还运动，掌握主动权，特意在参议院成立了厚生委员会中国战俘遗骨送还分委员会，谋求解决棘手的遗骨送还问题。国会议员团团长松浦周太郎先后建议日本红十字会及其他民间团体要格外关注并推进中国战俘遗骨送还问题的解决。特别是在

## 博弈对话
### ——中日关于华工遗骨归还问题的态度

第三章

1954年，中日双方民间友好交流日趋频繁，就在中国红十字会会长李德全应邀访问日本前夕，日本政府积极推进谋求遗骨送还问题的解决，并将此问题的解决视为推进中日友好关系的重要环节。为此先后召开了三次中国战俘遗骨送还分委员会会议。

1954年8月9日，参议院厚生委员会召开会议，会议就议题"关于中国红十字会代表招待及中国人遗骨送还问题"展开了讨论，亚洲局局长申辩道："关于本年度如何处理遗骨问题，政府当局尚未进行任何具体的研究或者决定"，"要是那些死者遗属实在渴望遗骨送还的话，无论如何我们都要想方设法送还。但是，我们并不知道对方的意向如何，因此，我们务必在确认对方真实想法后再予以考虑"，"唯有促使中共地域的侨民尽早回归故里才是我们应该努力的目标，理所当然，我们也必须考虑在适当的时候送还现在国内羁留的上千具华工遗骨。然而，这恰恰成为否定侨民遣送的条件，乃至给侨民遣送造成其他困难，我想难道不应该将这两件事区分开来吗？"

8月11日，全国知事会议向外务大臣冈崎胜男提出《关于中国战俘遗骨送还的建议》，建议政府尽快对第4次以后的遗骨送还采取措施。

为了探讨遗骨送还问题的调查、遗骨送还的方法，以及与此密切相关的中日今后邦交上的重大关系问题，厚生常任委员会专门成立了关于遗骨送还的特别小委员会。8月16日，为了进一步了解中国战俘遗骨送还问题的现状，参议院厚生委员会召开中国战俘遗骨送还分委员会会议，会议由外务大臣冈崎胜男主持，厚生省撤退援护局局长田边繁雄、中国战俘殉难者慰灵实行委员会事务局局长菅原惠庆、事务局次长赤津益造、东京华侨总会理事吴修竹等作为知情人参加了会议。知情人就当时社会上流传的所谓《外务省报告书》内容的真实性、遗骨送还运动的经过、中国方面的要求等事宜阐述看法。[1]

9月6日，参议院厚生委员会中国战俘遗骨送还小委员会就中国方面

---

[1] 第019回国会厚生委員会中国人俘虜殉難者遺骨送還に関する小委員会第1号[EB/OL]. 1954-08-16. 国會會議録検索システム. http://kokkai.ndl.go.jp.

## 理解 责任 道义
——在日华工遗骨归还问题调查

在华工遗骨送还问题上的看法召开了会议。厚生委员长上条爱一表达了对政府不了解中国意图致使问题激化的担忧，指出：听闻中国方面希望使用政府费用送还遗骨，但是这个意向是中国政府的正式要求吗？例如，可否将中国红十字会会长李德全女士的意向理解为中国政府的要求？外务省亚洲局局长中川融认为："我方的想法因为种种原因，实在无法确定下来。因为在遗骨送还问题上需要深入思考两个问题，其一必须明确对方遗属或者政府当局非常希望送还的愿望的基础上采取适当的措施予以送还；其二通过送还遗骨这种人道主义行为，促进在华日本人的归国。至于双方在此问题的意向如何？还是需要首先明确对方的意向为好，即对方非常希望我方送还，或者希望我方必须送还。必须是由中共政府首先明确地直接地提出来为好。"厚生委员长上条爱一认为：目前日本各部门普遍希望尽早了解中共方面的具体想法。常识性思考也可以得出结论，即，中国国民热切希望日本方面尽早送还同胞的遗骨，当然也可以推测为中国政府的想法。①

竹中胜男委员长提醒与会人员在思考遗骨送还问题时，务必要考虑到中日两国的实际情况，日本人同样非常希望早点把海外日本人遗骨送回日本内地，如果我方民众希望早点送还我国海外同胞遗骨的话，则遗骨的收集和送还就不仅仅是国际人道主义行为了，而且是国民当然应该极力促成我国海外同胞遗骨送还的大手笔了。那么，送还日本外国人遗骨这件事，或者郑重发掘这件事，从这个意义讲，听取对方意见也就不是问题了。②

10月20日，在参议院厚生委员会中国战俘遗骨送还小委员会会议上，竹中胜男委员长以下3名委员、外务省、厚生省、日本红十字会关系者出席。此次会议确认了五项方针：

1. 解散中国战俘殉难者慰灵实行委员会；
2. 今后关于华工遗骨一切事务由日本红十字会酌情处理；

---

① 第019回国会厚生委员会中国人俘虜殉難者遺骨送還に関する小委員会第1号[EB/OL]．1954-09-06．国會會議録検索システム．http://kokkai.ndl.go.jp．
② 第019回国会厚生委员会中国人俘虜殉難者遺骨送還に関する小委員会第1号[EB/OL]．1954-09-06．国會會議録検索システム．http://kokkai.ndl.go.jp．

3．慰灵实行委员会解散后，其参加团体及相关人士不得干预日本红十字会所进行的遗骨相关事宜；

4．李德全女士来日后，由日本红十字会站在人道的立场主持举行遗骨追悼会；

5．以前慰灵实行委员会关于华工遗骨发掘、收集、奉祭所花费用由日本红十字会支付（70万日元以内）。①

对此决定，中国战俘慰灵实行委员会事务局局长菅原惠庆提出"对于参议院厚生委员会格外关注并试图解决中国战俘遗骨送还一事，我们从心里表示尊敬和感谢。政府特设厚生委员会中国战俘遗骨送还分委员会，显示了政府在该问题的解决上迈出了实质性的一步，政府站在人道、和平、友好精神的立场上，以日本红十字会为主体推进该事业的解决，与慰灵实行委员会历来所从事的遗骨送还的主张与理念是一致的"。"赞成由日本红十字会负责遗骨送还工作，在追悼大会召开前解散执行委员会有困难，完全由日本红十字会一体解决相关事宜存在着难以克服的困难，以前完全是由包括日本红十字会在内的民间和平三团体负责与中国红十字会协商、接洽遗骨归还事宜的，因此有必要由三团体参与日本红十字会的遗骨送还事业"。②

11月6日，中国战俘殉难者慰灵实行委员会向外务大臣冈崎胜男提议遵照先例尽快开展第四次遗骨送还。同时通告了11月2日召开的中国战俘殉难者全国追悼大会的实况，并将参议院厚生委员会委员长上条爱一在追悼会上的发言告诉了对方。上条爱一在追悼会上发言指出："原本应该对此负有责任的政府的态度欠缺人道的诚意，令人遗憾"。

1955年11月4日，中国战俘殉难者遗骨第五次送还准备委员总会会同中国战俘殉难者慰灵实行委员会向外务大臣重光葵建议：10月1日发表的日中国会代表共同声明第6项"双方继续合作，尽快将死亡者遗骨送还

---

①第019回国会厚生委员会中国人俘虏殉難者遺骨送還に関する小委員会第1号[EB/OL]．1954-09-06．国會會議録検索システム．http://kokkai.ndl.go.jp．
②第019回国会厚生委员会中国人俘虏殉難者遺骨送還に関する小委員会第1号[EB/OL]．1954-10-25．国會會議録検索システム．http://kokkai.ndl.go.jp．

## 理解 责任 道义
——在日华工遗骨归还问题调查

故国"的共识,以前遗骨的送还完全是依赖于民间的努力进行的,但是"这本来就是属于政府的责任",所以,建议今后由政府直接负责,实施遗骨送还。

日本国会内部在华工遗骨问题上意见分歧较大,众议院外务委员会委员田中稔男在1956年6月3日召开的关于国际形势的论谈会上,向与会的政府委员、外务省亚洲局局长中川融质询时指出:

截至目前为止,尚有4 487具华工遗骨等待送还,今后仍将采取各种手段和方法持续加以解决。但是,需要相当巨大的资金支持,仅靠民间渠道筹措资金是难以解决的。因而希望政府以何种名目补助一些短缺资金,或者政府给予援助。

日本外务省对此的回答是:

此前关于华工遗骨送还问题一直由有关民间团体组织、协调,现今有关团体和人士已经认识到仅靠慰灵实行委员会的协调和调动是远远不行的,此项业务尚需从慰灵实行委员会移交给日本红十字会,或者大体上移交给红十字会。今后日本红十字会在华工遗骨调查问题上做到什么程度,限于经费问题,尚未可知,但是,作为红十字会将倾尽全力协助做好这件工作。也正是限于经费紧张的原因,要想在全国各地探查华工遗骨是很难完成的。政府将予以特别考虑,列入预算给予日本红十字会援助。但是,这无论如何又受到每年预算规模的限制,因而向政府请求预算本身就是很难的事情。摆在我们面前的是,即使没有经费也要把这件事情干下去,进而需要日本红十字会与我们或者厚生省通力合作,采取一切尽可能的措施。当然,这也无论如何以政府一定的预算为前提,同时,一旦列入政府预算,势必取得非常好的效果。为此,需要与大藏省进一步沟通,进一步研究。①

相对于中国政府在日本侨民和战俘上所表现出来的大度和合作,日本政府在华工及华工遗骨送还问题上的拖延与推诿,引起了日本和平团体的严重不满。日中友好协会理事长内山完造在《平均有钱》一文中不无忧虑地指出:

---

① 第024回国会外務委員会第57号. 国際情勢等に関する件[EB/OL]. 1956-06-03. 国會會議録検索システム. http://kokkai.ndl.go.jp.

## 博弈对话
——中日关于华工遗骨归还问题的态度

第三章

"在第二次世界大战中，中国俘虏在日本因生病、事故而死亡或被惨杀的人数不少。以前我们一直在为将他们的遗骨送还中国而努力。十一月二日，我们又在浅草的本愿寺为死难的中国俘虏举行了日本全国联合追悼会，以李德全女士为首的一行出席了追悼会。至此，值得我们思考的是，自从我们开展这个运动以来，在留守家属中究竟有多少人为此而作出过努力呢？'人心换人心'这句谚语用到这些家属身上难道不是最恰当的吗？""日本人忘记了理性之宝贵，与李女士一行为世界和平而努力的觉悟和充满人类之爱的立场相比，我感到自己有必要作严肃的自我反省。"①

1957年2月13日，厚生省遣送援护局局长与外务省亚洲局二课长就华工遗骨送还问题进行了磋商，尤为关切最近民间不断兴起的坚决要求政府送还华工遗骨的请愿运动。双方经协商确认了政府参与遗骨送还的必要性，一致认为"此时政府完全有必要以任何方法顺利地解决遗骨送还问题"，"特别是，最近民间团体建议政府向中共方面提供并调查现状不明者名簿，此时完全有必要让对方看到我们愿意与之开展充分对话的诚意"。但政府方面在参与遗骨送还事宜的根据上发生了分歧，厚生省建议遵循国际法"关于平民的条约"的精神实施，而外务省认为"（因为该华工不是俘虏及强制收容者）莫如将其作为事实上的问题从人道的立场给予援助"。厚生省最终采纳了外务省的意见。作为政府参与的形式，双方提出"向当时的关系会社说明实情，使其放心，指导其调查、搜集资料，并将有关资料一并转交给一定地区的日本红十字会"，由日本红十字会将其保管到遗骨送还的时期。"在实施遗骨送还之际，要么向慰灵实行委员会详细说明事情经过，并寻求帮助，要么至少避免引起不必要的摩擦"，"厚生省与通产省、劳动省等官厅联系，探讨与业界的联络方法"。

1957年4月11日，日本参议院外务委员会会议召开，国会议员、参议院外务委员会委员竹中胜男针对当时政府提出的关于在华日侨回国纯属人道主义的看法提出质疑，认为人们仅仅看到了在华日侨回国的人道主义

---

①[日]小泽正元. 内山完造传[M]. 赵宝智，吴德烈，译. 天津：百花文艺出版社，1983：200-201.

## 理解 责任 道义
——在日华工遗骨归还问题调查

问题,而没有认识到侨民遣送回国的政治意义,特别是没有认识到在日华工遗骨送还问题的紧迫性和政治性;并向外务省政务次官井上清一质询了日本政府在华工遗骨问题上的态度。

井上清一认为,以前在华工遗骨送还问题上,一直由慰灵实行委员会及日本红十字会与中国红十字会联络、协商,两个团体付出了非常艰苦的努力,并成功送还了3 000多具华工遗骨,成效显著。但是,尚有3 000多具华工遗骨需送还,中国红十字会与日本红十字会也多方沟通解决事宜的方案,并得到了日本红十字会的大力支持。政府虽然没有直接参与,但是一直保持对此问题的干预。政府与红十字会或者慰灵实行委员会保持紧密的联系,不断活跃这些民间团体的活动。今后仍将在对中国方面提出关于侨民送还的各项要求的同时,开始采取应尽的手段,圆满解决这个人道问题。

竹中胜男指出:政府在中日两国侨民和侨民遗骨送还问题上必须搞清楚的是,目前在华一部分下落不明的日本人是由于当时的战争以及日本侵略,为了响应、推行殖民地政策而主动进入中国的,他们参与了战争或者殖民事业。但是,造成日本人下落不明的不是现在的中共政府,这是目前在华下落不明的日本人的一个特点。与此不同的是,在日下落不明的中国人是作为俘虏被强掳到了日本,旨在补充日本本土劳动力的不足,且其中有大批因病死亡,或者像花冈暴动一样被杀戮的、饥饿致死。虽然同样被称为"下落不明者",但是,性质全然不同。因此,希望政府借此机会明确表明政府的责任,或者拿出有诚意的援助措施。

井上清一表示,华工遗骨送还问题是件非常棘手的事件,与现今,乃至以后日本在华侨民送还问题一样,都是非常重要的一件事,因而政府打算今后给予充分的合作和支持,但是到底该怎样进行合作,要在充分调查后才能够答复。政府对于慰灵实行委员会付出巨大的牺牲、所从事的具有重大意义的国家层面的事业,对于民间团体长期以来所进行的人道行为深表敬意。今后政府必将在该问题的解决上给予足够的关注,并将付出相当的努力，但是，条件之一就是控制在财政许可的范围内。①

同年12月2日，慰灵实行委员会与厚生省援护局局长河野会谈，达成如下协议，"（追悼执行）委员会解散，希望今后一切有关遗骨收集送还事宜均交由政府承担"。

1958年3月，政府召开了未归还者问题处理阁僚恳谈会，决定日本政府从人道主义的角度，负责在日华工遗骨的调查、收集和送还事宜。具体来说，由厚生省负责遗骨的调查和收集，外务省负责追悼仪式及遗骨的送还。1958年6月，日本政府迫于舆论压力，在未归还者问题处理阁僚恳谈会上首次提出：政府应该从人道角度来考虑调查、收集和送还在日华工中已死亡的遗骨问题，主张由厚生省负责遗骨的调查与收集，而由外务省负责追悼和送还遗骨。同时责成各都道府县开展"华工死亡状况调查"，调查的内容为死亡者姓名、原籍、年龄（死亡时）、所属厂矿、死亡年月日、死因、遗骨、遗体等状况。当时的调查结果显示：已经判明为事实死亡的中国人有6 401人，先后通过日本红十字会遣送回中国。②

但是，日本社会各界对于政府的决定并不满意，认为政府抛开慰灵实行委员会等民间团体，独断操控华工遗骨送还问题，根本无助于问题的解决，反而会伤及已经通过和平三团体的通道建立起来的日中友好关系，更会给在华日侨及侨民遗骨的送还问题造成不利影响。为此，社会党议员田中稔男在外务委员会会议上专门就此事质疑了政府官员，指出：如果政府真能够在遗骨调查、发掘、送还问题上一体承担责任的话，是最好不过的，但是，这样一来，政府与长期以来致力于该问题解决的中国人殉难者追悼实行委员会间的关系会将如何？该团体一直致力于推动该问题解决并付出了辛劳，政府在做出如此决定前，是否已向该团体征求过合作的意向，抑或意在排斥掉该团体，由政府独立解决？

---

① 第026回国会外务委员会第14号．国際情勢に関する件[EB/OL]．1957-04-11．国會會議録検索システム．http://kokkai.ndl.go.jp．
② 中国人労務者の遺骨調査関係資料[EB/OL]．2004-09-27．http://www.mhlw.go.jp/houdou/2004/09/h0927-6.html．

## 理解 责任 道义
——在日华工遗骨归还问题调查

外务省亚洲局局长板垣修反驳道：华工遗骨送还问题主要是厚生省的问题，外务省一边与厚生省联络，一边通过大谷会长探寻与民间团体间今后的关系。据我们所知，厚生省已经全面了解了民间团体历来所付出的努力和辛劳。但是，作为民间团体，其工作内容已经超出了应该做的范围，所以政府才提出"立即排除"的话，但不是真正排除的意思。因为追悼实行委员会长期以来开展各种调查，积累了丰富的经验和相关资料，因而政府希望在这一点上得到该团体的帮助。①

## 第二节 迟到的"遗骨调查"与《外务省报告书》的隐匿

### 一、铁证下的遗骨身份

1958年6月，厚生省根据未归还者问题处理阁僚恳谈会的决定，先后给各都道府县知事下达指令，开展"华工死亡状况调查"。调查的主要内容为死亡者姓名、籍贯、年龄（死亡时）、所属企业、死亡年月日、死因、遗骨或者遗体状况等。经过调查，已经可以判定为死亡的华工人数有6 401人，并分四次做成了死亡者名簿，通过日本红十字会转交给了中国方面。

1959年8月29日，日本外务省起草了《关于华工及其遗骨送还》的文件。"根据本调查书（1946年3月编制的《外务省报告书》），政府遵行内阁会议的决定，自昭和18年4月始，至昭和20年6月期间总计移入38 935名华工，主要以华北为主。其中，自由募集1 455名，其他大部分为行政供出（基于中国方面行政机关的命令而按照比例供出）及训练生供出

---

① 第029回国会外务委员会第5号．国际情势等に関する件[EB/OL]．1958–07–03．国會會議録検索システム．http://kokkai.ndl.go.jp．

（即日军俘虏的中国兵）。据昭和21年2月末统计，送还了31 917名（进而，依然有7 018名华工残留在日本）。而根据昭和34年6月10日日本厚生省遗骨调查统计表显示，死亡者总数为6 834人，其余174人成了昭和21年以后的归还者或者下落不明者"。

根据8月31日第26届国会上的井上政府委员的答辩，华工死亡数约为6 000人，但是根据厚生省的调查，死亡人数有6 834名。同时，成为今后调查发掘对象的遗骨有675具。当然，上述数据是厚生省尚未发表过的数据，属于相当机密的数据。而根据现在厚生省撤退援护局于1959年6月10日编制的《中国人死殁者遗骨调查状况》，此时死亡者6 834名中，身份判明的有6 176名。

1960年2月11日，慰灵实行委员会就华工遗骨问题与厚生省进行了协商，决定了下列事项：

（厚生省）华工遗骨调查只在昭和33年度、34年度进行了2次，35年度没有采取预算措施。进而于昭和35年度国会上，当该问题突出之际，厚生省只好辩解说在34年度已经调查挖掘完毕了。在（外务省）对中共关系较为微妙的现在，乃至于在因安保改定而造成国会沸腾的时刻，外务省此种答复不仅对外方面，即或是在对内方面也造成极大的恶劣影响，因而建议政府至少在本年末到来年春，开展调查。

1963年6月，日本外务省将11具华工遗骨送还给中国方面。至此，日本政府认为各部门关于华工遗骨调查、追悼、送还的合作事业完结了。

## 二、日本官方对《外务省报告书》的认识与欺骗性答辩

无论是根据三团体方面的认定，还是根据《外务省报告书》，刘连仁就是被强掳的，因而理所应当要求日本政府道歉、谢罪。刘连仁本人及中国政府照会了当时的铃木政胜总务课长。但是，外务省向内阁审议室长做出了如下不当说明：

1. 在外务省没有该调查原本。
2. 只负责保管有该报告书的综述，即总括编的前言部分（已经将警察厅

## 理解 责任 道义
——在日华工遗骨归还问题调查

保管的部分抄写给了亚洲局第二课）。

3. 该调查报告书的各论部分是按照日本国内的地域别、业种别来分册登记劳务者就劳状况的，总计4册，但是我处没有保管别册。

4. 本调查报告书是在掌握当时华工信息的民间团体的协助下，由总务课编制的，但是绝对不是经外务省的大臣次官等裁决后的正式文章。

在铃木政胜的陈述中应该引起人们重视的点是"本报告书是远东军事法庭审判的辩护人从广濑第4部长、吉村课长手中得到的，并被利用在审判过程中（关于这一点已经被华侨总会拍了照片）；伴随着美军的进驻，本报告书恐怕已经被转到了盟军驻军手里，并于昭和22年烧毁。本报告书是遵照当时山田部长的指示做成的。"

1958年3月25日，外务省亚洲局局长板垣修曾经针对《外务省报告书》的散失问题做出了解释，指出：虽然和平三团体和中共方面多次提出希望我们提供华工名簿，但非常遗憾的是，因为战后初期的混乱，报告书原本被烧毁了、丢失了。之后，外务省虽然在各个方面进行了多方努力，找到了一些资料，但是已经不是完全的原本了。现存的仅是当时名簿摘要的一部分而已。由于不是详细著录每个人名字的目录，因而是不全面的统计资料。①

外务委员会理事田中稔男坚信"报告书肯定还在外务省，因为外务省的中国课课长冈田曾经向有田八郎等人透露过"。外务省亚洲局局长板垣修辩解说："外务省的确曾经保管过详细记载人名的收容所调查簿，但是在战后被烧毁丢失了。现在已经没有详细记录资料了，况且冈田课长对有田八郎等人所提的报告书仅仅是警察部门起草的原本的纲要而已，根本没有记载姓名，完全是按照组别大略记载当时华工入境情况的概略书。遗憾的是，外务省根本没有原本"。②

---

①第028回国会予算委员会第二分科会第3号. 昭和三十三年度政府関係機関予算[EB/OL].
1958-03-25. 国會會議録検索システム. http://kokkai.ndl.go.jp.
②第029回国会外務委員会第5号. 国際情勢等に関する件[EB/OL]. 1958-07-03. 国會會議録検索システム. http://kokkai.ndl.go.jp.

## 博弈对话
### ——中日关于华工遗骨归还问题的态度

第三章

1960年2月13日，中国殉难者名簿共同编制执行委员会以完成名簿为契机召开了会议，据日本红十字会调查课长木内透露，作为结论，委员会的代表向官房长官递呈了名簿，并得到了政府的确认。在获得确认后，转递中国方面。当时，该名簿正好是在厚生省分担的遗骨调查发掘的基础上，参照厚生省的调查结果而做成的。正因为如此，外务省以管理局曾经编制的名簿为基础做成了该名册。

3月9日，厚生省遣送援护局庶务课通报，平野三郎议员（自民党大野派）访问该课，提交了近期慰灵实行委员会（大谷莹润委员长）编制的名册。并建议希望能够得到厚生省的大力协助。但是得到的答复是"这件事即使对于政府而言也是一个较为困难的问题，因此尽量不希望提交国会处理"。

3月10日，厚生省遣送援护局庶务课遵照亚洲局局长的指示，与总理府总务长官福田会面。总务长官发表了对平野三郎议员的不满，指出"现在一旦把这个问题拿到国会上去讨论，恐怕会刺激中共，使之发展成赔偿问题"，"平野议员的最近动向实在令人担忧，希望无论如何都要打消这个念头"；并强烈要求遣送援护局庶务课采取办法，完成这个使命。自民党日中国交改善研究会的负责人宇都宫德马（众议院议员、自民党石桥派）建议政府在向国会提交华工名单以及政府确认问题上要自重，建议政府"应该率直地表明'不道德的事情就是不道德的'"，"应该采取适当的措施，不希望因为不知情就严厉拒绝"，"但是，这个问题一旦被表面化，势必给中共抗议岸内阁造成火上浇油的后果，因此希望政府慎重处理该问题"。

3月11日，厚生省遣送援护局庶务课透露，"多贺谷真稔议员（社会党、煤矿工人出身）建议官房长官，因为慰灵实行委员会起草的华工名册已经要求政府确认了，所以应该回复主管官厅的厚生省，并与厚生省的调查结果进行对比"。

3月12日，首相岸信介受理了由日本红十字会、日中友好协会、日

## 理解 责任 道义
——在日华工遗骨归还问题调查

平和联络会、留守家族团体全国协议会、中国战俘殉难者慰灵实行委员会5团体联名的《请愿书》。遗憾的是该文书没有对1958年3月12日《关于提交中国人殉难者名簿的请愿书》做出回答。此时，委员会陈请指出：因为该请愿书所涉资料除关系者提供的资料外，还以东京华侨总会所藏的外务省报告书的照排复制本为基本资料，确认并完成了6 734名死亡者名簿（占死亡者总数的98.6%）和1946年3月统计的108名下落不明者名簿，因而希望与政府的调查结果进行核对。

3月16日，厚生省遣送援护局局长和同局庶务课课长助理松永拜访了审议官三宅，表示：3月12日慰灵实行委员会等五团体代表者提出的名簿确认请愿书，对于厚生省而言，核对需要时间，所以希望得到谅解。特别是为了避免因为没有采取诚挚的态度而带来刺激后果，不得不要在一个月乃至二个月后给予回答。对此，三宅审议官认为值此安保审议中，如果该项事宜一旦被表面化，势必给中共攻击岸内阁造成绝好的借口，因此希望尽量拖延，援护局局长更应该充分考虑到这一点。同时，慰灵实行委员会编制的名簿的基础资料是已经成为问题的《外务省报告书》，因而与该报告书相一致的内容就被引用了。就厚生省而言，这个部门对于存在报告书一事，显然是知情的，而厚生省调查数据依据的是各都道府县的报告，这一点是相当明确的了。但是，今后问题一旦表面化时，外务省将会被置于何种境地，尤其是在报告书的真实性问题上，完全有必要研究如何答辩。对此，三宅审议官认为应该慎重地讨论一下。

而外务省也认为如果将名册提交国会讨论，则会刺激中国，乃至发展成赔偿问题，建议国会最好不要质询。在1960年3月17日举行的国会听证会上，外务省亚洲局中国课课长铃木政胜针对外务省报告书制作的过程作出回答：

1. 1946年初，传闻中华民国官员有可能为了调查战时在我国工作的华工情况来日，因此，为了应对，才由管理局经济部大陆课制作了该报告书。

2. 华北劳工协会的有关人士也参加了制作过程。

3. 该报告书编制后不久，担心被作为战犯关系资料来使用，如此势必会给官民双方有关人士带来影响，因此除去一部分外，全部烧毁了。

4. 驻日美军曾拿走过该资料，但是，后来送还了。①

4月27日，众议院议员平野三郎书面质询首相关于强掳华工殉难者问题，指出：

1. 中国战俘殉难者慰灵实行委员会一直将这些华工当成"俘虏"，但是这些被强掳的人都是一般市民，不符合国际法上的"俘虏"概念。这一点希望能够得到政府的解释。

2. 关于遗骨问题本身而言，根据《波茨坦公告》的规定，作为一种当然的义务，政府必须在送还遗留者的同时，将强掳及死亡状况、遗骨的收集、下落不明者调查情况一并通知给对象国。听闻驻日内瓦总领事田付景已经将日本政府的意向于昭和37年7月15日转达给中华人民共和国政府，书简强调指出，"不管有无外交关系，都将作为人道问题，予以纯粹的处理……"，政府将如何理解？

3. 中国战俘殉难者慰灵实行委员会经过多年的艰苦努力编制了死亡者名簿，并于近期公布了调查结果，殉难华工总计6 732人。但是，政府方面也曾经自1958年以来（昭和33年度）做出若干预算，委托厚生省进行调查，并于4月25日编制了《中国死亡者名簿》，并转交给日本红十字会。在该名簿中特别标注"已经完成相应的整理工作，第一次印刷了1 893名死亡者名单。"但是没有记载死亡原因、病名等内容，与前述调查结果有着显著的差距。因此，希望政府给予相应的解释，尤其是政府的处置、调查的方法、判明遗骨身份的限定条件、今后的打算等内容。②

5月6日，众议院议长清濑一郎将首相岸信介的书面答复转交给平野三郎。

---

①管理局経済部大陸課長鈴木政勝質詢[EB/OL]．1960–03–17．国會會議録検索システム．http://kokkai.ndl.go.jp.
②昭和三十五年四月二十七日質問第五号．中国人強制連行殉難者に関する質問主意書[EB/OL]．1960–04–27．国會會議録検索システム．http://www.shugiin.go.jp/index.nsf/html/index_shitsumona.htm.

## 理解 责任 道义
——在日华工遗骨归还问题调查

1. 关于战时来到我国的中国劳务者是否认定为国际法上的俘虏问题，由于当时的详细事情尚未判明，因而一切事宜还难以断定。

2. 作为政府，对于战争末期发生这样的事情，表示遗憾。关于死亡者及其遗骨调查、发掘的遗骨的追悼、送还问题，政府将从纯粹的人道立场，满怀诚意地加以妥善处理。

3. 现在日本红十字会转交的中国人死亡名簿将通过都道府县，对有关事业场、市町村工作点、火葬场、寺院等保管的资料及知情者证言的收集，多方进行调查和证实。讨论这个调查结果、确认死亡事实的一系列工作需要一定的时间。今后，将在此基础上，根据整理结果逐步追加名簿。①

慰灵实行委员会编制的名簿实际上是一次值得惊叹的调查，比起厚生省的调查结果要优秀得多。厚生省也仅仅是在外务省管理局编制的报告书的基础上，将其划分为三册而已。而慰灵实行委员会则拿出了五册调查报告。由此可见，该委员会所完成的调查是极其详细的。

从1945年开始，日本境内就传言中国方面将就在日华工问题来日进行调查。有鉴于此，管理局经济部大陆课起草了《外务省报告书》，当时的经济部长是山田现次，局长是森重，担当官是战前"满铁"的赤塚，主任是平井。

华北劳工协会和华中劳工协会有关人士也参加了此项工作。该报告书起草后不久，日本方面担忧一旦该报告书被作为战犯关系资料来使用，则一下子会波及官民双方的关系，基于这样的考虑，就焚毁了当时保管在外务省的这部分资料。但是，可以肯定的是，也有一部分资料流失到民间。此外，该报告书不是完全基于GHQ的指令而起草的。残存的一部分资料是因为盟军想将这些资料作为远东军事审判的资料来使用，而自行保存了一部分。不久，GHQ将这部分资料返还给了外务省。

但是，日本政府内部在报告书起草原因的认识上存在着巨大的分歧，

---

①中国人強制連行殉難者に関する質問に対する答弁書（昭和三十五年五月六日受領答弁第五号）[EB/OL]. 1960–05–06. 国會會議録検索システム. http://www.shugiin.go.jp/index.nsf/html/index_shitsumona.htm.

## 博弈对话
### ——中日关于华工遗骨归还问题的态度

社会党议员田中稔男等人认为，报告书是基于 GHQ 的指令起草制定的，外务省官员则强调报告书完全是"当时的日本政府自发制定的"。

1960 年 5 月 3 日，田中稔男在外务省外务委员会会议上指出：

1945年9月2日、3日，驻日盟军司令部先后下发了第一号指令和第二号指令。其中包括关于联合国俘虏及非军人、被抑留者的指示。特别是第二号指令的第三部规定：提供完全体现《俘虏及非军人、被抑留者的所有生存人员姓名、阶级或者地位、国籍、直系亲属、本国住址、年龄、性别及健康状况统计表》《死亡人员或者被移送的俘虏及非军人、被抑留者姓名、阶级或地位、国籍、直系亲属、本国住址、死亡或移送的日期及目的地、死亡者埋葬场所的记录》2种统计资料。基于这二个指令，向曾经使用华工的全国事业场下达了调查令，即为关于华工的调查报告书。[①]

田中稔男举证证明了外务省起草报告书的真正原因是根据驻日盟军总司令的指令，即 1946 年 2 月，外务省向有关企业下达了关于华工的调查令。北海道帝国矿业发展株式会社大盐矿厂土屋组曾经在 4 月 1 日给外务省递呈了一封文书，呈递人是札幌市南一条西七丁目十四番地的土屋芳雄，该文书是土屋芳雄邮递给外务省调查官平井的文书，其内容为：

本年二月，根据贵省关于调查华工工作始末的指令，特递呈调查报告。就劳始末的报告书附表（二）死亡人员统计表——统计单位北海道中川郡美深町恩根内字小车帝国矿业发展株式会社天盐矿业厂土屋组工作点、追送孙清三等四十六人名单。[②]

据此，可以推断 1946 年 2 月，的确是外务省下达了调查令。也正是因为有驻日盟军司令部的指示，才会有调查令的下达。

当时的外务省亚洲局局长伊关佑二郎认为：关于报告书是受驻日盟军

---

[①]第034回国会日米安全保障条約等特別委員会第27号．日本国とアメリカ合衆国との間の相互協力及び安全保障条約等の締結に伴う関係法令の整理に関する法律案[EB/OL]．1960–05–03．国會會議録検索システム．http://kokkai.ndl.go.jp．

[②]第034回国会日米安全保障条約等特別委員会第27号．日本国とアメリカ合衆国との間の相互協力及び安全保障条約等の締結に伴う関係法令の整理に関する法律案[EB/OL]．1960–05–03．国會會議録検索システム．http://kokkai.ndl.go.jp．

司令部的委托，还是根据司令部的指令起草制定的，根据当时的知情人透露，不存在上述原因，但是，的确在外务省于1946年3月起草报告书前，下发过开展遗骨调查的指令。①

至于调查令是否与驻日盟军司令部的指令有关系，还是自发起草的，只有详读一下第一号指令和第二号指令内容就一目了然了。且写入指令中时，是得到了日本政府默许的。考虑到上述的分歧和担忧，亚洲局局长板垣修指示：今后一旦该报告书成为问题时，就进行如下辩解：

作为外务省，曾经起草过战后问题资料是既成事实。但是其后产生了怕被战犯问题所利用的疑虑。为了避免给与该事项有关系的人们造成麻烦，例如使用华工的企业者等，烧毁了与该事项有关的全部资料。进而，现存外务省的资料仅为其中的一部分，流失到部外去的所谓的调查报告书，是否是由外务省起草的，已然难以确认。②

## 三、日本政府阻止《外务省报告书》公议

1960年4月5日，厚生省遣送援护局庶务课课长来访外务省。厚生省要求有关4团体每周确认一次调查报告的名簿。认为厚生省本来是受外务省的委托而开展国内华工遗骨调查的，因而本应将已经照会确认的部分名簿逐步移交给外务省保管，希望与有关4团体间的应酬在外务省的协调下实施。对此，外务省认为"时至今日，作为外务省，为了避免该事项的表面化，特别是为了阻止提交国会，已然采取了所有的手段。今后仍将继续此种努力，即使是厚生省也应该尽量相助。无论对谁来说，如果将本问题现在表面化的话，那么从诸般情势来考虑，都是不希望出现的。因此，应该向所有有关方面陈清利害关系，说明如果从改善日中国交大局来判断，那么，现在就将该问题表面化，对于我国而言，无论如何都没有益处"。

---

①第034回国会日米安全保障条约等特别委员会第27号．日本国とアメリカ合衆国との間の相互協力及び安全保障条約等の締結に伴う関係法令の整理に関する法律案[EB/OL]．1960–05–03．国會會議録検索システム．http://kokkai.ndl.go.jp．
②第028回国会予算委員会第二分科会第3号．昭和三十三年度政府関係機関予算．[EB/OL]．1958–03–25．国會會議録検索システム．http://kokkai.ndl.go.jp．

## 第三章 博弈对话
——中日关于华工遗骨归还问题的态度

4月7日，在总理官邸，内阁、厚生、外务关系者举行了联席会议（出席者有内阁审议室长大岛等3名、厚生省撤退援护局局长河野等3名、外务省中国课课长远藤、森川事务官）。厚生省（河野）鉴于民间团体连日来的不断要求，建议此时稍微通报一点调查结果。外务省（远藤）提出，国会等方面担忧华工遗骨问题一旦表面化，就会招致中共对日赔偿要求事态的发生，因而，至少在本届国会终了前，无论如何也不能将政府卷进来，为此应该尽全力而为。

由此可见，日本厚生省体察了外务省的心情，因而赞同在不得已的情况下，尽可能在小范围内（主要出于避免会因为政府不诚实而招致非议的考虑）将调查结果适当地，零星地通报给民间团体。

4月15日，厚生省遣送援护局庶务课课长发表言论：在民间团体举行的追悼会（3月26日）的前日，经由日本红十字会公布了有确凿资料的约1 900具遗骨名簿。由此可见日本政府的诚意。尽管如此，民间团体内还有提出质疑的意见，即为什么就不能以国会质问的形式使之成为问题呢？

民间团体的呼声得到了国会议员的响应，4月27日，参议院议员平野三郎向首相岸信介提出《关于强掳华工死难者的质询书》。平野在质询书中明确指出：日本在战争时期，曾经依据东条内阁的阁议《关于向内地移入华工的决定》以及次官会议决定的《关于促进向内地移入华工的决定》，通过当时日军的强掳措施，将大约4万华工强掳至日本，并且这些华工在政府的指示下，被陆续配置到了全国135个事业场，被强迫劳动，造成了大约7 000人的死亡。这些事实已经被1946年3月外务省管理局发表的《外务省报告书》以及各个事业场的证词所证实了。这些死难者的遗骨被长时间遗弃在山野间，唯有通过以参议院议员（自民党）大谷莹润为中心的中国人俘虏殉难者慰灵实行委员会的努力，将收集到的2 800余具华工遗骨前后8次送还给了中国红十字会，并于4月26日在东京举行了盛大的国民追悼大会。鉴于上述情形，质询政府关于下述问题看法：

此项调查工作原本已经纳入政府1958年以后的预算范围，厚生省随后也开展了调查工作，于4月25日，将调查结果汇总为《中国人死难者名簿》，并

**理解 责任 道义**
——在日华工遗骨归还问题调查

转交给日本红十字会。厚生省表示"关于中国人死难者调查工作已经一应整理结束，并第一次印刷了1 893名死亡者名簿"，但是根本没有记载死亡原因、病名等内容，与前面提到的民间团体的调查内容大相径庭。建议政府今后拿出来关于中国人死难者的调查方法、已经判明的具体内容、以及今后打算的详细报告。①

5月3日，社会党议员田中稔男提出：1946年3月外务省监理局起草的《外务省报告书》现今还保管在外务省。田中的发言立即遭到亚洲局局长伊关佑二郎的反驳，提出：当时担心外务省监理局起草的报告书一旦被当成战犯问题资料来使用，势必会给非常多的人带来麻烦，因而全部烧毁了，现在外务省没有一点这样的资料了。②

日本政府面对民间团体的呼声以及国会议员的质询，不得不出面回应，5月6日，首相岸信介书面回复了平野三郎的质询，指出：

1. 关于战争时期来到我国的华工可否视为国际法上俘虏问题，鉴于已经无法判定当时的详细情形，因而实在难以断定其性质。

2. 作为政府，对于在战争末期所发生的这样问题表示遗憾。将站在纯粹人道的立场上，满怀诚意地解决遗骨调查、发现的遗骨追悼以及遗骨送还问题。

3. 现在转交给日本红十字会的《中国人死难者名簿》是通过都道府县汇总了有关作业场、市町村管理部门、火葬场、寺院等地方保管的资料，以及有关人士的证言等多方渠道，在调查的基础上，经过深入的研讨后得以确认的死亡者名簿。今后，将在整理终结后逐步编制追加名簿，但是到彻底完成需要一段时间。③

---

①平野三郎. 中国人強制連行殉難者に関する質問主意書（内閣衆質三四第五号）[EB/OL]. [1960–04–27]. 国會會議録検索システム. http://www.shugiin.go.jp.
②第034回国会日米安全保障条約等特別委員会第27号. 日本国とアメリカ合衆国との間の相互協力及び安全保障条約等の締結に伴う関係法令の整理に関する法律案[EB/OL]. 1960–05–03. 国會會議録検索システム. http://kokkai.ndl.go.jp.
③岸信介. 中国人強制連行殉難者に関する質問に対する答弁書（内閣衆質三四第五号）. [EB/OL]. 1960–05–06. 国會會議録検索システム. http://www.shugiin.go.jp.

5月17日，厚生省遣送援护局局长河野回答了田中稔男代议员关于华工问题的质询。河野指出：每当厚生、外务关系者问询此事的时候，对于厚生省遣送援护事业，特别是关于各事业场别华工名单，从外务省方面来说，无论如何都不能够敢于反对的。在此种场合下，即使是厚生省，也希望修正与外务省保持一致的数据及其他资料。尽管如此，假如我们拿出这样的数据，不仅会招致要求我们进行详细说明的事态发生，而且也会给有关部门带来不必要的麻烦，因而无论如何也要想方设法说服。①

正是由于外务省管理局起草、统计的《外务省报告书》没有确认华工遗骨问题，才造成了由厚生省担当死亡者名簿的确认业务。厚生省1960年确认的死亡者为4 380名。

### 四、隐匿遗骨调查名簿与《外务省报告书》

1960年12月24日，据厚生省遣送援护局庶务课课长松永通报：议会中多数议员赞同向中方全面公布华工名簿。关于外务省管理局起草的《报告书》，通常在尚未向国会提请审议华工遗骨之前，即使政府没有确认该报告书，有关民间和平团体在访华的时候，也可以向中方提出。对此，日本红十字会代表坚持认为不能向中方提供该报告书中的华工名单部分内容，同时坚决反对向中方提示该报告书的"强掳华工"部分内容。

1961年3月20日，日本红十字会会长、副会长、留守家族团体全国协议会会长以及慰灵实行委员会大谷莹润拜会了厚生大臣。红十字会副会长葛西发言指出"作为日本红十字会来说，完全不赞成在此时向中共方面公布强掳华工的记录、死亡事情以及有关日本方面虐待华工行为的资料"。厚生大臣认为"有关团体调查的死亡者数与厚生省调查的死亡者数相差悬殊。一旦将与日本政府的调查结果不同的资料提供给中共方面，则难道不会在将来产生麻烦吗？"。留守家族团体全国协议会会长有田八郎

---

①第034回国会日米安全保障条約等特別委員会第27号. 日本国とアメリカ合衆国との間の相互協力及び安全保障条約等の締結に伴う関係法令の整理に関する法律案[EB/OL]. 1960–05–03. 国会会議録検索システム. http://kokkai.ndl.go.jp.

## 理解 责任 道义
——在日华工遗骨归还问题调查

则认为"既然强掳华工事实、虐待事实已经为外界知晓,同时,中共方面也已经知晓了。那么,难道还有必要隐瞒事实吗?"。

厚生大臣反驳认为"有关团体编制的资料的真实性尚未断定。所以,没有必要将没有断定的事向中共方面表明,说成是日本方面干的。因而关于本问题的解决,应该等待战争审判以及其他牺牲者出现以后一应解决"。葛西最后提出"厚生省应该在死亡者全部或者大部分得到确认以后,只带着死亡者名簿访华。希望厚生省在夏天之前完成相关确认事宜"。厚生大臣赞同该提议,并提出"如此一来,将大大有助于该问题的解决"。

3月29日,福冈县议会议长野见山清造向外务大臣提出了第9次福冈县议会(1961年2月)的决议《关于中国人死亡者调查的意见书》。该意见书提到:"在战争时期,大约有4万多中国人被强制抓捕到日本国内,被强制在各企业劳动,从而促进了国内产业的发展。但是,其中大约有7千人不幸死去","即使在本县境内,就有5 600余人在煤矿或者其他企业劳动,其中有763人死去,有遗骨707具残留了下来","政府正在尽快进行调查,完成死亡者名簿的统计,并希望能够通知给中华人民共和国,进一步打开日中关系的大门"。

1963年10月24日,中国战俘殉难者慰灵实行委员会委员长大谷莹润向外务大臣提出"希望政府能够确认4万人的强掳和7千人的殉难者数据"的请求,请求政府"诚实地道歉和解释",承认厚生省统计的《中国人死亡者名簿》就是被日本强掳的华工殉难者,政府应该将保管中的遗骨视为政府的责任送还给中国方面。

1972年11月27日,外务、厚生两省就日中间遗骨送还问题进行了协商,达成共识:难道由日中友好协会在遗骨送还时递交死亡者名簿的方式就表示了我们的诚意了吗?认为未必能够充分表达政府的诚意,最终确认不向中国方面提交死亡者名单为好。

1994年8月14日,日本NHK电台播放了专题片《梦幻的外务省报告书—强掳中国人记录》,立即在日本引起了强烈的反响。各界纷纷质疑日本政府在以往的中日关系遗留问题处理上,在刻意隐瞒和拖延。日本政府

## 博弈对话
### ——中日关于华工遗骨归还问题的态度 第三章

面临各种责难，不得不表态，承认《外务省报告书》的真实性。但是，依然坚持华工的半强制性，否认强掳华工的强制性。如外务大臣柿泽弘治在众议院外务委员会答辩时声称："'强掳华工'是在战争时期这种异常状况下实施的，当时多数中国人是以半强制的形式来到我国，被使用在严酷的劳务工作岗位，因而期间蒙受了许多的苦难，实在是遗憾的事。""今后作为政府，最为重要的是将此认识传达给广大的国民，同时传给后世，也将基于这个观点，将报告书的影印版在外交史料馆等地方公开借阅给普通民众"①。

根据日本 NHK 电台节目组调查，从《外务省报告书》的调查，到制作过程，完全是在 GHQ 的指令下操作的，且文本被保管在美国华盛顿国立图书馆，检索号为 GHQ/SCAP—RG331。并且现在已经被制作成胶卷，检索号为 M1722，共 17 卷，检索题名为《关于审判日本战争犯罪的各项法规及关于虐杀华工的记录、主要日本战犯的背后关系调查》。②

1995 年，日本政府被迫承认了《外务省报告书》的真实性。6 月 22 日，参议院外务委员会会议上，外务省亚洲局局长川岛裕承认"根据一系列调查结果显示，本报告书肯定是当时的外务省制作的。"其中记载着"（华工）相当一部分是通过都市乡村被半强制性供出的"。同时针对清水澄子议员的关于"我认为政府在企业征召华工问题上也起到了指导的作用"，当时的外务大臣柿泽弘治承认"作为政府来说，的确一度奖励企业这么做过！"

2004 年出版的《日本华侨留学生运动史》也考证认为：外务省管理局组织编写该报告书的动机与目的是，当时预计中国政府调查团可能来日调查，盟军亦可能进行调查，为了应付，进行说明，需要仔细调查实际情

---

①第129回国会外務委員会第4号．平成六年度政府関係機関予算-外務大臣柿澤弘治答弁[EB/OL]．1995-06-22．国會會議録検索システム．http://kokkai.ndl.go.jp．
②「日本の戦争犯罪裁判実施に関する法規ならびに中国人労働者虐殺に関する記録、及び主要日本人戦犯の背後関係調査」"RecordsPertainingtoRulesandProceduresGoverningtheConductoftheJapaneseWarCrimesTrials，AtrocitiesCommittedagainstChineseLaborers，andBackgroundInvestigationofMajorJapaneseWarCriminals"）．

况，广泛收集详细资料。他们准备资料的动机，是害怕GHQ（驻日盟军总司令）的追究，也害怕中国政府的追究。外务省管理局局长森重千夫要求东亚研究所所长金森德次郎、华北交通东京支社社长贯井辉四郎协助开展华工就劳情况调查，在当时的有关机关的协助下，调查组分为4组，并取得全国135所事业所所在地方政府的协助，自1946年初起，进行资料收集和实地调查。收集资料时，外务省事先向各个事业所分发了调查表，指定必须填写的事项内容，调查组前往各个事业所收集调查表，听取有关报告的说明，并根据这些报告书，编写了《华人劳工就劳情况报告书》（即《外务省报告书》—引者），提交外务省管理局。①

## 第三节 华工遗骨的送还与中国政府的态度

### 一、华工遗骨的送还

1953年7月2日，第一批中国战俘殉难者遗骨送还团（团长中山理理）乘坐黑潮丸护送551具遗骨（而据日本众议院议员外务委员会理事田中稔男发言，第一批送还的是在秋田县发掘的华工遗骨560具）②从神户港起航，7月7日抵达塘沽港。于8日在天津大戏院举办"遇难烈士追悼大会"。

对于终于实现的第一次遗骨送还，包括以日本佛教联合会为首的日本佛教联合会本部、日本佛教赞仰会、近代佛教研究会中的多数干部到东京车站进行送行。护送团还收到了来自曹洞宗永平寺、总持寺为首的两大主山为首的比叡山延庆寺、东西本愿寺、浅草寺等向中国佛教协会寄送的纪念品，以及近代佛教研究会赠送的《信宗教论大系》以及留言。以来自近畿各地的

---

①日本华侨华人研究会.日本华侨留学生运动史[M].东京：日本侨报社，2006：260–261.
②第024回国会外務委員会第57号[EB/OL]. 1956–06–03. 国會會議録検索システム. http://kokkai.ndl.go.jp.

## 博弈对话
### ——中日关于华工遗骨归还问题的态度

佛教团体为代表,在大阪车站以及神户港目送了华工遗骨和护送团。

7月2日,遗骨护送团的僧侣们在登船之际,发表了如下声明:

1. 这次的遗骨,是战时被强掳到日本、又被残酷劳役最后遇难的华工灵位。日本国民经由红十字会之手衷心地向中国人民大众深刻赔罪,并传达这份亲近。现在散布于全国各地的中国遇难劳工遗骨有七千具以上,这揭示了我们过去令人发指的罪行。今后我们势必将这些遗骨尽早收集完全送还中国。

2. 第一次遗骨送还只送还了秋田县一个地方的遗骨。而且,实行委员长大谷莹润先生以及事务局局长菅原惠庆先生由于身体原因未能参加,对此我们深表遗憾。但是包括我在内的四人与菅原先生一起在花冈等地的遗骨收集处理以及这次能够破例送还都是经过当初的努力而来的,因此也相信能够告慰各位遇难者的亡灵。

3. 在能够安全的将遗骨送还、反省自身过去犯下的罪孽的前提下,希望能够允许我们收回在战争中或战争后死于中国大陆的同胞的遗骨。

4. 这次遗骨送还是排除一切政治意图的行为,是基于人类共通的宗教情感,由我等宗教者率先活动的,我们也决心全力完成这项使命。

5. 我衷心祈愿这项事业,能够对战后问题做出一部分处理,也是为了不再出现悲惨牺牲者的非战和平道路,还能成为兄弟国家中国与日本温和友好的纽带,再展开来说,能够成为亚洲和平的基石。

昭和28年7月2日

中国俘虏遇难者慰灵实行委员会遗骨捧送代表团佛教代表中山理理、仪典主任壬生照顺、仪典员佐佐木晴雄、仪典员畑义春。[①]

在这份声明中,佛教界人士强调的是对战争中的强掳以及虐杀行为的反省和谢罪。并且,以后的活动基于祈愿和平的宗教情感,以声明的方式否认了此前活动中委员会成员所遭到的活动"带有政治性"的批评,揭示

---

①坂井田夕起子:中国人俘虜殉難者遺骨送還運動と仏教者たち:1950年代の日中仏教交流をめぐって[J]. 歴史研究. 2010(47):34–35.

## 理解 责任 道义
——在日华工遗骨归还问题调查

了他们希望经由处理战争遗留问题而促进日中佛教界的友好交流，并能够使之成为亚洲和平的基础，能够实现回收在中国大陆死亡的同胞遗骨的目标。

中国人俘虏殉难者慰灵实行委员会在实现了第一次遗骨送还之后，便积极准备进行第二次遗骨送还。关于这次遗骨送问题进行了反复交涉。外务省主张，送还船在中国港口只能滞留48小时，护送团人员以3名僧侣即可。对此，慰灵实行委员会认为，按第一次之例，送还船至少也要滞留一周时间。而根据当时船舶航运的技术，只滞留48小时几乎是不可能的。在护送团人数上，因为有相关县的人员参加，所以慰灵实行委员会要求增加人数，提出增至23人的提案。这期间，台湾国民党当局还不断就遗骨送还问题向日本政府提出所谓"抗议"，日本政府则以此为由，对慰灵实行委员会实行限制。但该委员会始终坚持，送还遗骨是国际法上的责任，并抗议日本政府逃避责任的态度，要求日本政府承担遗骨护送团及运输上的各种费用。但直到第一次遗骨送还结束之后的8月6日、7日，慰灵实行委员会提出的部分要求为众参两院采纳。参众两院对此问题的要旨为：①以红十字船郑重送达；②给予护送团签证及能代替签证的证明（团中中国人的场合）并加以注明；③政府给予经费补助。8月24日，外务省与慰灵实行委员会达成以下谅解："以护送团员18名、滞留期间48小时为原则，但在有领航、机器故障等不得已的理由之情况下，可有若干时间之延长"。[①]

1953年8月26日，以菅原惠庆为团长的第二批华工遗骨送还团乘坐兴安号从舞鹤港出发，送还了从北海道、新泻、栎木收集的578具华工遗骨。10月29日第三批华工遗骨送还开始启动，从舞鹤港出发，用兴安号运送了静冈、长野、群马地区的203具华工遗骨。仅1953年三次送还的华工遗骨就达1 341具。

据菅原惠庆介绍，除去已经送还的华工遗骨外，此后尚有1 000多具

---

① 田中宏，内海愛子，石飛仁. 資料中国人強制連行[M]. 東京：明石書店，1987：422.

遗骨已经被发掘到，并被安置在各地方寺院、公会堂。并且，尚在发掘中的分布在北海道、岐阜、茨城、静冈、长野、大阪、长崎、福冈等地的华工遗骨多达 4 500 具左右。但是，根据外务省的调查结论，被抢掳到日本的华工总数 38 935 人，死亡人数达 6 800 多人。菅原惠庆在 1954 年 8 月 16 日的第 19 次国会厚生委员会中国战俘殉难者遗骨送还分委员会的会议上指出：战争时期，役使华工的是日本的各个协会，而据这些协会的人透露，死亡人数肯定不是 6 800 人，应该在此之上。即便如此，即使按照外务省统计调查的死亡人数 6 800 人计算，除去已经送还的 1 341 具遗骨和已经被安置在地方寺院的 1 000 多具遗骨外，尚有约 4 500 具遗骨未被发掘和送还。①1954 年 11 月 16 日第四次送还东京、山口、爱媛、长野地区的 876 具遗骨，至此送还华工遗骨 2 217 具。②第五次遗骨送还北海道、大阪、山口、福冈地区 131 具，五次总计送还遗骨 2 348 具。③据统计，第一次至第八次，共送还了 2 849 具华工的遗骨，这其中有 104 具是重复的，所以实际送还的是 2 745 名死亡者的遗骨。④

从 1958 年 4 月第八次遗骨送还之后，又经过 6 年的时间，即 1964 年 11 月 19 日，中国人殉难者慰灵实行委员会又进行了第九次遗骨送还。代表团以慰灵实行委员会副委员长黑田寿男为团长一行共 16 人到达北京时，当时的《人民日报》做了如下的报道："代表团这次护送来 15 盒烈士遗骨，还带来了抗日战争时期被日本军国主义劫往日本的 4 万名华工名册。在首都机场上举行了接交烈士遗骨的仪式。中国红十字会副会长、中国佛协副会长赵朴初在仪式上讲话，他对日本'中国殉难烈士慰灵实行委员会'10

---

①第019回国会厚生委员会中国人俘虏殉难者遗骨送还に关する小委员会第1号[EB/OL]. 1954-08-16. 国会会议录检索システム. http://kokkai.ndl.go.jp.
②第022回国会海外同胞引扬及び遗家族援护に关する调查特别委员会第5号[EB/OL]. 1955-06-17. 国会会议录检索システム. http://kokkai.ndl.go.jp.
③第024回国会外务委员会第57号[EB/OL]. 1956-06-03. 国会会议录检索システム. http://kokkai.ndl.go.jp.
④田中宏，内海爱子，石飞仁. 资料中国人强制连行[M]. 东京：明石书店，1987：508.

年来克服种种障碍,把搜集到的2 700多具中国烈士遗骨送还中国人民表示感谢"。①

## 二、中国政府接收华工遗骨的态度

1952年12月31日,廖承志向周恩来请示:"在日本有一批爱国青年华侨要求回国参加建设,此外,还有一批当年被抓的华工以及几千具死者的骨灰,我想把这几个问题放在一起解决。"听了廖承志的汇报,周恩来指示"应该让我们的同胞魂归故土,我们成立一个相应的机构来隆重地办这件事"。②

1953年1月3日,周恩来就协助日侨回国问题,书面报告毛泽东、朱德并转陈云、邓小平:拟仍依原议邀日本红十字会等三团体来华洽谈有关事宜,并建议中国红十字会对此发表一项声明。8日,中国红十字会根据周恩来的指示精神,发表《关于日侨回国问题的声明》③。毛泽东对遣送日侨和接回爱国华侨及华工遗骨问题非常关心,不仅批准周恩来的书面请示,而且要求负责此事的廖承志向他汇报有关情况。

从2月15日开始,李德全、廖承志率领中国红十字会代表团,在北京中国红十字会楼内,就协助愿意回国的日侨归国问题与日方三团体代表举行正式会谈。廖承志在对日本三团体代表表示欢迎后,首先说明日本军国主义政府过去的8年侵华战争对中日人民造成的灾难和吉田政府继续采取敌视中国人民的态度,但是,中国人民一向把过去的日本军国主义政府、当前的吉田政府和日本人民区别开来;其次说明日侨在中国受到保护,生活很好,他们不能回国是由于美帝和吉田政府的阻难,中国政府愿意协助一切愿意回国的日侨回到日本,中方已经做好了日侨出境的各项准备,中方提供日侨离境前所必需的旅费和食宿,并把这次谈判的范围划清在解决"日方来船手续及日侨回国的各项具体问题",然后揭穿日本别有

---

①日本护送中国烈士遗骨代表团到京[N]. 人民日报. 1964-11-20.
②王俊彦. 廖承志传[M]. 北京:人民出版社,2006:308.
③中共中央文献研究室编. 周恩来年谱(1949~1976)(上)[M]. 北京:中央文献出版社. 1997:277.

## 博弈对话
### ——中日关于华工遗骨归还问题的态度

用心的人玩弄的"遣返"诡计:"我们现在所进行的是协助愿意回国的日本侨民返回日本,因而决非'遣返',其所以发生关于'遣返'的错误说法,一种原因是出于误会,对于这方面的人只要将情况说明,便可了然;另一种原因则是恶意歪曲事实,企图挑拨和破坏中日人民的友谊。对于这些人我们必须加以揭露和斥责。这是会有助于增进中日人民的友好的。"

日方代表对中国政府处理日侨回国的措施感到满意,尤其出乎他们意料的是,中国允许回国日侨携带物品和协助经费等宽厚待遇,认为中国真是大气派,日本红十字会代表工藤忠夫对西园寺公一说:"廖团长的发言实在使我感动,一次谈话就把所有问题都解决得差不多了,这种好意无论如何非让日本国内知道不可……"。

2月23日,日本三团体与中国红十字会举行第三次正式会谈,日本代表平野义太郎提出:"我想提出一项与日侨归国问题不是直接有关的问题。就是关于送还花冈的遗骨问题。这是华侨、日本的热爱和平的人们的希望。我们希望隆重地送回。"对此,中国代表团团长廖承志说:"非常感谢平野代表的发言。我们极为关注日本军国主义在侵略战争中的行为。我们要郑重地接收遗骨。据我们所知,还有其他事件,如果能得到你们的合作,把这些遗骨一起送回国,我们将感激你们。"[1]

双方经过协商会谈,于3月7日发表公报。双方商定:日本政府派船接运日侨归国,中方担负日侨达到港口以前的一切费用。

在欢迎日方遗骨护送团的时候,负责对日工作的廖承志向周恩来表达了对遗骨送还运动的高度评价:"遗骨送还问题虽然是一件小事,但却具有十分重大的政治意义,既揭露了日本军国主义的罪行,也可以借此反对美帝国主义进行日本再武装和复活日本军国主义。"还能够激励起人民的国际主义与爱国主义精神,说明中日人民是一家人,进而揭露"中华民国政府"不仅不考虑中国人的遗骨问题,还试图阻挠日方进行的遗骨送还活动。特别是在朝鲜战争俘虏问题在国际上尤显重要的这一重要时期,考虑中国遇难者的遗骨问题,不论其成功与否,都将是对我方的重要宣

---

[1]陈焜旺. 日本华侨留学生运动史[M]. 东京:日本侨报社,2006:271.

## 理解 责任 道义
——在日华工遗骨归还问题调查

传,影响巨大。"①

3月19日,中央人民政府华侨事务委员会办公室给东京华侨总会发去一封信,信中说:"我们认为,收集在秋田县花冈矿山牺牲的我国军民遗骨、送还祖国的工作是具有重大意义的一件事。贵会与旅日侨胞一起,关心保卫祖国、追悼被俘殉难的同胞们,把殉难者的遗骨安葬在祖国,使他们得以安眠,有待于贵会同侨胞一起努力实现。这种高度的爱国热情使我们深受感动。关于送还遗骨的问题,正如我们向前来协商日侨归国问题的三团体代表会谈上所说,遗骨可以使用送回日侨的船只送回国。送回遗骨的船只离港前请用电报通知我们。抵达时,祖国人民将举行隆重的仪式迎接烈士遗骨。"②对当时的中国政府来说,由日方送还遇难者的遗骨就具有了极高的政治意义和价值,从而对遗骨护送团的活动给予了积极评价。

1955年10月1日,以上林山荣吉为团长的日本国会议员访华团应中华人民共和国全国人民代表大会常务委员会委员长刘少奇和秘书长彭真的邀请,参加国庆6周年观礼。其间,日本方面已经与中国有关方面就侨民和遗骨问题进行了深入的磋商。1955年10月17日,日本国会议员访华团团长上林山荣吉同中国全国人民代表大会常务委员会秘书长彭真共同发表联合公报,除规定中日两国应该为实现邦交的正常化积极努力外,并具体规定:"中日两国应该积极地照顾双方侨民,使他们能够自由地来往本国。"公报中还规定:"中日间过去曾经互相送还过死亡者的遗骨,今后双方应该继续把双方死亡者的遗骨尽速地送还其本国。"③

中国政府对于日本民间和平团体开展的华工遗骨送还运动表示了极大的关注和感谢之情,1957年7月25日,周恩来总理在同日本记者谈中日关系时郑重指出:"日本三团体把华侨、华侨妻子、已经在日本的中国抗

---

① 关于旅日华侨回国和花冈烈士遗骨问题的请示[A]. 1953,外交部外交档案馆藏号:105-00250-01.
② 陈焜旺. 日本华侨留学生运动史[M]. 東京:日本侨报社,2006:271.
③ 违反中日两国人民共同愿望的行动[N]. 人民日报,1955-11-04.

日烈士的遗骨送回中国，这是值得我们感谢的。今后在华日侨如有要求回国的，中国红十字会仍将继续予以协助，上述说法并不排除日本人民向中国红十字会了解关于在华日侨和死在中国的日本人遗骨的情况"。①

### 三、逆送还困境中的在日华侨与华工遗骨回国问题

所谓的"逆送还"问题是指当初那些没有日本国籍的人搭乘遣送船只进入日本后，应该遣送回中国。在与中国红十字会洽谈关于在华侨民遣送事项当中涉及这个问题。②那么，为什么在交涉过程中涉及逆送还问题呢？原因有二：一是怀疑中国利用遣送在华日本人的时机往日本派遣间谍。1953年1月1日，日本驻香港总领事给外务省发如下电文：

北京苏联大使馆于本年10日给周恩来送来书简，在本年内将各部队的日本官兵以及技术人员全部集中到北京以及沈阳（奉天），从来年1月开始，在哈尔滨利用三个月的时间，使其接受苏联的特殊训练，而后，将其一部分派送到库叶岛，强化训练，使其成为将来暴动以及颠覆政府的内应。同时，其他部分人以送还日本人为名，混杂在日本人当中，回到日本，作为内应。③

该电报的内容传达到大臣、次官、局长、次长、亚洲课等人员和机构。

其二是当时日本的入境管理政策的原因。战后日本根据1951年制定的《出入境管理以及难民认定法》④来实施对外国人的管理，被称作"1952年体制"。如果研读一下1959年版的《出入境管理法》，就可以发现战后日本的出入境管理政策的方针，即"限制入境策和禁止诱骗入境"。在该

---

①田桓主编. 战后中日关系文献集：1945—1970[E]. 北京：中国社会科学出版社，1996：315.
②昭和27年末以降の中国（中共）政府統治地区からの邦人の引揚に関する記録. [EB/OL]. 外務省第16回戦後外交記錄公開（K'7.1.3：）. http://www.mofa.go.jp/mofaj/annai/honsho/shiryo/shozo/gshir/gshir_16_2.html.
③外務省第16回戦後外交記錄公開K'7.1.3：323-324. 外務省外交史料館[EB/OL]. http://www.mofa.go.jp/mofaj/annai/honsho/shiryo/shozo/gshir/gshir_16_2.html.
④出入国管理及び難民認定法（昭和二十六年十月四日政令第三百十九号）[EB/OL]. 入国管理局. http://law.e-gov.go.jp/htmldata/S26/S26SE319.html.

**理解 责任 道义**
——在日华工遗骨归还问题调查

法令当中还陈述了"我国可以说是世界上第一人口过剩国,为此,应该采取控制人口的政策和严格限制外国人入境。"①

在与中国红十字会的交涉过程中,关于逆送还问题双方进行了如下的协商。

这关系到归还者范围的问题,我代表全体成员想问讯一下你们关于该问题的看法。但是,在此之前,我想说一下书面规范问题——即发生中国方面将范围以外的人送到日本的情况时,日本将会逆送还。因为没有使用失礼的语言和词汇,所以如果不确定其范围的话,就不能够入境。日本方面已经递交了关于此项说明的书函。而在中国方面看来,该用语虽然稳健,但是由于其内涵着极为重大的内容,以我们不想谈论这个问题的想法,让联络员返回了书函。所以,遭到了正式书函接受方的拒绝。不过,在最后一次会议上,再次将这个问题提了出来。但是,中国不会干涉日本的内政,并且,中国也没有这个想法,革命不是输出品,我想中国方面已经相信了我的发言。我们绝对不会将担心的人送回去的,希望能够信任我们。并且,我们也将会信守诺言,绝对不破坏彼此的约定。尽管我方已经向中国方面陈明了我方的想法,但是,由于遭到了中国方面的严厉拒绝,所以,关于该问题缔结协定也就显得困难了。我方已经接受了贵国的证言,今后将关注实际行动。我方确信廖承志团长的发言,并且认为是满含诚意的发言。以上就是我的感想,但是关于该问题的具体情形如何并没有纳入到联合声明当中,不过这些已经在正式的会议上谈论过,并在相互的会议记录当中记载过。②

结果,所谓的"逆送还"问题在协定当中没有明文规定下来。日本政府坚持逆送还的原因主要在于坚决拒绝没有日本国籍的人进入日本和不去利用旨在中日间自由往来的中国外交政策。

---

①山脇啓造. 戦後日本の外国人政策と在日コリアンの社会運動[C]. 梶田孝道編. 国際化とアイデンティティ. 京都:ミネルヴァ書房,2001:291.
②第015回-衆-海外同胞引揚及び遺家族援護に関する特別委員会-11号. 工藤忠夫の発言による[EB/OL]. 1953-03-12. 国會會議録検索システム. http://kokkai.ndl.go.jp/SENTAKU/syugiin/015/0012/01503120012011.pdf.

## 第三章 博弈对话
——中日关于华工遗骨归还问题的态度

根据日本外务省外交史料馆2002年11月公布的第17次外交记录显示，在战败之初的1946年，外务省管理局曾经就战争时期死亡在日本的华工问题，以慰灵实行委员会等关系团体提供的相关调查资料为基础，汇总为《外务省报告书》①（也称为"外务省报告书"），属于"极密"级的档案。该报告书中记录了4万名华工的姓名、年龄、出身地、生死信息。但是通观其内容，即可发现该档案当初就是以"回避战争犯罪"为目的的，在内容上仅有被强制劳动的人数、姓名、出身地及死亡者数是正确的，尽管出具了"死亡诊断书"，但是，往往以"病死"为由来掩盖"虐待死亡"的事实。例如，当时负责调查"事业所报告"的调查员大友福夫在其《现场调查备忘录》中曾经明确指出："业者出具的死亡诊断书以及死亡始末书的真实度是极为令人产生怀疑的，多为根据警察当局的指令，收买医疗关系者后进行的死亡诊断"。②

同时，根据该报告书的数据统计，当时在日华工的死亡率为17.5%，死亡人数达6 830人。就连日本外务省也不得不承认"对于38 935名被强制劳工的总人数而言，实际上显示出17.5%的高死亡率"。③而据日本共产党机关报《赤旗》1950年1月22日报道，战时专门从事调查中国战俘和劳工的"中国问题研究所"的盐胁说，战时被掳往日本的中国战俘大约有十六七万人。④

在战后初期中日侨民返还交涉过程中，关于抗日烈士遗骨和在日华侨的回国问题，日本政府顾及与国民党政府的关系而迟迟不理。1950年2月，东京华侨总会要求日本政府处理花冈惨案的遗骨，并彻底追究凶手。但是，日本政府不但根本置之不理，反而在9月28日封闭了率先报

①NHK取材班. 幻の「外務省報告書」～中国人強制連行の記録[M]. 東京：日本放送出版協会，1994：5.
②田中宏，松沢哲成编. 中国人強制連行資料：「外務省報告書」全五分册[M]. 東京：現代書館，1995：61.
③外務省第17回戦後外交記録公開. 外務省外交史料館[EB/OL]. http://gaikokiroku.mofa.go.jp/microfilm.
④东京华侨总会支持祖国外交部发言人八月十六日声明的声明书[N]. 人民日报，1955-09-14.

151

# 理解 责任 道义
## ——在日华工遗骨归还问题调查

道花冈惨案真相的留日华侨民主促进会的机关报《华侨民报》。[1]华侨总会在日中友好协会等日本民间团体的协助下收集了遗骨，于1950年11月，在东京浅草的本愿寺举行了由日中友好协会协办的"花冈殉难者416烈士追悼会"。[2]1951年2月1日晚间以搜查"麻药"为借口，出动全副武装的警察约1 000名，非法搜查我侨胞居住的东京悦来庄。悦来庄住有我侨胞50多户，共170余人。在搜查时，日警任意辱骂我侨胞，甚至对妇孺也出枪恫吓，并无耻地侮辱妇女。该事件引起在日侨胞与日本民主团体的愤慨。事件发生后的第二天，东京华侨联合会与悦来庄曾推派代表向日本当局提出严重抗议。[3]1953年1月8日和10日，东京华侨总会的代表口头向日本外务省提出，要求给予希望回国的在日华侨以搭乘航行于中日两国港口间的日本船只的便利，以便送回希望归国的在日华侨。同年1月12日，以书面要求日本红十字会，请该会向日本政府提出同样内容的要求。到1955年3月为止，希望回国的在日华侨得到这种便利而搭乘的船仅有六艘次。[4]

后来，日本三团体于1953年5月22日发表声明抗议日本政府；在日华侨、留学生组织则写信给中央人民政府华侨事务委员会，指责日本政府"以相反的手段对待我国施与日侨的恩义"，中国政府表示"极大关注"。在这些压力下，尤其是日本得知5月间第三批接运船完成任务后日侨回国接运被停止也与华侨问题有关。直到1953年6月6日，日本政府才不得不同意在日华侨搭乘前往中国的船只，日本政府遂准许从第四次接运日侨的船只开始，搭载华侨和死难华工遗骨前往中国。关于日本方面为什么不准许在日华侨、死难华工遗骨搭载接运日侨的船只回国问题，日本内部做出过解释，在1954年9月6日召开的厚生委员会中国战俘殉难者遗骨送还分委员会会议上，外务省亚洲局局长中川融解释为：出于与当时的国民政府

---

[1]中日两国间侨民问题的真相[N]. 人民日报，1955-09-14.
[2]坂井田夕起子. 中国人俘虜殉難者遺骨送還運動と仏教者たち：1950年代の日中仏教交流をめぐって[J]. 歴史研究，2010（47）：28-29.
[3]东京华侨居住地区竟遭日警非法搜查[N]. 人民日报，1951-04-07.
[4]东京华侨总会支持祖国外交部发言人八月十六日声明的声明书[N]. 人民日报，1955-09-14.

（台湾方面）间的关系考虑，当初约定，接在华侨民的遣送船只出发时，不准许搭载任何东西和任何人，如果在这些船只上搭载华工遗骨，就违反了与国民政府的约定，因此无奈之下，只好启用别的船只运送日本内地的华工遗骨回国。①

到1955年12月，有6次共约3 000余名华侨、4次共2 200余具死难者遗骨被送还中国。②日本佛教界长老大谷莹润、菅原惠庆和日中友协的赤津益造、三浦赖子在十分困难的情况下，到处奔波，进行调查，把死难者名单一一列出，并把遗骨一一收集起来，一批批护送到中国，从1953年起，前后达十批，共送还遗骨三千多具。③1956年，日本政府决定从7月10日开始，把被拘留在滨松"收容所"里的60名中国侨民，分批押送去台湾。"滨松事件"引起了中国人民和日本人民的强烈抗议。但是，隔了不过几个月，日本政府竟又把中国侨民强迫遣往台湾。此后又接连发生了日本政府拘捕扣留华侨事件。1957年8月，日本社会党顾问有田八郎应中国人民外交学会会长张奚若邀请来我国访问，在北京期间，同周恩来总理、外交学会和中国红十字会总会等有关方面人士分别进行了接触和交谈。在有田八郎离开北京的时候，张奚若会长将中国人民外交学会方面关于有田八郎在北京同各方面会谈的一份备忘录交给了有田八郎本人。备忘录当中就在日华工遗骨问题指出："日本侵略中国战争时期，曾经掳去大批中国人到日本强迫劳动，其中许多人被当时的日本政府杀戮或者虐待致于死亡。中国方面希望有田八郎先生在返回日本之后，设法促使把在日本侵略战争时期在日本死亡的中国人的名单交给中国红十字会总会，因为这是中国在日死难烈士家属所强烈要求的。"④

---

①第019回国会厚生委员会中国人俘虜殉難者遺骨送還に関する小委員会第2号[EB/OL]. 1954-09-06. 国會會議録検索システム. http://kokkai.ndl.go.jp.
②日本赤十字社編. 日本赤十字社社史稿（第6卷）[M]. 東京：日本赤十字社，1972. 259-262，283-285；日本吉田政府阻扰我侨胞回国[N]. 人民日报，1953-05-30；李德全. 转达日本人民的深厚友谊——中国红十字会代表团第二次访问日本的报告[N]. 人民日报，1958-02-15.
③珍惜艰难缔造的中日友好关系[N]. 人民日报，1985-10-27.
④日本社会党顾问有田八郎在北京同各方面会谈的备忘录[N]. 人民日报，1957-09-03.

## 理解 责任 道义
——在日华工遗骨归还问题调查

1958年6月，日本政府迫于舆论压力，在未归还者问题处理阁僚恳谈会上首次提出：政府应该从人道角度来考虑调查、收集和送还在日华工中已经死亡了的人的遗骨问题。主张由厚生省负责遗骨的调查与收集，而由外务省负责追悼和送还遗骨。同时责成各都道府县开展"华工死亡状况调查"。调查的内容为死亡者姓名、原籍、年龄（死亡时）、所属厂矿、死亡年月日、死因、遗骨以及遗体等状况。根据当时的调查结果显示：已经得以判明为事实死亡的中国人有6 401人，先后通过日本红十字会遣送回中国。①

## 第四节 华工遗骨送还问题的遗留

截止到1964年，华工遗骨总共被送还了9次，约28 00具遗骨回到了祖国的怀抱，现在被奉祭在位于天津水上公园的"抗日殉难烈士纪念馆"。

慰灵实行委员会长达10余年的遗骨送还运动，不仅体现了日本民间渴望与中国友好的意愿，而且也暴露了战后日本政府拒不认罪，一味掩盖奴役、虐待华工问题的丑行。同时，遗骨送还运动也促进了中日邦交正常化的恢复。曾有人这样评价道："送还中国人遗骨运动，是中国政府的'国民外交'中的典型事例之一，可以说在战后中日关系中占有重要的地位。特别是，实质上在中国共产党指导下的中国红十字会，通过与日本民间以及希望中日友好的日本政府有关人员的交流，向日本人传达了中国政府建立邦交的方针。这样，中国政府的'民间先行'、'以民促官'的方针，通过参加遗骨送还运动的民间人士的活动，得以实现。总之，经过遗骨送还等具体的活动，中日友好交流，在建立国民外交的运动中获得发展，在1972年的邦交恢复上，起了很大的作用"。②

---

①中国人労務者の遺骨調査関係資料[EB/OL]. http://www.mhlw.go.jp/houdou/2004/09/h0927-6.html.
②王紅艶. 中国人遺骨送還運動と戦後中日関係[J]. 一橋論叢，1998（2）：281.

此后几年时间里,随着华工遗骨发掘难度的加大和收集数量的逐步减少,华工遗骨送还问题渐渐从日本国会内部争论的焦点议题当中淡出了。但是,民间团体和一些议员仍然在关心关注遗骨送还问题,在国会会议上,被几次提议到。

表12 华工遗骨送还情况统计表[①]

| 批次 | 时间 | 出发地 | 运送工具 | 数量 |
| --- | --- | --- | --- | --- |
| 第1批 | 1953.07.02 | 神户港 | 黑潮丸 | 551名 |
| 第2批 | 1953.08.26 | 舞鹤港 | 兴安丸 | 615名 |
| 第3批 | 1953.10.29 | 舞鹤港 | 兴安丸 | 203名 |
| 第4批 | 1954.11.16 | 下关港 | 兴安丸 | 889名 |
| 第5批 | 1955.12.06 | 门司港 | 兴安丸 | 131名 |
| 第6批 | 1956.08.22 | 下关港 | 兴安丸 | 47名 |
| 第7批 | 1957.05.11 | 门司港 | 兴安丸 | 329名 |
| 第8批 | 1958.04.10 | 东京港 | 白山丸 | 84名 |
| 第9批 | 1964.11 | | 空运(北京) | 12箱 |
| | | | | 总计:2749名 |

在1969年1月31日的内阁大臣会议上,森中守义议员对佐藤荣作首相演说中提到的中日关系部分内容,提出了质询,指出:

战争时期,根据东条内阁的阁议决定,将四万多人华工强掳至日本,驱使华工在极其恶劣的劳动环境下劳作,结果,华工被残害致死6 500人,在十多年的时间里,遗骨散落于日本各地,无人问津。但是,经过我国一部分民间志士的努力,3 000多具华工遗骨被送回中国,同时,中国红十字会出于人道主义考虑,送还我国侨民遗骨3 000多具。但是,根据此前周总理的谈话,中

---

[①] 根据中国人殉难者名簿共同制作执行委员会制作《关于强掳中国人事件报告书》-「第二编中国人殉难者遗骨送还情况」(1960.10)整理。

# 理解 责任 道义
## ——在日华工遗骨归还问题调查

国方面收集、安置了899具日本人遗骨，另一方面，听闻我国政府收集到10多具华工遗骨。我想了解的是，政府决定什么时候处理此事，政府为什么不能够将此作为自己的责任来处理呢？理由是什么？

首相佐藤荣作给予解释：政府将以应该承认中共政权为前提来谈论并解决日中间贸易问题和战时遗骨问题。中共地区的死亡侨民遗骨已经于1956年通过日本红十字会等民间三团体与中国红十字会间的协定被送还一大批了。目前被中共方面保管的899具侨民遗骨也将依据历来的方法加以解决。另一方面，日本目前保管的11具华工遗骨也于1967年1月通过日本红十字会送还给了中共方面。

国务大臣爱知揆一补充解释为：中共方面发掘到的侨民遗骨已经通过红十字会等民间团体与中国方面取得了多方联系与沟通，但是目前尚不知对方的态度。而日本方面所发掘的华工遗骨几乎全部送还了。但是其后发掘的11具遗骨被东京的传通院奉祭着。[1]

---

[1]第061回国会本会议第4号. 国务大臣の演说に関する件[EB/OL]. 1969-01-31. 国會會議録検索システム. http://kokkai.ndl.go.jp.

# 第四章  世 纪 求 索

## ——华工诉讼日本政府及加害企业赔偿案始末

东京审判所认定的事实是"被捕中国人大多数曾经被拷问、虐杀，或被日军强行编入劳工队，或被强征加入日本所扶植的傀儡政府的军队当中。那些因拒绝在伪军中服役而被捕的人就被强掳到了日本，借以缓和日本军需生产上劳动力的不足。位于本州北海岸的秋田俘房收容所，在收容的981名中国人中，拷问、迫害、饿死乃至造成下落不明人员418人。"[①]所谓"秋田收容所"就是鹿岛组役使中国人的"花冈事业场"，由此可见，日本强掳华工是侵华战争的一部分，与战争紧密相关，密不可分。

自1990年代初中国方面向日本提出赔偿诉讼，均以超过诉讼时限为由而败诉。为了向日方提出赔偿，中方劳工方面成立了"中国二战被掳劳工联谊会"（会长：李良杰），中国律师方面成立了"中国二战劳工法律援助团"（团长：邓建国律师）。目前，已有来自中国十多个省的近千名律师加入中国"二战"劳工法律援助团，另外，还有三百多名日本律师在为华工索赔奔波。

本章通过对华工诉讼日本政府企业赔偿案的发起、立案及败诉经过的梳理，分析当下华工遗骨归还问题的困境和出路。旨在说明华工遗骨归国问题既是人道主义问题，更是现实性的政治问题，也是深刻的历史性问题。日本政府应该正视历史，早日妥善解决华工遗骨归还问题。中国政府也应该谋求该问题的政治解决。

---

[①]田中宏，内海愛子，新美隆. 資料中国人強制連行の記録[M]. 東京：明石書店，1990：12.

## 第一节　华工诉讼日本政府及加害企业赔偿案的发起

### 一、战后初期华工赔偿诉求的困难与转机

战后初期，日本与中国断绝一切外交关系，进而在《中日和平友好条约》签订以前，华工没有任何渠道诉求损害赔偿请求权。特别是在 1972 年签署的《中日联合声明》中明确提出了"中华人民共和国政府为了中日两国人民的友谊，放弃对日本国的战争赔偿请求"，进而造成中国国民对于能否直接向日本政府及日本加害企业提出战争赔偿请求毫不清楚。因此，即使在恢复邦交后也很难行使损害赔偿请求权。

但是，中国政府在民间赔偿问题上的态度却随着时代的变化，日趋明朗化。1961 年 6 月，周恩来总理在接见溥仪等人时表示：我们应往前看，努力促进中日两国友好关系，恢复邦交。1964 年 6 月，陈毅答日本记者问：中国人民有权要求赔偿，中国政府和中国人民对待中日关系，从来是向前看，而不是向后看。当中日两国邦交恢复时，其他具体问题是容易通过友好协商加以解决的。1972 年 9 月，周恩来在中日邦交正常化谈判时表示：从两国人民的友好关系出发，我们放弃战争赔偿。1987 年 6 月，邓小平会见日本人矢野绚也时指出：日本是世界上欠中国账最多的国家，从两国人民的长远利益出发，中国做出了不要赔偿的决策。东方人讲情理，从情理两个字面来说，日本应该为中国的发展做出贡献。

1988 年 9 月，山东省张家楼村的 200 名以上村民，在对日要求战争赔偿请求书上签字，并加盖该村委员会公章后，将该请求书递交日本驻华大使馆。当年，从江苏省、山东省及浙江省向日本驻华使馆递交共计 28 份赔偿请求书。而且，所谓花冈事件的 4 名幸存者于 1989 年 12 月 21 日，发表了致鹿岛建设株式会社的公开信。

1989 年 11 月，邓小平在会见日本日中经济协会访华团时讲：我们对

## 世纪求索
### ——战俘劳工诉讼日本政府及加害企业赔偿案始末 第四章

中日友好的政策不会变，日本要自省，不要自大；中国要自强，不要自卑。1990年，当韩国慰安妇向日本提出赔偿问题时，中国政府表示：期待日本给予与韩国同样的待遇。

华工受害赔偿诉求一直持续到1991年才出现转机。童增于3月28日（第7届全国人大第4次会议召开期间），向全国人民代表大会信访局递交了以下内容的意见函：

1. 1931年－1945年，基于日本侵略者对中国造成的损害的赔偿约为3 000亿美金，其中包括：战争赔偿约为1 200亿美金，基于受害的赔偿约为1 800亿美金；

2. 1972年中国政府为减轻日本人民的负担而对日本放弃战争赔偿的请求，但是，有关日本侵略者在侵华战争过程中违反战争规则及人道主义对中国人民及其财产犯下的滔天罪行的赔偿要求，即1 800亿美金的损害赔偿要求，中国政府在任何情况下没有宣布放弃。

参加该大会的安徽代表团，听取童增的陈述后，向大会建议讨论要求日本赔偿问题。甘肃、台湾、山东及贵州的代表团提议支持童增的意见书，江西、湖北及浙江的代表团提交了意见书。

安徽代表团在1992年3月召开的第7届全国人大第5次会议上提出对日本要求民间赔偿的议案。该议案达到法定赞成票数，作为第7号议案上报。

人大代表和政协委员提出的要求日本政府对民间赔偿的议案，引起国家领导人的高度关注。是年3月，中国外交部新闻发言人明确表示：抗日战争中的民间受害者可以直接要求日本政府赔偿损失。中国驻日本国全权大使杨振亚明确指出：逼使妇女充当慰安妇"是当年日本军国主义者在亚洲犯下的可耻罪行之一，有报道说，在中国妇女中也有受害者。我希望进一步查明事实真相，我们在注视这个问题"。3月23日，钱其琛外长在记者招待会上，回答《中国日报》记者提出的"日本军国主义势力在侵华战争给中国人民带来深重灾难。部分全国人大、政协会议代表及委员同意向日本政府要求对中国进行民间赔偿，对此钱外长是如何考虑的"这一问题时，指出："甲午战争到抗日战争胜利，日本军国主义长达半个世纪给中国人民带来了深重灾难。对于侵华战争造成的几个复杂的问题，日本方面应该妥善处理。"①4月1日，中共中央总书记江泽民访日前夕，在钓鱼台芳菲园回答日本记者关于索赔问题的提问时，再次重申了中方的立场和原则，指出："日本军国主义发动的侵华战争，给中国人民造成巨大损失。有关战争残留的几个问题，我们一直本着依据事实探求真相，严肃对待的原则，主张应将该等问题理顺并妥善解决相互协商。这样的举措有利于两国友好协作、共同发展以及增进两国人民的友好。有关战争赔偿问题，中国政府已经在1972年发表的中日共同声明中明确阐述了我方的主张，这一立场不会改变。"②同年9月，国务院副总理吴学谦公开表示：民间赔偿和政府赔偿不是一回事，遭受战争创伤的中国人民通过正常渠道，提出他们的要求，是完全正当的。③

1995年3月8日，钱其琛外长在回答记者问时指出"中日联合声明中放弃的是国家赔偿，不包括个人赔偿请求"，"补偿要求是国民的权利，政府不能干涉"。④1995年6月29日，外交部发言人陈健答记者问时，指出：强迫中国劳工劳动，并对他们进行奴役是日本军方在侵略中国战争中的暴行之一，我们要求日本方面本着负责的态度认真对待这一问题，并合理地加以解决，包括给予必要的赔偿。⑤1996年9月3日，江泽民主席接受法国《费加罗报》社论委员会主席佩雷菲特采访时，又谈到日本国内不时出现一些公然篡改历史、美化侵略的事情，特别是最近以来，一些内阁成员竟然络绎不绝地参拜靖国神社，为东条英机之流的亡灵招魂，一些国会议员竟然纷纷散布掩饰军国主义侵华战争罪恶事实的奇谈怪论，这表明确实

---

① 晓图. 死神的呼唤[M]. 北京：人民中国出版社，1993：135.
② 江泽民总书记答日本记者问[N]. 人民日报，1992-04-03.
③ 苏智良，荣维木. 滔天罪孽："二战"时期的日军"慰安妇"制度[M]. 上海：学林出版社，2000：565.
④ 苏智良. 关于日军慰安妇制度的几点辨析[J]. 抗日战争研究，1997（3）：183.
⑤ 外电报道中国要求日本给予个人赔偿[N]. 参考消息，1995-07-01.

## 世纪求索
## ——战俘劳工诉讼日本政府及加害企业赔偿案始末  第四章

有那么一股势力企图重温军国主义的旧梦。他们的言行不能不激起中国人民和亚洲人民的愤慨。日本今后究竟要走和平发展的道路，还是别的什么道路，应当引起世人的高度警惕。日本必须妥善处理好历史问题，肃清反动的历史观，才能有助于改善自己的国际形象，有利于日本同邻国建立信任关系。①

上述中央领导的公开讲话引起新闻媒体的高度关注，从政府层面支持了民间对日赔偿诉讼请求，由此拉开了中国国民向日本政府和日本企业提起民间受害赔偿请求的草根运动。

在中国现有的政治体制下，如果没有上述政府明确表态的话，中国国民向日本提起战争赔偿诉讼是根本不可能的。另据学者调查，在中国，所有的战后处理都是不管民意如何，全部由政府主导进行的，许多人甚至还不知道日本有战后补偿和赔偿制度。不过问政府意向，仅靠自身以法律武器维护自身权益的意识也很淡薄。就连花冈受害者们决议诉求权益并提起诉讼的原因也是通过与日本市民运动团体的交流，在知道"在法治国家可以通过裁判保护权利"的信息后，才在得到社会各界的同情和支援后，特别是法律援助后发起的。②

### 二、民间受害赔偿诉讼本身的困难性

当前，受害者向日本政府及加害企业提起损害赔偿诉讼请求存在着种种障碍。最为至关重要的就是要有支持中国人被害者赔偿诉讼请求的律师，但是这样的律师在1996年以后才开始出现，此前根本无法指望律师能够接受诉讼案。对于这些完全不懂法律知识的受害者来说，即使有向日本政府和企业提出损害赔偿请求的勇气，但是完全不知晓在哪里？履行怎

---

①在接受法国《费加罗报》社论委员会主席佩雷菲特采访时江泽民主席发表重要谈话[N]. 光明日报, 1996-09-07.
②李恩民. 日中間の歴史和解は可能か—中国人強制連行の歴史和解を事例に—[J]. 境界研究, 2010（1）：101.

——在日华工遗骨归还问题调查

样的手续？

因此，为了能够顺利实现赔偿诉讼请求的立案，最为重要的是在中国和日本都要有支持、代理诉讼，并为之展开活动的律师。也就是说，在中国政府没有明确表态前，华工受害赔偿诉讼案的提起在事实上是不可能的。

表13　中国被掳日劳工诉讼一览表[①]

| 诉讼事件 | 裁决法院 | 初审时间 | 再审时间 | 审判结果 | | 备注1 | 备注2 |
| --- | --- | --- | --- | --- | --- | --- | --- |
| 鹿岛花冈矿山中国人强制连行等损害赔偿请求诉讼 | 东京地裁 东京高裁 | 1995-6-28 1997-12-11 | 1997-12-10 2000-11-29 | 败诉 和解 | 终审 | 5亿日元和解金，全体受害者986人（幸存者和遗属，包括当时在日死亡的受害者遗属） | 不承认法律责任，但承认政治、历史道义上的责任，有深刻反省 |
| 刘连仁强制连行·强制劳动损害请求诉讼（中国人强制连行东京第一次诉讼） | 东京地裁 东京高裁 最高裁 | 1996-3-25 2001-7-23 2005-6-27 | 2001-7-12 2005-6-23 2007-4-27 | 部分认定 败诉 败诉 | 终审 | | |
| 中国42人对日本政府·企业损害赔偿·谢罪广告请求诉讼（中国人强制连行东京第二次诉讼） | 东京地裁 东京高裁 最高裁 | 1997-9-18 2003-3-19 2006-3 | 2003-3-11 2006-3-16 2007-6-15 | 败诉 败诉 败诉 | 终审 | | |
| 中国人强制连行·强制劳动损害赔偿请求长野诉讼 | 长野地裁 东京高裁 | 1997-12-22 2006-3 | 2006-3-10 | 败诉 | | | |
| 西松建设中国人强制连行·强制劳动损害赔偿请求长野诉讼 | 广岛地裁 广岛高裁 最高裁 | 1998-1-16 2002-7-10 2004-7-9 | 2002-7-9 2004-7-9 2007-4-27 2009-10-23 | 败诉 胜诉 败诉 和解 | 终审 | 2.5亿日元和解金，全体受害者360人（幸存者和遗属，包括当时在日死亡的受害者遗属） | 不承认法律责任，但承认作为企业的历史责任，有谢罪 |

---

①诉讼立案情况参照何天义，范媛媛，何晓. 强制劳动：侵略的见证死亡的话题[M]. 北京：中华书局，2005：206-209. 宋阳标. 被掳日劳工14年诉讼无一胜诉[A]. 时代周报，2009-12-09.

（续上表）

| 诉讼事件 | 裁决法院 | 初审时间 | 再审时间 | 审判结果 | | 备注1 | 备注2 |
|---|---|---|---|---|---|---|---|
| 大江山镍矿强制连行·强制劳动损害请求诉讼 | 京都地裁<br>大阪高裁<br>最高裁 | 1998-8-14<br>2003-1<br>2006 | 2003-1-15<br>2004-9-29<br>2006-9-27<br>2007-6-12 | 败诉<br>和解<br>败诉<br>败诉 | 终审 | 日本冶金工业2 100万日元和解金，原告6人 | 没有谢罪，没有承认罪责 |
| 新泻港中国人强制连行·强制劳动事件新泻诉讼 | 新泻地裁<br>东京高裁<br>最高裁 | 1999-8-31<br>2004-3-29 | 2004-3-26<br>2007-3-14<br>2008-7-4 | 胜诉<br>败诉<br>败诉 | 终审 | | |
| 中国人强制连行北海道诉讼 | 札幌地裁<br>札幌高裁<br>最高裁 | 1999-9-1<br>2004-4-1 | 2004-3-23<br>2007-6-28<br>2008-7-8 | 败诉<br>败诉<br>败诉 | 终审 | | |
| 中国人强制连行福冈诉讼 | 福冈地裁<br>福冈高裁<br>最高裁 | 2000-5-10<br>2002-4-26<br>2004-6-4 | 2002-4-26<br>2004-5-24<br>2007-4-27 | 部分认定<br>败诉<br>败诉 | 终审 | 涉案三菱公司称，若政府愿和解，他们将出资建和解基金，三菱公司曾使用4000劳工 | |
| 中国人强制连行群马诉讼 | 前桥地裁 | 2002-5-27 | 2007-8-29 | 败诉 | | | |
| 中国人强制连行福冈第二次诉讼 | 福冈地裁<br>福冈高裁 | 2003-2-28<br>2006-4-11 | 2006-3-29<br>2009-3-9 | 败诉<br>败诉 | | | |
| 对日本政府·三菱矿山中国人被爆者·遗属损害赔偿请求诉讼 | 长崎地裁<br>福冈高裁 | 2003-11-28 | 2007-3-27<br>2008-10-20 | 败诉<br>败诉 | | | |
| 中国人强制连行宫崎诉讼 | 宫崎地裁<br>福冈高裁 | 2004-8-10<br>2007-3-26 | 2007-3-26<br>2009-3-27 | 败诉<br>败诉 | | | |
| 中国人强制连行酒田诉讼 | 山形地裁<br>仙台高裁 | 2004-12-17 | 2008-2-12<br>2009-10-9 | 败诉<br>败诉 | | | |
| 中国人强制连行谢罪补偿请求七尾诉讼 | 金泽地裁<br>名古屋高裁 | 2005-7-19 | 2008-10-31 | 败诉 | | | |

## 三、花冈事件遇害者的战后补偿问题

在卢沟桥事件50周年的1987年，花冈暴动的发起人耿淳接受日本方面的邀请，参加了秋田县大馆市主办的"中国人殉难者追悼会"。回国后，多方联系花冈事件的生存者和遗属，筹备建立了"花冈受害者联谊会"。

## 理解 责任 道义
——在日华工遗骨归还问题调查

于1989年12月正式向鹿岛建设（原鹿岛组）递交了要求其公开谢罪、在大馆市和北京市为后人建立纪念馆、赔偿每个受害者500万日元的公开信。①因为这封公开信是首次追究战时企业的责任，因此，给日本企业界带来极大地冲击。当时的新闻媒体大肆报道。受此影响，鹿岛建设一番犹豫后开始出面表态。鹿岛社副社长表示：鹿岛方面承认历史事实，同时对在战时在鹿岛花冈事业场死亡的华工表示沉痛的哀悼，对生存者表示尊敬。②1990年7月5日，双方发表了《共同声明》。

第一、"中国人在花冈矿山事业场所遭受的苦难，基于内阁会议所决定的强掳和强制劳动的历史事实，鹿岛建设株式会社承认这个事实，并认可企业的责任。并对中国人生存者及遗属表示深深的谢罪"。③其中"基于阁议决定"和"即使作为企业也有责任"两句话是应鹿岛方面的要求加进去的。即从鹿岛方面来看，这个责任主要不应该由企业来负责，应该由国家来负责。

第二、关于公开信所提出的3项诉求，鹿岛方面表示将根据双方的对话，必须努力解决。

第三、双方约定将本着"不忘过去，警示未来"（周恩来）的精神，继续进行协商，期望早日解决问题。

日本舆论界认为该《共同声明》的发表既是花冈和解的基础，也是前提。奠定了民间和解的前提条件和基本模式。

进入20世纪80年代后，中国方面兴起了对日赔偿诉求的草根运动。1987年9月、1991年3月，湖北省的李固平、北京的童增向全国人民代表大会提起关于日本对华赔偿的议案。

---

①中国人强制連行を考える会ニュース1号[N]．1990-01-25．
②鹿島建設副社長河相全次郎氏へのヒヤリング（聞き手：今西淳子．李恩民）．2001-10-15．東京八重洲ブックセンターにて．
③双方召开记者会时公布的《共同声明》。1990年7月5日，在《共同声明》上签名的是花冈事件的幸存者、遗属代表耿谆，生存者遗属代理人新美隆律师、内田雅敏律师、田中宏、内海爱子、林伯耀，鹿島建設株式会社代表副社長村上光春。中国人強制連行を考える会ニュース3号[N]．1990-08-15．

## 世纪求索
### ——战俘劳工诉讼日本政府及加害企业赔偿案始末 第四章

童增认为：应该将战败国向战胜国支付的"战争赔偿"与因违反战争法规和人道原则而赔偿给对象国国民的"受害赔偿"区分开看待，前者是国家间处理的问题，而后者是在国家以及私人、团体等间处理的问题。中日联合声明中所放弃的仅是前者，而后者则被保留了下来。以此为契机，中国方面不断兴起了对日索赔运动，而童增所分析的"受害赔偿"即为中国舆论所热议的"民间赔偿"。①

吴学谦副总理在1992年9月访日前的发言中指出"这个事情（民间赔偿）与政府赔偿不同。民间通过正常渠道去诉求他们的主张与要求也是正常的事情"。②

花冈事件遇难者联谊会的耿淳在1990年7月出席了在花冈举行的追悼会后，就有了与东京鹿岛建设本部直接交涉的机会，双方发表了《共同声明》。鹿岛方面确认：在此表明"深深的谢罪之意"。此外，承诺"继续协商，以期早日解决问题"。③但是，其后没有任何进展，一直迎来了战后50年的1995年。这5年里，对日战后补偿要求的呼声不断高涨。花冈遇难者联谊会的赔偿要求结果成为这场索赔风暴的风口，进而兴起了民间受害赔偿索赔浪潮。迄今为止，日本方面受理了15例华工对日赔偿诉讼案。④

### 四、华工诉讼之情状

通观1990年7月《共同声明》发表以来的双方交涉，根本看不到鹿岛建设的丝毫诚意。中国方面于1995年3月发表了审查交涉的公告。同

---

①週刊金曜日[N].1994-08-12.
②朝日新聞[N].1992-09-21.夕刊.
③王工.日本鹿岛公司"赔偿"掳役中国劳工——评日本法院"调解"花冈案[J].中国律师，2003（05）：56.
④1. 花冈劳工诉讼；2. 刘连仁劳工诉讼；3. 东京劳工诉讼；4. 长野劳工诉讼；5. 广岛劳工诉讼；6. 京都劳工诉讼；7. 新潟劳工诉讼（第一批）；8. 北海道劳工诉讼；9. 福冈劳工诉讼（第一批）；10. 新潟劳工诉讼（第二批）；11. 群马劳工诉讼；12. 福冈劳工诉讼（第二批）；13. 长崎劳工诉讼；14. 宫崎劳工诉讼；15. 酒田劳工诉讼。

## 理解 责任 道义
——在日华工遗骨归还问题调查

年6月，终于向东京地方法院提起诉讼。起诉方以日本企业为被告，仅控诉的罪状就达300余页，严厉追究鹿岛的责任。

第一次公审给予了鹿岛建设充足的准备时间，拖延至12月20日才举行。对此，鹿岛方面的答辩书只是辩解为"从下次审理开始，要进行必要的答辩以及强调自身的主张"。而以耿淳为原告方团长的5名华工生存者及遗属给予了有力的反击。

在第二次公审时（1996年2月19日），鹿岛方面终于拿出了47页的书面材料，但是，根本没有涉及公审前提的"认否"，态度极其暧昧。在书面材料当中，针对耿淳等人的诉讼请求，辩解称，根据《中日联合声明》已经放弃了索赔的权利。即使没有放弃，因其是高度敏感的政治问题，不适用于法律上的争讼。至于基于所谓不法行为的请求，也由于法律责任消减时效或者排除责任期限已到而被免除。至于基于违反人道主义安全的诉讼请求，由于不适用于本案件，以及由于时效的限制而予以免除相关责任。

特别值得注意的是：在其书面材料当中，没有丝毫关于鹿岛建设本身犯罪行为的说明。仅仅是对战争过程的记述。并且进一步辩称"此种将敌国俘虏或者国民当作劳动力使用的做法，不仅仅限于我国，这是战争当中几乎所有国家均采取的伴随战争的通常现象，相当于典型的'战争赔偿'办法"。此项权利也由于《中日联合声明》而放弃了。并且，"进行了巨额海外资产的赔偿"，特别是"对中国的ODA（政府开发援助）数额巨大，到1993年累计80亿6 563万美元"。①进而得出结论，即耿淳等人的受害赔偿请求"完全是中国国内问题"，不予任何赔偿。即将鹿岛建设的企业责任束之高阁，战争责任全部是政府的责任。

1996年3月25日，掳日劳工刘连仁诉讼案在东京地方法院开庭，经过5年多的诉讼，2001年7月12日，东京地方法院以部分确定的形式承

---

① 石飛仁. 花岡事件「鹿島交渉」の軌跡[M]. 東京：彩流社，2010.（李恩民. 日中間の歴史和解は可能か— 中国人強制連行の歴史和解を事例に[J]. 境界研究，2010（01）：103.）

## 世纪求索
### ——战俘劳工诉讼日本政府及加害企业赔偿案始末

认了日本政府当年的罪行。

东京地方法院对于日本政府和军队把刘连仁从老家强制带到北海道这一事实给予承认，并且没有用日本法庭往常惯用的"诉讼时效"来限制刘案的诉讼。与刘连仁同时从煤矿出逃的劳工有5名，其中4名回到了中国。最后，东京地方法院以日本政府没有尽到救济责任为由一审判令日本政府提供数额不得低于2 000万日元的赔偿。

刘案的判决不拘泥于诉讼时效，是首个认定战后政府有义务保护战时政策受害者的判例，对中国战争受害者的一系列民间索赔案将产生深远影响。然而，案件接下来进展让人瞠目结舌。当时的小泉纯一郎政府不顾国内外的反对呼声，于当年7月23日向东京高等法院递交了上诉状。在随后东京高等法院以及日本最高法院的两次裁定中，刘连仁案原告均被判败诉。

中国的劳工幸存者以及遗属，从1995年的花冈诉讼到2005年的七尾诉讼，一共进行了15次，全部败诉，其中和解3案，西松和解是其中较有代表性和戏剧性的一例。

2009年10月23日，在"二战"中被强掳至日本从事重体力劳动的5名华工及家属代表360人在东京简易法院与日本西松建设公司达成和解，赔偿金额2.5亿日元。

引人关注的是，这项赔偿计划是在日本最高法院最终裁决华工败诉后，由企业主动提出的，而且在和解条文中还写入了向华工谢罪的条款。西松案从1998年1月16日开始到最后和解，历时11年，其间，许多当事人故去。

而与西松案同年进行的大江山镍矿强掳及强迫劳动案，在京都地方法院和大阪高等法院以及日本最高法院三级均裁判败诉的情况下，二审时，由日本冶金工业株式会社提议和解，向6名原告赔偿2 100万日元，但不谢罪，不承认历史罪行。①

---

① 宋阳标. 被掳日劳工14年诉讼无一胜诉[A]. 时代周报，2009–12–09.

167

## 第二节　华工诉讼日本政府及加害企业赔偿案现状

### 一、日本最高法院裁定的"受害救济"

"二战"后，日本政府长期掩盖强掳华工事件，然而，1993年强掳华工事实被公开出来后，受害者在日本各地提起要求"谢罪和赔偿"的诉讼。其中之一，广岛西松建设强掳劳工案件，最高法院（第2小法庭）虽然驳回了受害者的诉讼，但在仲裁中提出以下建议：本案受害者蒙受了精神上、肉体上的极大痛苦。而被告（西松建设）在上述工作条件下强制华工劳动从中获取了相应的利益，并且得到了上述补偿金。鉴于以上种种情况，希望包括原告在内的各有关方面，朝着给本案受害者以救济的方向努力。①

最高法院的这一建议即劝告，具有极其重要的意义。这是考虑到受害者已经高龄化，要求尽早政治解决。

2002年4月26日，福冈地方法院的判决结果认定了政府与企业共同使用欺诈、胁迫、暴力手段，进行了强掳行为。并在残酷的劳动和待遇下胁迫华工劳动。其行为非常恶劣，属于违反民法709条和715条的不法行为，回避了一直成为诉讼障碍的时效主张，强调了公平和正义的原则。回避了原告的请求权根据声明和条约已经即时放弃的政府一贯主张，判决三井矿山赔付原告每人1 100万日元，总额16 500万日元。②

2002年7月16日，日本内阁委员会会议上，议员冈崎富子就广岛地方法院审理西松建设赔付华工诉讼案的判决结果，质询政府的态度时指

---

① 强制连行诉讼、中国人元劳働者らの请求弃却 最高裁[N]．朝日新闻，2007-04-27．
② 第154回国会内阁委员会第15号．内阁の重要政策及び警察等に関する调查（従军慰安妇问题に関する件）[EB/OL]．2002-07-16．国会会议录检索システム．http://kokkai.ndl.go.jp．

出：广岛地方法院审理西松建设赔偿华工案的判决结论实际上是4月26日福冈地方法院判决结果的延续。从正面认定了强掳和强制劳动的事实。认为受害华工曾经被关押在居住环境异常恶劣的收容所中，束缚自由，遭受到种种暴行，被长时间地强制劳动，进而产生了被告的不法行为责任。也存在着近似雇佣合同的法律关系，但是也违反了安全保护的义务。最后以民法所规定的时效为由（法律依据），判处因过了时效期限，华工放弃了请求权。

但是，该判决在最后结论当中指出：相当痛心于华工受害的实态和所经历的苦难，禁不住感到一种恐惧与惊悚。考虑到原告方在相当长的时间里被强制管理，行使权利的道路被阻塞。尽管被告消减了法律上的责任，但是不具备消减道义上的责任的理由。[①]

日本战败时，日本政府、军队和加害企业最害怕的是中国追究其战争犯罪。为了逃避追究，利用受害者强烈的回国愿望，请求美军将他们送回中国。同时，也害怕中国受害者因对战争中所受的非人待遇而进行报复或暴动。

然而，加害企业却很狡猾，以"战争中因为支付给中国人工钱而遭受了损失""战后因为中国劳工的不合理要求而遭受了损失"等为理由，向政府申诉，要求战时补偿。结果，加害企业从政府得到了没有先例的巨额补偿金。

## 二、企业未支付工钱却得到补偿金

1945年11月2日，日本建设工业统制组合总会召集外地劳务对策委员会会议，就有关华工和朝鲜劳工问题进行了协商，会议通知各企业主提供有关送还劳工、损失补偿的资料，并指示各企业在11月10日之前提出。华鲜劳务对策委员会积极贯彻落实各相关企业主的意愿，积极进行"陈

---

[①] 第154回国会内阁委员会第15号. 内閣の重要政策及び警察等に関する調査（従軍慰安婦問題に関する件）[EB/OL]. 2002-07-16. 国會會議録検索システム. http://kokkai.ndl.go.jp.

## 理解 责任 道义
——在日华工遗骨归还问题调查

情"活动。所谓的"陈情"活动就是建筑业的企业主们向政府主管部门内务省、厚生省、大藏省等官员陈述企业使用外国劳工的经过，要求政府给予补偿等事宜。而且，还将"陈情书"译成英文提呈给占领军司令部。11月13日，日本建筑业界以建设工业统制组合总会理事长竹中藤右卫门的名义，向内阁各官厅大臣提交了《关于在土木建筑业中华人及半岛劳务者的处理及损失补偿之陈情书》，其中提出到11月20日损失额为121 592 919日元的内容。① 11月30日，又提出了同样要求补偿的陈情书。1946年3月30日，日本政府以商工省指令的形式，通过日本建设工业统制组合总会理事长竹中藤右卫门，决定支付5 453 000日元给相关企业，作为企业在战败前"移入华人劳务者补助金"。6月20日前，相关企业获得上述款额。根据石飞仁《恶魔的证明》的记载，"只土建业关系企业就从日本政府获取补偿金达1亿日元"。②

这些补偿仅是给予企业在战败前"移入华人劳务者补助金"，并不包括企业的所谓"战后损失补偿"。上文所提最高法院对西松强房华工案件的建议即劝告中引人注目的是指出了"受害者蒙受了极大的精神上、肉体上的痛苦"，而西松建设在恶劣的劳动条件下"强制华工劳动，从中获取了相应的利益"，并且战后从日本政府"得到了补偿金"。也就是说，最高法院的意图是指出加害企业残酷地强制华工劳动，从中获得了相应的利益，并且战后还得到了补偿金。这不仅限于西松建设，对所有实施过强掳和强制华工劳动的加害企业都可以这样说。

加害企业说"战争中因为支付给中国人工钱而遭受了损失"，然而，战争中却没有任何企业支付给中国受害者工钱的迹象。原本就是用"抓捕劳工"手段强掳来的中国人，企业可以随心所欲地让他们活还是死，像奴隶一样地对待他们，所以，可以说企业丝毫也没有要支付给华工工钱的想

---

① 野木崇行. 華鮮労務対策委員會活動記録. 附録第一号[M]. 日本建設工業會華鮮労務対策委員會，1947：2.
② 石飛仁. 惡魔の證明[M]. 東京：経林書店，1987：107.

法。也就是说，加害企业不仅强制华工白白地劳动并从中"获得了相应的利益"，而且以并未支付的工钱、再加上战后因华工的"不合理要求而遭受的损失"为依据，获得了巨额的"补偿金"。政府从1945（昭和20）年度的财务经费中支付了总额为5 672万日元的战时补偿金。按现在的货币价值换算，约折合1 000亿日元。

根据《外务省报告书》，华工"移入成果""非凡"。例如，"总出煤量1 389万吨中153万吨，即总出煤量的11%是由华工开采出来的"。[1]同时，日本政府针对役使华工的企业由于使用华工所蒙受的'损失'，政府对此已经向各企业主支付了华工移入及就劳管理补助金，总额达56 725 474日元。"[2]役使华工的35个企业主所得政府补偿款如果以当时的公务员起薪（1946年为540日元）来看，1994年的补偿金已经达到334倍，并且补偿标准为1 457日元/人（参见下表）。以此换算，补偿款约达190亿日元。

表14 使役华工的日本企业获得的政府补偿额统计表[3]

| 企　　业 | 作业点数 | 强掳华工数 | % | 政府补偿额（日元） | % |
| --- | --- | --- | --- | --- | --- |
| 地崎组 | 11 | 1 741 | 4.5 | 3 443 502 | 6.1 |
| 川口组 | 6 | 2 660 | 6.8 | 4 319 889 | 7.6 |
| 土屋组 | 5 | 900 | 2.3 | 1 828 525 | 3.2 |
| 菅原组 | 4 | 784 | 2 | 1 629 435 | 2.9 |
| 荒井组 | 3 | 573 | 1.5 | 1 190 783 | 2.1 |
| 伊藤组 | 2 | 499 | 1.3 | 803 397 | 1.4 |
| 濑崎组 | 1 | 299 | 0.8 | 603.380 | 1.1 |
| 铁道二业 | 7 | 1 608 | 4.1 | 2 803 745 | 4.9 |

---

[1]田中宏，松沢哲成编. 中国人强制连行资料：「外務省報告書」第三分冊[M]. 東京：现代书馆，1995：56.

[2]田中宏，松沢哲成编. 中国人强制连行资料：「外務省報告書」第三分冊[M]. 東京：现代书馆，1995：57.

[3]根据田中宏，松沢哲成编. 中国人强制连行资料：「外務省報告書」第三分冊[M]. 東京：现代书馆，1995：59–61整理。说明：该项统计中有数据不符的可能性，但是，根据《外务省报告书》，可以单纯按照平均每名华工1457日元的标准统计。

（续上表）

| 企　业 | 作业点数 | 强掳华工数 | % | 政府补偿额（日元） | % |
|---|---|---|---|---|---|
| 鹿岛组 | 5 | 1 888 | 4.8 | 3 461 544 | 0.1 |
| 铁道建设工业 | 2 | 包括在西松组 | | | |
| 间组 | 5 | 1 172 | 3 | 2 775 887 | 4.9 |
| 飞岛组 | 3 | 584 | 1.5 | 1 291 256 | 2.3 |
| 大成建设 | 1 | 299 | 0.8 | 644 374 | 1.1 |
| 西松组 | 1 | 543 | 1.4 | 757 151 | 1.3 |
| 熊谷组 | 7 | 1 705 | 4.4 | 2 872 958 | 5.1 |
| 小　计 | 63 | 15 253 | 39.2 | 28 425 826 | 50.1 |
| 野村矿业 | 1 | 195 | 0.5 | 1 247 818 | 2.2 |
| 明治矿业 | 1 | 200 | 0.5 | 92 322 | 0.2 |
| 北海道煤矿汽船 | 4 | 1 311 | 3.4 | 4 500 871 | 7.9 |
| 井华矿业 | 3 | 1 194 | 3.1 | 86 888 | 0.2 |
| 日本矿业 | 3 | 1 305 | 3.4 | 2 264 685 | 4.0 |
| 日铁矿业 | 7 | 1 793 | 4.5 | 2 179 222 | 3.8 |
| 同和矿业 | 2 | 498 | 1.3 | 672 269 | 1.2 |
| 古河矿业 | 1 | 257 | 0.7 | 28 615 | 0.0 |
| 战线矿业 | 1 | 200 | 0.5 | 53 990 | 0.1 |
| 宇久须矿业 | 1 | 199 | 0.5 | 73 212 | 0.1 |
| 日本冶金工业 | 1 | 200 | 0.5 | 771 000 | 1.4 |
| 宇部兴产 | 1 | 291 | 0.7 | 28 599 | 0.0 |
| 贝岛煤矿 | 2 | 499 | 1.3 | 267 266 | 0.5 |
| 三菱矿业 | 9 | 2 709 | 7 | 2 869 060 | 5.1 |
| 三井矿山 | 10 | 5 517 | 14.2 | 7 745 200 | 13.7 |
| 小　计 | 47 | 16 368 | 42 | 22 880 983 | 40.3 |
| 三井造船 | 1 | 132 | 0.3 | —————— | |
| 播磨造船 | 1 | 490 | 1.3 | —————— | |
| 藤永田造船 | 1 | 161 | 0.4 | 78 220 | 0.1 |
| 东日本造船 | 1 | 431 | 1.1 | —————— | |
| 小　计 | 4 | 1 215 | 3.1 | 78 220 | 0.1 |
| 海运业会 | 21 | 6 099 | 15.7 | 5 340 445 | 9.4 |
| 总　计 | 135 | 38 935 | 100 | 56 725 474 | 100.0 |

GHQ于1945年11月发表了题为《解除战时得利及重新编制国家财政》的备忘录。指出"为了使所有日本人都明确了解战争不再继续的事实，敦促议会尽早于1946年（昭和21年）中审议关于计划排除战时得利的

## 世纪求索
### ——战俘劳工诉讼日本政府及加害企业赔偿案始末

#### 第四章

法案"。①同时，根据联合国决议，日本应向华工支付但没有支付的8 000万日元（约合现在的800亿日元，至今仍由日本政府委托保管）。但是，日本政府根本没有理会GHQ指令，反而于1946年制定了大肆补偿的《战时补偿特别措施法》。②这可以看作是对企业的战时补偿（当时，补偿总额达960亿日元），但是课以100%的"战时补偿特别税"，进而，役使华工的企业得以堂而皇之地获取补偿金。

如果根据1942年日本内阁关于华工募集使用的决定，日本相关企业应该根据此规定付给华工工资。同时，当年日本政府与企业强掳赴日华工时，在他们的文件及与华工供出机关签署的"契约"上规定了要支付华工工资的标准及支付方式。1943年2月，日本内阁组织官商联合视察团赴华北考察后，制定了当年试验性移入华工的"要领"，规定华工在日本工资包括餐费在内日均2元，一年后回国时付给持归金150日元。③1944年和1945年初，华北劳工协会在天津和青岛两市的招工广告和文件又规定：华工在日就劳期间日均工资5元，两年劳动期满后，将支付持归金不少于1 500日元。④在华中，1943年夏秋，"东日本造船公司"经日本驻华使馆批准，在上海公开登报招考两批432名木工、造船工，"契约"规定：木工月薪中储券1 200—1 600元（以月均中储券1 400元计，按100∶18的汇率兑换伪联币，折伪联币252元，月均工作日24天，则合日薪10.5元伪联币，即10.5日元），造船工月薪中储券1 600—1 800元（以月均中储券1 700元计，折伪联币306元，合日薪12.8元伪联币，即12.8日元）。⑤1944年

---

①铃木武雄. 现代日本财政史（上）[M]. 东京：东京大学出版会，1952：320.
②法律第三八号戦時補償特別措置法（昭1946–10–19公布）. 帝国議会通過法律審議要録. 衆議院法制局. 238–264. http://kindai.ndl.go.jp/info:ndljp/pid/1675011/132?viewMode=.
③居之芬等主编. 日本掠夺华北强制劳工档案史料集（下）[M]. 北京：社会科学文献出版社，2003：563.
④居之芬等主编. 日本掠夺华北强制劳工档案史料集（下）[M]. 北京：社会科学文献出版社，2003：569.
⑤居之芬等主编. 日本掠夺华北强制劳工档案史料集（下）[M]. 北京：社会科学文献出版社，2003：570–571.

## 理解 责任 道义
——在日华工遗骨归还问题调查

夏秋，日本"日华劳务协会"经日本使馆批准，在宁沪杭皖地区强募华工1 500余名，在"契约"所注劳动条件上，也规定日工资为中储券100—150元，折伪联币18—27元（即18—27日元）。①但占被掳赴日华工近一半的、由日本中国派遣军各战俘集中营供出的八路军或国民党军华工，恐怕就没有所谓"工资"规定或承诺。

尽管上述文件和契约中，日本政府和企业规定，支付华工的工资有一半应在日本就劳期间付给华工本人，以满足华工消费需求和向家乡汇款。但事实上，因日本企业主均"从监督官厅接到这样的指示：对于华人劳务者支付现金，就会有逃亡和赌博的行为发生，作为防止其一种方法，不使其持有现金"，②这就明白无误地告诉我们，战争期间，作为日本政府和企业共同执行的一项防止华工逃亡的重要政策，就是对所有华工在日本劳动期间均不支付任何工资。

通过上述分析可见，这些责任企业根本没有支付征用华工合同所规定的工资，可以说这些企业存在不当得利的过错。根据日本民法第704条（不当得利——恶意受益人的返还义务）规定，"恶意的受益人，应返还其所受利益并附加利息。如尚有损害，则负补偿责任"。③因此，相关企业至少应该负有补偿华工工资的责任。

同时，作为当事国的日本政府，通过国策将近4万华工强掳到国内的各个工厂强制劳动，这本身就说明日本政府存在抢掠他国劳动力的不当行为，并且以相关企业强掳、使用华工遭受损失为由，自战中到战后总计支付了56 725 474日元的巨额"损失补偿金"。而此项损失补偿金是以相关

---

①居之芬等主编. 日本掠夺华北强制劳工档案史料集（下）[M]. 北京：社会科学文献出版社，2003：576.
②上野志郎. 室蘭における中国人強制連行/強制労働の記録[M]. 東京：中国人殉難者全道慰霊祭事務局，1994：52.
③曹为. 日本民法[M]. 王书江，译. 北京：法律出版社，1986：137.

企业支付给华工工资以及停业、提供伙食为前提测算出来的。实际上相关企业根本没有支付给华工任何报酬，由此可以推断，得到巨额国家补偿款的相关企业存在着二重不当得利的过错。

### 三、中国各界对"华工基金"的态度与主张

2000年11月29日，中国被强掳到日本秋田的花冈受害者委托日本律师团与鹿岛公司达成了和解协议，决定建立"花冈和平友好基金"[①]，而在当天，鹿岛公司又对和解发表声明，否认自己奴役虐待华工的罪行，否认自己奴役华工的法律责任，否认这一基金含有补偿、赔偿的性质。[②]在具有法律效力的《和解条款》里将5亿日元的"花冈和平基金"定性为"香火钱"。"本件信托金，作为一种对在花冈事业场受难的人予以祭奠等的表示"，由中国红十字会"将本件信托金作为'花冈和平友好基金'进行管理"，是"用于对受难者的祭奠以及追悼和受难者及其遗属的自立、护理以及后代的教育等方面"，通俗来说，就是香火钱。《和解条款》第五条里，要求受害者领钱时要给被告写保证书，承认"和解条款"；即便是拒绝领钱的人也不能再向世界任何地方起诉，还要求中国红十字会和11名原告要为此负责。这能算是善意的和解吗？就是这样一个毫无公道公正公理可言的不平等条约，怎么能接受呢？

而且，就在"和解"宣布成立的当天，鹿岛建设公司通过因特网向全球宣布："因为是在战争时期，这些劳工所处环境十分艰苦，尽管本社诚心诚意予以最大限度的照顾，还是出现了许多人因病亡故等不幸之事，对此，我们一向深感痛心。"并特别指出："本基金的捐出，不含有补偿、赔偿的性质。"日本一些报纸说这是对中国被害人的"救济"。[③]对于5亿日

---

① 花冈受害者耿淳等11名控诉人与鹿岛建设株式会社2000年11月29日《和解条款》[N]燕赵都市报，2001-01-07. 特稿"花冈事件"和解内幕.
② 鹿岛"关于花冈事件和解的声明"[N]. 燕赵都市报，2001-01-07. 特稿"花冈事件"和解内幕.
③ 参见2000年11月29日、30日《朝日新聞》《産経新聞》等报刊对"花冈事件和解"报道评论等.

## 理解 责任 道义
### ——在日华工遗骨归还问题调查

元基金的定义，日本媒体在字眼上各行其是：有说是"救济金"[①]，也有说是"支援金"[②]，还有说是"补偿金"[③]。

参与此事的一些日本人认为这是一个突破，是一个胜利。但中国受害者、中国学者、中国民间和关注此事的各国华侨却不这么看。一开始中国的一些媒体和中国民众并不了解和解真相，有的认为这是鹿岛公司的"赔偿"，[④]但随着时间的推移，内幕的公开，人们才逐渐了解到事实的真相。"'花冈事件'已被写入教科书，包括一些右翼媒体在内，日本各大媒体都报道了以'花冈事件'为代表的日本强掳华工的史实，使之在日本社会得到了公认。"[⑤]中国的媒体却把这笔钱说成是"赔偿金"。[⑥]对"花冈和解"高度评价的另一观点就是："少数代表提起诉讼，986名受害者通过和解全部获得解决，这在日本战后赔偿史上是第一次。"[⑦]

但这样一份没有让原告充分知情的《和解条款》怎么谈得上是处理"今后同类案件"的"典范"？明明是为日本的军国主义行径遮羞抹粉，如何又变成了"对否定侵略战争的右翼势力"的"有力回击"？这样的和解内容只会模糊当初的史实，而不是使之得到公认。[⑧]

当时在日本留学的中国留学生、花冈暴动领头人花冈诉讼原告人之一耿淳之子耿硕宇首先对鹿岛公司提出抗议。[⑨]2000年12月，在北京召开的花冈诉讼日本律师团报告会上，一些中国受害者、中国学者对"和解条

---

[①]朝日新聞[N]．2000-11-29．読売新聞[N]．2000-11-29．東京新聞[N]．2000-11-29．産経新聞[N]．2000-11-29．
[②]社説「花岡事件和解成立」[N].日本経済新聞，2000-11-29．
[③]「花岡事件和解 鹿島の基金は5億円 戦後補償で最高額」[N].毎日新聞，2000-11-30．
[④]中国劳工获赔5亿日元[N]．北京青年报，2000-11-30；花冈事件诉讼和解[N]．人民日报，2000-11-30．
[⑤]郭际．是赔偿金，不是被告的慈善行为[N]．中国青年报，2002-04-26．
[⑥]北京晚报[N]．北京青年报[N]．2000-11-30．
[⑦]郭际．是赔偿金，不是被告的慈善行为[N]．中国青年报，2002-04-26．
[⑧]李旻．中国人的尊严——质疑"花冈和解案"[N]．南方周末，2003-03-17．
[⑨]参见花冈事件受难者联谊会干事耿硕宇2000年12月8日给新美隆的信，给父老乡亲的信。

## 世纪求索
## ——战俘劳工诉讼日本政府及加害企业赔偿案始末

## 第四章

款"提出质疑,对鹿岛公司的声明提出抗议。2001年1月7日,河北的《燕赵都市报》发表了长篇特稿《"花冈事件"和解内幕》,中国赴日劳工和花冈受害者纷纷表示义愤和抗议,原告诉讼团11人之一李秀深和花冈受害者遗属、亲属鲁堂锁、张永革、平计增、张月、鲁军平、张东、张计兰等人又联名写抗议书,并在《石家庄日报》上发表五条声明。他们认为"鹿岛公司的声明是对中国受害者极大污蔑",并表示要同鹿岛公司斗争到底。[①]

一些旅居国外的华侨对此反应也很敏锐,旅美华侨抗日战争史实维护会发言人丁元认为,"每人只赔得几万元实在不算什么,只是轻描淡写、交代过去","要小心这是一项调虎离山之计",是"以少量金钱封杀其他的法律诉讼"。[②]日本侵华浩劫纪念馆筹备委员会吴天威教授暨全体理事说得更尖锐,他们称"'和解条款'勿宁说是花冈惨案受难者及其家属的卖身契"。他们认为"鹿岛公司及其法律专家们视中国人之可欺与无知,以富豪资本家之心态给花冈受害者及其家属一些施舍,这不仅污辱受难者及其家属,其实质是轻视整个中国人。"他们要求鹿岛公司"重开庭外和解谈判,并"正式向受害者及其家属谢罪道歉"。[③]

学者何天义撰文指出:仅从以上我们足以看出和解确实存在相当严重的问题。应该肯定,长期以来,无私的声援华工的日本律师、专家学者、民间组织、华侨组织等友好人士和团体,为华工讨还公道,费了很多心血,做了很多工作,受害者对此也是深表感谢的。也应该肯定,"花冈和平基金"在华工索赔问题上是一个"突破"。但这个"突破",受害者并不满意,离花冈受害者当初提出的三条要求距离很大,鹿岛公司并没有谢罪赔偿。并提出对建立华工基金的看法。即提出"'基金'的建立,应该在正视历史的基础上完成";"'基金'的建立,应该有正确的目的";"'基

---

[①] "花冈事件"对日索赔又起波折[N]. 石家庄日报(都市周末版),2001-01-19.
[②] 参见何天义《再论在日本建立华工赔偿基金问题——兼评花冈受害索赔事案和解的协议和鹿岛公司的声明》人民网http://japan.people.com.cn/2001/03/29/riben20010329_3630.html.
[③] 欺骗花冈惨案受害者制造"和解条款"——向日本鹿岛建设株式会社提严正抗议![N]. 侨报,2000-12-23.

'金'的建立,应该以当事人的意志来决定"。"'基金'的建立,应该体现谢罪和赔偿两个方面";"'基金'的使用,应该面对所有被强制劳动的受害者";"'基金'的使用,应该根据受害者的情况区别对待"。并严正指出"没有赔偿的谢罪,是虚伪的谢罪;没有谢罪的赔偿,不是真心的赔偿"。①

著名和平学家约翰·保罗·莱德里奇提出和平、真相、正义、宽恕是和解的核心要素。和解是上述四方面相结合的过程:真相渴望罪恶能够昭然若揭,痛苦和磨难得到同情和确认。但真相又与宽恕相伴,摆脱过去和重新开始是必须接受的观点。正义是对个人和团体利益、社会重建和补偿的探求,但它又与和平相连,和平强调的是相互依存、健康欢乐和平安幸福。②

而日本学术界则认为花冈事件诉讼案是中日民间层次的"历史和解"的初次尝试,是东亚历史和解的基本模式——"花冈和解"。"花冈和解是在'信托方式''基金方式''全体解决方式''民间方式'的战后补偿审判中少见的大胆尝试,世界瞩目"。

"和解"成立之后,日本媒体铺天盖地一片盛赞。《朝日新闻》称花冈事件和解为"战后处理的一大里程碑","具有划时代的意义"。《每日新闻》说:"这一模式将为今后同类案件的解决树立典范。"还有的说:"花冈受害劳工索赔成功对否定侵略战争的右翼势力是一个有力的回击。"

但"花冈和解案"得到日本右翼的赞赏是真。日本右翼报纸《产经新闻》2000年12月1日在题为《花冈事件和解——主张:非战后赔偿的解决方法》中说道:"和解内容是由鹿岛出资5亿日元设立'花冈和平友好基金',对受害者进行救济。我们认为这是一个为避免无益争执的现实解决方法。"还说:"这一次的和解并没有改变战后赔偿以及战后补偿问题的框架。"应该说这一解决方式是顺应了被告鹿岛建设公司和日本右翼的想法才得以实现的。

---

① 何天义. 日本での「強制労働賠償基金の設立」に関する問題を論ず[J]. 法と民主主義. 特集Ⅰ時代の逆流をゆるさない そして未来へ——2000年日中共同シンポジウム·中国司法制度調査から——2000.11.

② 刘成. 和解是一种相互依存的思想和力量[N]. 时代周报,2009-12-10.

## 世纪求索
——战俘劳工诉讼日本政府及加害企业赔偿案始末

对这笔钱最具权威的发言只能是审理此案的东京高等法院发布的具有法律意义的《和解条款》。[①]在该"条款"的字里行间只字未提"赔偿金",也没有丝毫赔偿之意。而事后鹿岛建设公司更是特意声明:"本基金的捐出,不含有补偿、赔偿的性质。"

据华工对日诉讼援助律师康健的说法,作为"全面解决"具体对象依据的 38 935 名华工名单中,目前已知下落的在 5 000 到 1 万之间。一项福利性"政策"出台的一个基本条件,是对其受惠"对象"范围的确定和身份的掌握。根据目前国内情况,如果在缺乏此基本条件下出台政策,将来可能难以把握出现的各种情况,甚至导致混乱。

目前在国内,有能力进行以日本《外务省报告》38 935 人名单为基本依据的华工下落全面调查、查清其身份或进行遗属身份确认的,只有政府机构。为不使目前的这一劳工身份确认现状成为实现"全面解决"的技术性障碍,有关机构和部门应该负起责任来,全面启动这一调查。该调查内容可以附带劳工幸存者及其遗属对于"全面解决"提案条件的意见确认。此项调查不能再被耽误下去了。

根据地方研究者、调查者近 10 年对 1 000 多名劳工幸存者的调查采编的《"二战"掳日中国劳工口述史》,[②]许多华工提到,他们在日本用的是别名。河北省东光县地方调查者郑欣在调查中发现《外务省报告》名单中遗漏的实例,比如,几位同村被掳到日本同一工厂做强制劳工的幸存者,有一位在《外务省报告》中就没有名字,其他人都有,还有些名字写错的。这些都说明,许多细节需要通过劳工本人才能得到确认。此外,如同学者、研究者在专著中一再指出的,《外务省报告》有很多纰漏和出入。为了使当年受尽千难万苦的华工们的权利得到保护,必须立即开展全面调查。

至于日本方面,一份经过确认的名单,包括对于"全面解决"提案条

---

① 参阅李恩民. 日中歴史和解プロセスの基礎の研究:花岡和解を事例に[J]. www.jfe-21st-cf.or.jp/jpn/hokoku_pdf_2009/asia07.pdf. 2010(01):73-74.
② 参阅旅美华侨纪念南京大屠杀受难同胞联合会(纽约). 中国近代史口述学会(纽约)编辑委员会. 日本侵华战争遗留问题民间研究网何天义研究室联合采编. "二战"掳日中国劳工口述史[M]. 济南:齐鲁书社,2005.

件的认可,将非常有利于在国会和行政领域推动"全面解决"提案的通过和采纳。在日本,一项政策的制定、通过,要根据掌握的实情,对所有细节经过反复考虑、安排妥当后,才最终决定。

## 第三节  华工诉讼日本政府及加害企业赔偿案的困境

### 一、受害者谋求政治解决

中国受害华工要求日本政府和加害企业承认"二战"中将中国受害者强掳至日本的事实,以及在日本国内各工地强制劳动的事实,并表示谢罪。作为谢罪的证据,由日本政府和加害企业及企业集团设立总额为1 000亿日元的基金,用于向受害者及其遗属支付补偿金,同时用于强掳华工、强制劳动的调查、研究和教育事业,以及肩负着未来的青少年的中日交流事业。

如上文所述,对于西松强掳案件,最高法院的建议即劝告中,向"包括被告人在内的各有关方面"提出了给"受害者受害救济"的要求。这里所说的"包括被告人在内的各有关方面",显然是指包括西松建设在内的所有加害企业,以及根据内阁会议决定而作为国策实施强掳劳工、强制劳动的日本政府。显示出最高法院正视受害事实的严重性,认为日本政府及加害企业应当给中国受害者救济,承担人道上的、道义上的、政治上的责任。

### 二、国际视域下的华工强迫劳动犯罪与主体反省对比

(一) 德国政府与相关企业的认罪与反省

1. 政府要人的战争责任意识

半个多世纪以来,德国政府虽然几经更迭,但在对待战争问题的立场和态度上却始终如一,敢于直面历史,勇于承担罪责,他们抓住一切机会向全世界认罪,并用实际行动来清算过去,表现出一种令人钦敬的"道德的勇气"。

## 第四章 世纪求索
——战俘劳工诉讼日本政府及加害企业赔偿案始末

1949年12月7日,联邦德国第一位总统奥多尔·豪斯在谈到纳粹对犹太人犯下的滔天罪行时说:"这段历史现在和将来都是我们全体德国人的耻辱。"1951年9月27日,联邦德国第一位总理、被誉为德国"经济之父"的阿登纳在政策声明中表示:"新的德意志国家及其公民只有感到对犹太民族犯下了罪行,并且有义务做出物质赔偿时,我们才算令人信服地与纳粹的罪恶一刀两断了。"此后,对过去的清算便一直在德国进行着。阿登纳对法国的道歉,赢得了法国人民的宽恕,为德法和解和双边关系的发展奠定了基础。最令人难忘的要算1970年12月勃兰特总理出访波兰时,在众目睽睽之下,双膝跪在犹太人死难者纪念碑前,向波兰人民谢罪的惊世之举。这一出乎意料的举动使在场的所有人为之动容。民意调查显示,约有80%的人非常赞赏勃兰特的举动,认为这种出乎意料的方式,更充分地表现了德国人集体悔罪的诚意而为大多数德国人所接受。此举也赢得了波兰人民的理解和信任,为"结束一段充满着痛苦与牺牲的罪恶历史"迈出了重要的一步。[①]

1985年5月8日,西德总统魏茨泽克在法西斯德国战败投降40周年纪念活动中,发表了关于战争罪责问题的演说,毫不含糊地谴责了德国发动侵略战争的罪行,要求德国人永远牢记历史教训。他说:"我们德国人醒悟到,历史问题是无法克服的,是难以洗刷掉的,也是不能回避的。无论我们大家有罪与否,也无论我们是老是少,都不得不接受历史,我们大家都受到历史后果的牵连,都要对历史负责任。"就在这次引起轰动的讲话中,魏茨泽克重新评价了5月8日即德国投降日的意义。他认为,德国在战后40年一直将这一天定为"战败日"是不妥的,他说"这一点越来越清楚,今天我们大家应当说,5月8日是解放的日子,它把我们大家从国家社会主义的独裁中解放出来了。"[②]据德国舆论界所做的民意调查,有80%的德国人认为5月8日是解放日,只有12%的德国人认为是战败日。

---

[①] 金铎. "二战"后德国的战争赔偿与反省[J]. 团结,2005(5):44-45.
[②] 殷寿征. 联邦德国总统理夏德·冯·魏茨泽克[J]. 世界经济与政治,1990(11):72.

## 理解 责任 道义
——在日华工遗骨归还问题调查

1994年8月1日，在波兰纪念反法西斯的华沙起义纪念仪式上，赫尔佐克总统再次诚恳地向波兰人民谢罪。他说："德国人对于德国这个名字和数百万波兰人的苦难联系在一起心中充满愧意……我在华沙起义的战士和战争受害者面前低下我的头，我请求你们宽恕德国人给你们造成的痛苦。"①对于他的这一番沉痛悔罪的讲话，在场的波兰人报以热烈的掌声。

1995年是世界反法西斯战争胜利50周年，世界各国都举行了高级别的纪念活动。德国总理科尔参加了在本国、俄罗斯和英国举行的大规模纪念活动。他在莫斯科参加纪念活动时发表讲话："我向死难者低头，请求宽恕。我们在莫斯科缅怀遭受过希特勒造成的种种灾难的俄罗斯人以及苏联其他民族的人。"总统赫尔佐克则率领政府要员到贝尔根—贝尔森集中营的旧址向当年的无辜死难者致哀。他们悼念的是"无辜死难者"，而不是当年德国的"阵亡士兵"。

1998年11月，赫尔佐克总统在纪念犹太人惨遭纳粹屠杀大会上讲话说："60年前对犹太人的屠杀是德国历史上最恶劣的、最无耻的事件，国家本身成了有组织犯罪的凶手。"②

德国正是由于采取了上述正确对待历史的态度，才减少了周边邻国对德国重新统一强大的疑虑，赢得了被侵略国家的信任，德国也因此才能更加积极主动地在战争赔偿上积极行动。

2. 政府为保证赔偿而立法

自1949年8月22日联邦德国通过了为纳粹受害者而制定的《人权和私有权法》《为战争受害者提供帮助法》后，于1956年又制定了《赔偿受纳粹迫害者联邦法》《为纳粹受害者赔偿联邦补充法》，1957年则制定了《赔偿受害人类别和原则法》。而且，每次新法的出台或对上述法律的修正结果都将赔付范围扩大了。为实施这些基本的赔偿法，又制定了几个相应的辅助法，以帮助那些纳粹歧视政策的受害者。1992年5月1日，德国统一

---

① 王剑南. 德国总统罗曼·赫尔佐克[J]. 世界经济与政治，1996（3）：80.
② 彭玉龙. 谢罪与翻案[J]. 视野，2001（7）：6—7.

两年后,《联邦德国对纳粹占领区受害人赔偿法》出台。根据新法,那些在前联邦德国时期因故不能得到赔偿的纳粹受害者可以重新提出申请,特别是那些以前居住在民主德国的受害者。该法赔付的范围包括:因种族、宗教、意识形态等原因遭受纳粹迫害者,并导致健康受损、个人自由被剥夺、经济和专业发展受阻、个人财产受损者。到 1997 年 1 月 1 日,除个别情况外,受理的 735 076 件申请已经根据以上有关法律得到解决,这些法律还适用于在德国领土之外但以前曾属纳粹占领区内被没收的财产。

1992 年 5 月 13 日,德国与美国达成协议,根据美国 1976 年 10 月 18 日《公共法 94—542 号》及《国际追讨处置法案》解决了 1 900 份赔偿申请,美国公民在前民主德国和东柏林被没收的财产皆可追讨。这些协议给那些不适用于赔偿法或自愿选择一次性了断的申请人一次性的补偿。当初,联邦政府所签订的国际协议曾将赔付额限定在 15 亿之下,但目前总额已超过了 39 亿。当所有赔付申请完成后,德国政府的赔付额恐怕要超过 40 亿。

1998 年至 1999 年间,波兰、美国、俄罗斯的众多幸存纳粹劳工向本国或德国法院提出诉讼,起诉德国企业在"二战"期间使用劳工,向纳粹战争机器供应战争物资,并从中获利。在这种情况下,德国联邦政府决定,无论受害者的起诉对象是德意志联邦共和国还是各个企业,德国将全面对战时劳工实行赔偿。当时的总理府部长洪巴赫领导一个专门小组与有关企业协调,制定了实施赔偿的具体方案。经过艰难的谈判,以德意志联邦共和国和德国企业界为一方、中东欧和美国受害者组织为另一方,终于在 1999 年底达成协议。

一年后,依据协议设立的"记忆、责任和未来"基金会成立,该基金会的 100 亿马克赔偿金(约合 46 亿美元)由德国联邦政府和德国企业界各提供一半。

"记忆、责任和未来"基金会的成立是通过法律形式确立的。2000 年 8 月 2 日,德国联邦议院通过了所谓的"赔偿基金法案",对哪些人有资格申请纳粹劳工赔偿,以及各个赔偿项目的资金数额都做了明确规定。

时任总理施罗德曾把纳粹强制劳工称作德国历史中"痛苦的一章",他说,他对"纳粹时代遗留下来的这一困难和痛苦篇章的终结"感到如释重负。

3. 德国公司积极参与赔偿活动

在纳粹统治时期,德国一些知名大公司也都曾不光彩地使用过纳粹军队抓来的所谓"强迫劳工",从这些人几乎无偿的劳动中敲骨吸髓,积累财富。战后,为了偿还纳粹所犯罪行的历史旧帐,除了政府赔偿以外,一些在纳粹统治时期曾残酷压榨集中营囚犯,强迫他们做苦役的大公司也曾以赔偿的形式来洗刷自己的罪恶。1951年 IC 公司[①]赔偿250万马克;1988年奔驰公司对战时在该公司被迫服劳役的犹太人支付2 000万马克;1991年大众公司向犹太民间索赔团支付1 200万马克。大众公司还将强迫犹太人服劳役的史实载入公司史册。公司大门口树有纪念碑,碑文上写道:"怀念政治的、种族主义的受害者,怀念战时俘虏,怀念来自欧洲各国的强制集中营受害者,怀念在 VW 工厂[②]因军需和战争而备受虐待的几千强制劳役者。"该公司每年都送新职员到集中营遗址祭扫,学习历史。

但是,冷战时期东西方对峙的战略格局,使得许多符合赔偿条件的东欧非犹太人无法得到赔偿金。而一些得到赔偿金的人,也认为赔偿数额与他们所受的迫害相比,实在是微不足道,要求追加赔偿。尽管苏联和波兰在有关条约中都声明过放弃向德国提出赔偿的要求,但这不能限制强迫劳工的个人赔偿要求。冷战结束后,他们的要求一并被列入索赔清单。

美国的一些司法机构受理了"纳粹劳工"幸存者或他们的后代联名提起的公诉,要求德国企业进行赔偿。1999年初,代表"纳粹劳工"的美国律师团向德国政府提出了赔偿要求。美国律师提出德国企业界至少应该赔

---

[①] 德国第一家电子公司。参阅田小惠. 德国战败赔偿政策研究1939—1949 兼与日本赔偿政策的比较[M]. 北京:中央编译出版社. 2012:218.

[②] "VW"是德文VolksWagen(意为大众车)的缩写。"大众"牌轿车,是1931年由德国汽车界奇才费尔迪南德·波尔舍主持设计的,1937年9月16日"大众股份有限公司"正式成立,总部设在沃尔夫斯堡。

偿 50—75 亿美元，而德国企业界只答应最多赔付 40 亿美元。对此，德国犹太人协会的代表气愤地说，德国企业界提出的赔偿金额简直"小气得可笑"，德国新闻媒介的大部分评论也指出，德国面对的"纳粹劳工"问题不仅仅是一个钱的问题，而且是一个政治态度问题，德国企业界应该勇敢地承担起自己的道义和历史责任。1999 年 2 月，在美国律师团和国内外舆论的压力下，德国方面终于做出巨大让步，包括大众、奔驰在内的 65 家德国大公司提出了为"纳粹劳工"设立巨额赔偿基金的建议。德国政府和企业界的代表开始与有关各方的代表展开谈判，磋商设定赔偿标准以及分配方案等事项。谈判是相当艰苦的，经过长时间的争论，德美双方于 1999 年底最终达成一致：德国方面同意将赔偿金额由过去所坚持的 40 亿美元提高到 50 亿美元，这笔资金由德国政府和企业共同承担，德国财政部长艾歇尔甚至表示将考虑变卖国家资产以弥补资金的不足。作为回报，美国方面则表示，这笔赔偿将是一次性的，赔偿落实后，美国法院将不再受理"纳粹劳工"幸存者或他们的后代提出的其他赔偿要求。

1999 年 12 月 17 日，美国财政部副部长斯图尔特·艾森斯塔特在记者招待会上说："这对德国来说是一个重要的日子，它再一次向世界表明一个国家是如何承担起它的责任的。"一同出席记者招待会的德国总理施罗德说，德国的历史"可能是我们无法治愈的伤疤，但我们也许能略微减轻它所带来的痛苦"。[①]

尤其值得一提的是，这笔赔偿金的分配方案专门划出 3.5 亿美元用于成立教育下一代的"未来基金"，赞助对纳粹实施"奴役劳工"和"强迫劳工"政策的历史研究，并加强在大中小学里的教育，以提高青少年对大屠杀等纳粹暴行的认识。即使其动机包含一定的商业目的，但从道义与长远经济收益上来说，不失为一种明智之举。美国犹太大会主席以色列·辛格说："这些公司愿从道义和物质上给予赔偿的态度是令人鼓舞的。"

---

[①]46国签署宣言敦促归还纳粹大屠杀受害者财产[EO]．中国新闻网．2009-07-01．http://www.china.com.cn/news/txt/2009-07/01/content_18045609.htm．

2000年夏季创立了"记忆、责任、未来财团",由国家和企业各承担一半的补偿金,从2001年开始向166万余名被强制劳动的受害者支付43亿7300万欧元(约7100亿日元)的补偿金。

德国人建立赔偿基金的另一个原因在于,当今德国人中不断加深的为其父辈所犯罪行的内疚感。多数德国人不齿纳粹当年的暴行,创建这项基金的意图就是为了承担一种历史的责任,同时,使自己从"二战"的阴影中摆脱出来。德国政府及其企业界领导人是否真从道义角度提供了这些捐款并不重要,但建立这项基金本身无可非议,而且为其他有同样问题的国家提供了一条在国际社会中的"为国之道"。

(二)国际社会敦促归还纳粹大屠杀受害者被剥夺财产

2009年6月30日,46个国家的代表在捷克小城泰雷津签署《泰雷津宣言》,敦促各国政府重视归还纳粹大屠杀受害者被剥夺财产的工作。

作为一份不具备法律约束力的文件,《泰雷津宣言》重申了1998年在华盛顿举行的类似国际会议提出的原则,要求各国把1933—1945年之间大屠杀年代纳粹法西斯及其合作者通过包括盗窃、强迫收购、没收等各种手段掠劫的艺术品、不动产和平地归还给受害者或他们的遗属。

那些无人继承的财产应当交给相关的基金会,把它的收益用于对大屠杀受害者的社会补偿和进行大屠杀原因及后果的宣传教育。

《泰雷津宣言》还宣布在泰雷津设立欧洲纳粹大屠杀研究所,协调和促进大屠杀受害者财产归还工作,开展反对一切形式的宗教或种族歧视,反对仇外和反犹太主义、反罗姆人的情绪的教育活动。

### 三、制约华工赔偿诉求的瓶颈

#### (一)赴日诉求的困难

自中国实施公民出入境管理法以来,关于因私出国方面,有着极为严格的申请和审批程序。特别是1986年,中国政府尚未认可个人可以自由地行使战争受害赔偿请求权,国内的政治状况是不允许一般国民为了对日诉求赔偿权而申请出国的,即便是提出了出国申请,也往往出于恐怕给国

## 世纪求索
## ——战俘劳工诉讼日本政府及加害企业赔偿案始末

### 第四章

家利益造成重大损失为由,遭到拒绝。直到 1995 年 3 月,时任外交部长钱其琛发言前,以对日诉讼为目的的出国无论是在政治上,还是在制度上都是不可能的。

特别是,为了领取旅游签证,需要以必要的旅行所需外币费用证明为要件。像这些已然高龄,定居在乡村从事农业的对日诉求受害赔偿的人来说,无论如何是承担不起高额旅行费用的。可以说,这是一种被动的经济强制,不单是对受害者个人的事实障碍,更是对全体受害人的共同的客观障碍,也可以说一种法律上的障碍。

即使中国政府给国民因私出国签证了,如果没有日本政府的入境签证的话,也是无法去日本的。日本的入境管理相当严格,必须要有居住在日本的身份介绍人,同时规定,身份介绍人还必须负责帮助签证申请人办理介绍保证书、逗留日程表、身份担保人的证明书等必要的书面资料。为了审明身份介绍人负担申请人在日本期间的费用以及归国费用的经济能力,身份介绍人还必须提供纳税证明书(收入证明书)。负担不起赴日往返费用的受害者个人,无论如何是无法获得入境许可的。

因而,如果得不到日本律师和志愿者帮助的话,在 1986 年 2 月前获得日本入境签证许可事实上是不可能的。

虽然 1972 年 9 月 29 日《中日联合声明》的发表,恢复了邦交正常化。并且,日本与中国于 1978 年 10 月 23 日缔结了《中日和平友好条约》,确立了真正的外交关系。但是,此后很长的时间里,中国国民出国的自由是不被认可的。直到 1985 年 11 月 22 日制定,1986 年 2 月 1 日实施的《公民出入境管理法》,以及同年 12 月 26 日公布、施行的《公民出入境管理法实施细则》,初步规定了国民出国的手续。根据该法第 5 条规定,如因私出国,向市、县或者公安机关提出申请即可,除该法第 8 条所定事项外,全部得到认可。

该法第 8 条规定:除刑事事件的被告人、嫌疑人等外,由国务院相关主管机构认定的出国后给国家安全带来危害,或者给国家利益造成重大损失的人,是不允许出国的。同时,根据该法实施细则第 2 条第 2 项规定,

所谓的私事是指定居、访问亲友、财产继承、留学、就业、观光及其他公务外的活动。但是，根据该法实施细则第3条、4条的规定，出国之际，如果是探访亲友，则必须出具亲友的接待证明，如果是观光，则必须出具必要的外币费用证明。

### （二）获得日本律师等法律援助的困难

受害华工为了自身的基本人权，不仅需要向日本诉求，而且还需要日本方面的辩护律师来中国受理诉讼请求。同时，受害华工为了案例审理的赴日行为还要受到日本方面的身份担保人的制约。因而，日本方面的辩护律师和志愿者有必要来中国与受害者会面。中国直到1986年2月1日才开始制定实施《外国人入境出境管理法》，根据该法及实施细则的规定，外国人在入境、通关及居住中国国内之际，必须得到中国政府主管部门的许可，如入境之际，被认定为有从事危害中国国家安全和利益的活动嫌疑的人，是不允许入境的。

以日本政府和相关企业为战后赔偿请求诉讼对象的做法，直到钱其琛外交部长的发言（1996年3月）前，一直持续恶化中日关系。因此，以推进诉讼活动为目的的入境请求，也往往被视为危害中国国家安全和利益的活动，被断然拒绝。所以，日本方面的辩护律师来中国受理诉讼委托代理权一事，在1986年3月以前是不可能的。

### （三）受害者及遗属的经济窘况

渡过劫难而活下来的受害者均已经高龄，且没有了任何收入。同时，由于曾被强掳至日本从事苦重的体力劳动，身心遭受了深深的伤害，即使回国后也因生活的窘迫，过着极为困难的生活。

同时，从当时中国的国民生活水平来看，1995年农民家庭人均月纯收入为131.47元（当时汇率为1元16日元，折合2 103日元），2002年人均月纯收入也仅仅为206.33元（当时汇率为1元16日元，折合3 301日元），从农村到北京的旅费、往返日本的旅费，加上在日本期间的生活费等其他费用，巨额费用是这些人无法承担的。因此，从这一点来看，受害人的维权行为在事实上已经是不可能的。截至目前为止，所有的对日诉讼案件所需费用全部为辩护律师团及日本的援助者筹措的。

因此可见，如果不改变目前对受害者及遗属的经济援助体制，那么，作为一种现实问题，受害者及遗属在日本法院提起诉讼的可能性也终将化为泡影。

**（四）证据的散失及不确定性**

受害者及遗属根本不知道被强掳到日本强制劳动的全部事实。同时，也因受战后初期混乱的中日关系的影响，中国政府本身不掌握关于掳掠华工及强制劳动的客观且准确的资料。

最终使诉求成为可能的是1993年5月17日，日本NHK电台综合第一频道新闻报道的《梦幻的〈外务省报告书〉》，再次证实了此类资料存在的真实性，进而催生了对日赔偿诉求运动的发轫。外务省公布的资料显示，初步明确了关于掳掠华工、强制劳动的日本政府及相关企业的操作细节和责任分工等事实，同时也证明了赔偿责任归属问题。这些资料是受害者及遗属维权必不可少的证据，可以说是维权的必要条件。但是，根据《外务省报告书》的记载，对于强掳华工的经过、政府及相关企业的具体做法、被掳华工的人数等方面不甚明了，特别是关于强掳华工的全部信息、哪些华工被掳掠到哪个企业，被强制劳动的具体时间等方面的信息，均没有构成遇难者及遗属维权的不可或缺的证据。

但是，中国政府关于损害赔偿请求的态度的变化，最终促成了民间对日诉求运动兴起。中国政府当初在《中日联合声明》当中根本没有明确表态，没有放弃国民个人对日本政府及加害企业的损害赔偿请求权。法学研究者童增在1992年向全国人民代表大会提交了关于中国根据《中日联合声明》，仅仅放弃了政府损害赔偿，没有放弃民间个人损害赔偿的议案。但是，此时的外交部长钱其琛和江泽民总书记在接见媒体时回避了民间赔偿这一问题。

其后，1996年3月，钱其琛首次明确表态，指出：《中日联合声明》放弃的是国家间赔偿请求权，并不包括个人赔偿请求权，不会阻止中国国民的民间赔偿诉求的行动。

# 第五章 法 网 恢 恢

——关于日本政府在华工遗骨归还责任问题上的法学考量

日本侵华战争行为是不争的事实,其间,日本政府及企业推行的强掳华工政策以及残暴的奴役更是无可辩驳的历史事实。因此,近4万华工所经历了无法用笔墨和言语描述的苦难经历,严重侵犯了人的尊严。但是,时至今日,日本国家和企业不但没有诚挚的谢罪和补偿,而且采取狡猾的手段隐匿其自身的国际犯罪事实。日本政府在华工遗骨归还责任问题上的掩饰、拖延与辩解行为,违背了国际法与国内法的有关规定,因而具有不可推卸的法律责任。日本政府及相关企业在劳工遗骨归还问题上不仅负有金钱损害赔偿的责任,而且还负有公开谢罪道歉的义务。

同时,我们更应该认识到:日本政府对受害华工及遗属的公开道歉和谢罪已经不仅仅是对原告方的精神慰藉,也事关日本国家及企业在21世纪能够作为国际社会一员得到国际社会信赖和尊重的问题,即事关日本21世纪的国际形象和国际影响力的问题,更进一步说,事关日本的大国化目标实现的问题。

# 法网恢恢
## ——关于日本政府在华工遗骨归还责任问题上的法学考量

## 第一节　日本政府强掳华工强迫劳动的不法行为性

### 一、日本政府违反了禁止强迫劳动条约

1926年，国际劳工组织理事会对于强迫劳动现象进行调查研究，并通过了《禁奴公约》。在此基础上，1930年的国际劳工大会通过了《强迫或强制劳动公约》（Forced Labor Convention）（国际劳工大会第29号公约），重点要解决殖民地的强制劳动问题。[①]根据该条约第2款第1项"强制劳动"是指"处于处罚威胁下的强硬要求或者完全违背当事人的意愿的一切劳动"。第1款第1项规定"批准本条约的国际劳工机构各缔约国在尽可能短的期限内，废止一切形式的强制劳动"。同时，第25款规定"强制劳动的不法行为应该作为刑事犯罪而加以处罚，或者依据法令确保刑罚的真正实施。此为各缔约国应尽的义务"。[②]公约特别要求各国"主管当局不得为私人、公司或社团的利益征用或准许征用强迫或强制劳动。"鉴于当时世界范围内的有关问题较为普遍、严重，公约允许各国在过渡时期逐步通过立法、行政和司法手段，予以解决。但是，各成员国在过渡期间也应当积极努力，"在过渡期间，只有为了公共目的和作为例外措施时，方可使用强迫或强制劳动。"1930年公约构成了世界上废除强迫劳动基础性的法律规范。

---

[①] 强迫劳动（forcedlabor），又称强制劳动，是以限制甚至剥夺人身自由或者以精神胁迫等方式，违背劳动者意志，迫使其劳动的违法行为。或者按照国际公约的定义，它是"以处罚相威胁，强使任何人从事其本人不曾表示自愿从事的所有工作和劳务"的行为。（参见国际劳工组织1930年6月28日通过的《关于强迫劳动的公约》第二条。该条也规定了例外情形，包括：履行兵役义务的劳动，国家规定的公民义务，罪犯因国家对其执行刑罚而被强迫的劳动，因紧急情况而强征的工作，轻微社区劳务等。）

[②] 强迫或强制劳动公约（国际劳工组织第29号）1930-06-28．澳门第44/2002号行政长官公告．

——在日华工遗骨归还问题调查

日本政府于1932年10月15日批准该条约,并于同年12月6日公布。该条约于1933年11月21日生效。由此可见该条约不仅仅可以视为日本强掳华工、强制劳动发生以前的国际法,而且,可以视为国内法而发生效力。日本政府理应履行条约义务,以刑法制裁强掳劳工、强制劳动行为,但是事实恰恰与此相反,政府开始就策划强掳劳工方案,并与企业一起进行了大规模的不法行为。根据此项国际犯罪行为而造成的广大劳工生命、身体以及财产的重大危害行为已是不争的事实。日本政府的强掳劳工以及强制劳动行为是践踏《禁止强制劳动条约》的犯罪行为。

## 二、日本政府违反海牙陆战条约

1908年制定之《海牙陆战规则》[1]明文规定:"交战时避免破坏和平居民的财产,对妇孺、病人及老年人应加以保护;禁止破坏或掠夺敌人的财产;对被占领区居民,不准强征物资及劳役。"

在战争中遭受损害的华工遗属提出个人损害赔偿请求的主要法律根据是国际人道主义法,特别是1907年海牙公约(即《和平解决国际争端公约》[2])。在"战时也应该遵守的法规"这个意义上,这些公约被称为战争法规或战时国际人道主义法,违反这些公约的行为构成战争犯罪。战时国际人道主义法和不限定于国家间战争时、也不区分敌国国民、中立国国民和本国国民的普遍人道主义法(如反人道罪等)合称为国际人道主义法。在战争中遭受损害的华工个人请求损害赔偿的法律根据的中心,正是这1907年海牙公约(正式名称为《陆战法规和惯例公约》[3]第3条,该公约特别对加害国课以向受害者个人进行损害赔偿的义务。该公约第3条规定"违反前述规则的条款的交战方,在损害发生时,应对损害负赔偿责任。交战方对组成其军队的人员的一切行为负其责任"。

---

[1]吴天威. 日本在侵华战争期间迫害致死中国劳工近千万[J]. 抗日战争研究, 2000(1): 145.
[2]叶兴平. 国际争端解决重要法律文献(中英文对照本)[M]. 北京: 法律出版社, 2006: 3.
[3]高木喜孝. 舒雯. 中国战后补偿诉讼中的国际法争论点——个人请求的原则、海牙公约精神的复苏(上)[J]. 中国律师, 2001(08): 107.

## 第五章 法网恢恢
——关于日本政府在华工遗骨归还责任问题上的法学考量

该条文所提到的"前述规则"是指《陆战法规和惯例的附属规则》(以下简称"附属陆战规则"),共有56条,包括:给予战俘以人道待遇(第4条);禁止攻击无防备的城市(第25条);禁止掠夺(第28条);对占领军的权力进行限制,如"尊重家族荣誉和权利、个人的生命、私有财产和宗教信仰及其实践,禁止没收私有财产"(第46条)等具体的规则。占领军对占领地居民实施的不人道行为,违反该附属陆战规则。[①]

"二战"后,审判德国纳粹战犯的《纽伦堡法案》[②],后来也适用于审判日本法西斯战犯的东京审判的"违反人道罪",更明确规定:"即在战前或战争期间对平民所犯的谋杀、毁灭、奴役、放逐及其他非人道的行为……无论其罪行是否违反罪行发生的所在国家的国内法律,皆视为犯法。"

日本政府于1911年11月6日批准了1907年《陆战法规和惯例公约》(以下简称《海牙陆战条约》)。1912年1月13日公布,同年2月12日生效。1907年定立的《陆战法规和惯例公约》的前文部分就明确昭示了"在颁布更完整的战争法规之前,缔约各国认为有必要声明,凡属他们通过的规章中所没有包括的情况,居民和交战者仍应受国际法原则的保护和管辖,因为这些原则是来源于文明国家间制定的惯例、人道主义法规和公众良知的要求。"同时明确宣布条约所规定的义务不仅是根据条约而产生的,而且是根据"人道法的一般原则"直接产生的,因而对一切非加盟国也理应具有约束力。

由此可见,该条约在强掳劳工以及强制劳动以前,其不仅具有作为国

---

① 1907年陆战法规与惯例条约.第三编在敌国领土内的当局[EB/OL].红十字国际委员会(ICRC). http://www.icrc.org/chi/resources/documents/misc/hagueconvention4-18101907.htm.

② 《纽伦堡法案》(NürnbergerGesetze)在1935年9月15日颁布,这项法案包括了两部分:第一部分是规定只有德国人、有雅利安血统的人有公民权力,剥夺犹太人公民权的国家公民法案(Reichsbürgergesetz);而第二部分是维持德国人血统纯正的法案(Gesetzzum Schutzedesdeutschen BlutesundderdeutschenEhre)两部分。这是希特勒残害犹太人一系列规定的其中一项。作为一系列残害犹太人的行为之一,纽伦堡法案是早期,或者可以说,首先把这样的意识形态列入法条的行为。之前提到纽伦堡法案的两大部分都有一个共通的主题,就是"种族歧视":认为自己的德国血统是优秀的,只有这样的血统才能有公民权,而别的种族都是应该被消灭的。

## 理解 责任 道义
——在日华工遗骨归还问题调查

际法的效力，而且具有作为国内法的效力。该条约在其占领地也应该遵守的条款中规定：第20条"在媾和后，应尽速遣返战俘。"第22条"交战者在损害敌人的手段方面，并不拥有无限制的权利。"第43条"合法政权的权力实际上既已落入占领者之手，占领者应尽力采取一切措施，在可能范围内恢复和确保公共秩序与安全，并且除非万不得已，应尊重当地现行的法律。"；第46条规定"家庭的荣誉和权利、个人的生命和私有财产以及宗教信仰和活动，应受到尊重。私有财产不得没收。"；41条"在交战当事国的国家中，对于因其军队的构成人员违反海牙陆战条约规则的行为导致个人损害应负赔偿责任"。①

1958年3月29日，日本国会议员吉田法晴在预算委员会会议上曾经针对政府强掳劳工和劳工遗骨送还责任问题提出了质疑，严正指出政府具有完全的责任，因而政府必须应对民间的呼声，明确回应国际社会和民众的呼声。

日本政府强掳华工的方针与政策早在东条内阁时期就已经确定并推行了，因而日本政府在华工遗骨问题的产生、遗骨送还等问题负有不可推卸的责任。但是，作为首相的岸信介在众议院外务委员会及其他委员会的例会上的发言中，多次表态，认为刘连仁等人当年在明治矿业得到了应有的照顾，并强调说自己作为自民党的干事长，在遗骨送还等问题的解决上，做了尽可能的事情。内阁总理的如此表态，实际上说明了政府的责任是无法明确的和证实的。尽管有关俘虏待遇的1949年8月12日的日内瓦条约，或者关于战时平民保护的1949年8月12日的日内瓦条约，在战争当时是没有的，或者说日本根本没有批准，但是，日本政府承认过包含上述条约内容的战时国际法规——陆战法规及惯例条约。据此可以断定，关于华工遗骨问题在内的战争犯罪，岸信介本人作为当时东条内阁的商工大臣应该接受战争的审判。在1946年12月联合国总会上一致通过了根据国际军事法庭条例所认可的上述国际法诸原则和国际军事法庭的审判结果，加入联合国后已经成为非常任理事国的日本政府，很难说在这些陆战法规惯例条约，或者关于俘虏待遇条约等方面没有责任了。

---

① 陆战法规与惯例公约. 第三编 在敌国领土内的当局[EB/OL]. 红十字国际委员会资源中心（ICRC）. http://www.icrc.org/chi/resources/documents/misc/hagueconvention4-18101907.htm.

## 法网恢恢
### ——关于日本政府在华工遗骨归还责任问题上的法学考量 第五章

根据1942年的阁议决定，开始基于上述条约，军队抓捕非参战人员和军人，并强掳到日本劳动，这是违反陆战法规的行为，或者说是违反关于俘虏待遇的行为，基于此，也可以说是违背人的意愿的人道犯罪行为，因而无法免除责任。

关于敌对行为终了之际的释放俘虏及送还问题规定：抑留国必须负担到本国国境或者离俘虏所属国最近的本国港口期间的送还费用。据此，政府也是无法免责的。①

但是吉田法晴的发言遭到了首相岸信介的否认。

关于1942年东条内阁是否阁议决定将华工带到日本的问题，我已经不记得了，但是，我明确记得当时为了补充日本本土劳动力的不足，的确将华工运到了日本，但是，完全以签订劳务合同征得本人同意为前提的。关于刘连仁本人到底是怎样来到日本的，或者像他本人所控诉的那样，是不当逮捕来的。我个人认为事实尚不清楚。关于上述所谓违背国际陆战法规的问题，我认为存在着理解上的分歧，因而比起法律上的争论来说，莫如从人道的立场加以解决为好。②

### 三、违反人道罪

第二次世界大战后设置的纽伦堡国际军事法庭及远东国际军事法庭条例规定，确认了"违反人道罪"，特别是远东军事法庭条例规定，所谓的"人道罪"是指"战前以及战时所进行的杀戮、歼灭、奴役、追放以及其他的非人道行为，或者是基于政治的、人种的理由所施加的迫害行为，不论是否违反现地的国内法，均属于本法院所管辖的的犯罪行为"（5条1款）。并将此一概认定为"无论是共谋者、还是实际指导者、组织者、教唆者以及共犯者，基于该项谋划基础上的一切行为，无论何人，均负有责任。"（5条第2项）③

---

①第028回国会予算委員会第20号. 昭和三十三年度特別会計予算[EB/OL]. 1958-03-29. 国會會議録検索システム. http://kokkai.ndl.go.jp.
②第028回国会予算委員会第20号. 昭和三十三年度特別会計予算[EB/OL]. 1958-03-29. 国會會議録検索システム. http://kokkai.ndl.go.jp.
③梅汝璈. 远东国际军事法庭[O]. 北京：人民法院出版社，2005. 附录远东国际军事法庭宪章（1）.

理解 责任 道义
——在日华工遗骨归还问题调查

随着 1952 年日本政府与联合国签署的《旧金山和约》的生效，确认了上述远东国际军事法庭判决的正统性。因而，日本企业对劳工的奴役行为依然构成"非人道行为"。

### 四、日本政府践踏《日本国宪法》

日本国宪法是在 1946 年 11 月 3 日公布，1947 年 5 月 3 日生效的。日本国宪法规定：

日本国民通过正式选出的国会代表而行动，为了我们及我们的子孙，确保各国人民合作之成果及我全国获得自由之惠泽，决心根绝因政府行为而再度酿成战祸，兹宣布主权属于国民，并确定本宪法。国政仰赖国民的严肃信托，其权威来自国民，其权力由国民代表行使，其福利由国民享受。这是人类的普遍原理，本宪法即以此原理为根据。凡与此相反的一切宪法、法令及诏敕，我们均予排除。

日本国民期望永久和平，深怀支配人类关系的崇高理想，信赖爱好和平的各国人民的公正与信义，决心保持我们的生存与安全。我们希望在努力维护和平，从地球上永远消除专制与隶属、压迫与偏狭的国际社会中，占有光荣地位。我们确认，世界各国国民同等享有在和平中生存并免除恐怖与贫乏的权利。

我们相信，任何国家都不应只顾本国而不顾他国，政治道德的法则，是普遍的法则，遵守这一法则是各个国家维护本国主权并同他国建立平等关系的义务。日本国民誓为国家名誉竭尽全力以实现这一崇高理想和目的。[①]

日本国宪法第 16 条规定："任何人对于损害赔偿……均有以和平手段请愿之权利。"第 17 条规定："任何人因公务员的不法行为而受到损害时，均得依法律规定，向国家或公共团体要求赔偿。"按照日本国宪法的规定，公务员负有"尊重拥护这个宪法的义务"（99 条），但是，外务省与政府公

---

[①] 日本国宪法[A]. 芦部信喜. 宪法（第三版）[M]. 北京：北京大学出版社，2006：54.

# 法网恢恢
## ——关于日本政府在华工遗骨归还责任问题上的法学考量

务员们所采取的行动不仅有违日本国宪法的理念,而且忽视乃至敌视为实现日本国宪法的崇高理想和目标而努力的主权者——国民的运动和请愿活动。此种政府行为完全是明确践踏日本国宪法的政治理念,且是与政治道德完全无缘的极端欠缺品位的行为。

## 第二节　日本政府在华工遗骨问题上的行动路线

### 一、日本政府一贯坚持的行动路线

战后日本政府一贯坚持强掳劳工是根据劳工自身意愿,依据劳务合同雇佣的立场,否认强掳劳工的强制性。长期以来,日本政要在国会答辩中反复强调该立场,坚持认为:①根据任意签署的合同开展华工的输出与输入;②多次反复主张由于没有详细的资料所以不清楚。[①]

但是,由于《外务省报告书》已被公开发表,经外务省调查、讨论之后,1995年(平成6年)6月22日,第129届国会众议院外务委员会会议上,外务大臣及外务省亚洲局局长的答辩中,承认《外务省报告书》的存在,并承认华工的输出及输入为半强制性的。然而,战后日本政府在劳工遗骨问题上一贯坚持的行动路线不变:

(1)以外务省为代表的日本政府的中枢,即使在人员构成上也是那些曾经推行过侵略战争的人。因而,在这些人掌控的战后日本政治,尤其是在他们的头脑当中,根本不存在通过反省战争而制定的日本国宪法。

(2)战后日本政府和加害企业丝毫不承认基于曾经实行过的强掳和奴

---

①第19届国会参议院厚生委员会上外务省亚洲局局长的答辩[昭和29年9月6日]、第28届国会众议院外务委员会上首相的答辩[昭和33年3月12日]、第28届国会众议院厚生委员会上首相的答辩[昭和33年3月29日]、第28届国会众议院外务委员会上首相、内阁官房长官及外务政务次官的答辩[昭和33年4月9日]、第29届国会众议院外务委员会上外务省亚洲局局长的答辩[昭和33年7月3日]、第34届国会众议院日美安全保障条约等特别委员会上外务省亚洲局局长的答辩[昭和35年5月3日]、第126届国会众议院厚生委员会上外务省亚洲局局长的答辩[平成5年5月11日]等。

## 理解 责任 道义
### ——在日华工遗骨归还问题调查

役约4万人的国际犯罪所产生的责任。以为花冈事件等一部分人根据远东国际军事法庭审判受到了处罚。但是，也正是因为如此，才会出现一部分人认为源于国际犯罪的罪责追究问题终结了，进而掩盖自身不法行为的事实，以及回避责任。

（3）日本政府不仅敌视国内反省侵略战争和忽视国民基于日本国宪法而发起的市民请愿运动，而且还忽视地方议会的决议和全国知事会的请求等。同时，为了阻止国会议员代表国民而提议的国会质询，采取一切手段，最大限度地避免在日劳工诉讼案的表面化。

（4）日本政府自身不仅没有进行任何的反省，而且还在第一次提出撤退中国大陆残留侨民时，一贯坚持欺瞒的立场，提出日本政府在劳工送还问题上，"没有任何责任，仅是站在人道的立场上，出于好意而送还遗骨"。如在1960年5月3日召开的《日美安全保障条约》等特别委员会会议上，社会党议员田中稔男指责岸信介政府：

在侵华战争责任问题上的推脱与躲避，一味强调中国政府对在华残留日侨问题上负有责任，却无视中国方面由于日军的侵略所造成的1 000多万人口的死亡和5 000亿美元的公共财产的损失，这是非常滑稽的一件事，这当然应该是日本政府的责任。现政府完全无视中国政府所提出的官方请求，这绝对不是一种正确的态度。这与其说是人道上的问题，莫如说是政府的政治上的责任。是正在回避政治责任。

而首相岸信介辩解说：

日本政府对于在华日侨的残留上没有责任，鉴于日本与中共尚未恢复邦交，因而只能从人道的立场针对各民间团体的活动给予尽可能的支持与帮助。也正是由于与中共间没有恢复正式的邦交关系，因而也只能是相互回避政治关系，从人道的立场做一些力所能及的事情。①

（5）即使中国方面不断提出送还劳工遗骨的要求，但是，日本政府

---

① 第034回国会日米安全保障条约等特别委员会第27号[EB/OL]．1960-05-03．国會會議録検索システム．http://kokkai.ndl.go.jp．

依然基于回避责任追究和损害赔偿的立场，进行了公开或非公开的情报收集。不断拖延遗骨调查结果，在隐匿涉及强掳劳工实情的《外务省报告书》的同时，不断阻止向中国方面递交遗骨名簿。

## 二、日本政府隐匿《外务省报告书》的狡辩与实质

根据《外务省报告书》的内容不难看出日本政府隐匿的真实意图以及经过，同时也进一步凸显出日本政府丑陋的一面。

如前文所述，根据1960年（昭和35年）3月17日起草《华工就劳实情报告书》[①]时的管理局经济部大陆课长铃木政胜声称：

这份资料恐将被作为战犯关系资料而被使用，进而势必波及官民双方的关系人，因而将当时残存在外务省的部分资料销毁了。

残存的部分资料也仅仅是驻留在日本的第二批美军欲将该资料作为远东审判的资料来使用保存了下来。后被GHQ返还给了外务省。[②]

而这部分残存资料被外务省保管的事实也通过亚洲局局长虚伪的辩词得到了证明：

作为外务省而言，起草过战后问题资料已是事实，但是之后不久，顾及到恐被战犯问题所利用，为了避免给所有关系人造成不必要的麻烦，尤其是那些使用华工的企业，烧掉了与华工有关的所有资料。因而，目前虽然在外务省还残存了一部分资料，但是现在流传到社会上去的《调查报告书》到底是否为外务省所起草，已难以确认。[③]

1960年5月3日，外务事务官（亚洲局局长）伊关祐二郎在众议院日

---

① 在日本战败的1946年年初，日本外务省委托东亚研究院在全国35家企业135个作业点开展强掳华工调查。调查团长是满铁出身的赤塚正朝。调查团根据现场，向外务省提交了《华工就劳始末报告》，后被统称为《事业所报告书》。外务省依据这份调查报告和各项调查数据汇总而成《外务省报告书》，即为今天热议的《外务省报告》，总计5卷646页。（参阅强掳中国劳工思考会会. http://www.jca.apc.org/hanaokajiken/foreign%20report.htm.

② 管理局经济部大陸課長鈴木政勝答辯 [EB/OL]. 1960-03-17. 国會會議録検索システム. http://kokkai.ndl.go.jp.

③ 第034回衆議院日米安全保障条約等特別委員会27号[EB/OL]. 1960-05-03. 国會會議録検索システム. http://kokkai.ndl.go.jp.

## 理解 责任 道义
——在日华工遗骨归还问题调查

美安全保障条约特别委员会会议上,就曾对出席会议的代表进行了暗示,在发言中指出:"有人提出说1956年6月外务省管理局曾经编制一份调查报告书,如果此项调查报告书被用于审理战犯的资料,将给很多人带来麻烦,所以全部烧毁了,现在的外务省根本没有此项资料。"①

同时,日本企业领导层也千方百计地销毁证据,否认直接役使这些强掳来的中国俘虏,不承认强迫劳动并加以虐待、刑讯而造成大批死亡。在当时的"日本建设工业会华鲜劳务对策委员会"的《1945年8月至1947年5月委员会活动记录》中,曾有如下的记述:

按军需省命令,从1945年8月16日起,将有关战时中国人及朝鲜人的统计资料、指令及其他重要文件一律烧毁,立即组织课员加以整理,除有关会计与经营管理的资料以外,即便是私人物品也毫不保存,在樱田国民学校后院先后用了三天才烧完。②

但是,到了1995年,日本政府面对日益兴起的民间对日索赔浪潮,不得不研究对策。特别是在事关证明有关事件真伪的资料问题上,尽管采取了较为保守、慎重的措施,但是在形势逼迫下也公开承认了一些相关资料的真实性。1995年6月22日,众议院外务委员会会议上,针对委员清水澄子质询关于新闻媒体报道的《外务省报告书》的真伪问题时,外务省亚洲局局长川岛裕承认了真实性,指出:"经过一系列调查,可以证实的是本件报告书确实是当时外务省负责起草制定的",外务大臣柿泽弘治也承认"外务省在开展非常有诚意的调查基础上,确认了这一事实"。③

通观日本外务省此次公开的报告书的内容,可以发现,从遗骨问题产生之初,不仅外务省,就连厚生省和警察厅也保管了报告书的全部或者是一部分。乃至于在1957年3月政府决定干预遗骨送还问题时,外务省自身就曾发布指示"向当时的关系企业说明事情原委,放心调查、收集,并

---

① 第034回衆議院日米安全保障条約等特別委員会27号[EB/OL]. 1960-05-3. 国會會議録検索システム. http://kokkai.ndl.go.jp.
② 野木崇行. 華鮮劳务対策委員会活動記録[M]. 日本建設工業會華鮮労務対策委員會,1947:6.
③ 第129回国会外務委員会第4号. 平成六年度政府関係機関予算[EB/OL]. 1994-06-22. 国會會議録検索システム. http://kokkai.ndl.go.jp.

将资料转给当地的红十字会。"一直保管到红十字会送还华工遗骨的时候。"厚生省与通商产业省、劳动省等省联系,商讨与企业界沟通的办法"。并指示关系企业"放心提供相关资料",由此可见,关系企业原本就保管了大量通商产业省、劳动省原有的关于强掳劳工和强制劳动的资料。

因此,外务省作为主管管厅,将隐匿报告书作为消灭证据的一种手段本身就是为了回避国内外战争罪责,进而在罪责归责上占据了首要的位置。而从国家和企业联手毁灭证据的角度审视时,此种行为只不过是显露了日本政府战争罪责的冰山一角而已。

无论是哪一方面,国家组织和企业组织隐瞒国际犯罪工作本身就构成了重大的不法行为。日本现行刑法第104条"隐瞒、销毁证据罪"规定:销毁、伪造或者变造关于他人刑事案件证据的;或者是使用伪造、变造证据者,处以2年以下拘役20万元以下罚金。①

虽然刑法中关于量刑的规定在1992年修改一下,但是,销毁证据罪的构成要件与当时的刑法规定是一样的。因而,日本政府和企业隐瞒国际犯罪的不法行为必然发展成为刑事案件。

日本政府隐匿《外务省报告书》的行为是出于回避当时远东军事法庭对战犯罪责的追究而实施的。这一点,在国会答辩记录当中得到了证明。但是其后,以逃避中国受害者的责任追究为目的持续隐匿行为就明显是具有违法性和不法性的行为了。同时,在一直保管着《外务省报告书》的事实面前,外务省面对国会议员的质询,居然谎称《外务省报告书》的所有资料全部消失了,因而事实关系不明。根据日本现行刑法第155条"伪造、变造公文罪"规定:①出于使用的目的,伪造公共机构或者公务员印章;伪造公共机构或者公务员署名;伪造公共机构或者公务员印章、制定的文书;使用伪造的公共机构或者公务员署名、伪造的公共机构或者公务员印章及制定的文书的,处以1年以上10年以下惩役。②公共机构或者公务员伪造印章、伪造署名文书者,亦受前款处罚。③除前两项外,伪造公共

---

① 刑法(明治40年法律第45号)[EB/OL]. 2012–06–24. 総務省・法令データシステム(http://law.e-gov.go.jp/htmldata/M40/M40HO045.html)-最終改正:平成二三年六月二四日法律第七四号。

机构或者公务员制定的文书或者印章、图画者；或者变造公共机构或者公务员制定的文书或者印章、图画者处以3年以下的惩役或者20万元以下的罚金。①

目前，劳工受害赔偿诉讼团认为：战后日本政府和企业应该承担共同不法行为责任，尤其是当面对国内外受害赔偿要求浪潮兴起的时候，更是犯下了违反恢复先期不法行为真相的义务和隐匿国际犯罪证据的新的不法加害行为。解密公布的《外务省报告书》再次证明了日本外务省隐匿罪证的事实，更一步反映出日本政府的丑恶面目。在民族意识觉醒、国民法制意识提升、国家日益昌盛的今天，中国政府及国民坚决不容许日本政府不法行为的免责。

## 第三节 日本政府不法行为责任与战后补偿

### 一、日本政府不履行刑事制裁义务与不法行为责任

目前能够进一步证明日本政府不作为的资料是警察内容资料的重大发现。

在1954年2月5日的警察内部资料《华工遗骨问题》的前言部分明确警示："关于本资料的使用要绝对对外保密，一旦泄露到外面，势必给世人造成警察方面掌握实情的印象，进而陷入被动，被要求提供资料或者情报等，反被左派的宣传策谋所利用。"并对下建议解释道："现在，警察方面关于遗骨问题没有任何责任。只是出于调节左翼华侨到各县相关企业进行遗骨调查时产生的纷争，或者，避免日系朝鲜人与当地共产党势力合流的考虑，才制定了本资料。所以，警察方面事先掌握一点关于各县遗骨

---

① 刑法（明治40年法律第45号）[EB/OL]. 2012-6-24. 総務省・法令データシステム（http://law.e-gov.go.jp/cgi-bin/idxsearch.cgi）-最終改正：平成二三年六月二四日法律第七四号.

## 法网恢恢
——关于日本政府在华工遗骨归还责任问题上的法学考量

现状，完全是一种警备情报搜集活动。"①

上述资料证明，作为刑事侦查机关的警察，当面对能够证明日本方面强掳、残暴奴役劳工的证物——劳工遗骨——挖掘活动时，也仅仅是站在取缔左翼政治运动的立场来掌控，再次证明了作为暴力机器的警察机关，连想进行刑事搜查的意思和行动也完全没有表现出来。

特别值得注意的是，在上述《华工遗骨问题》资料当中明确记载着：根据本部资料推定死亡者6 830名，此次遗骨送还1 376具，尚有5 454具，但是，其中必须去除集团送还后死亡的19人，因而应该尚有5 435具遗骨。当然在《外务省报告书》当中也明确有"只保管该报告书的要旨，即总括编部分（警察厅保管的部分是由亚洲二课起草的）"等内容的说明。由此可见推断，当时的警察厅独自保管着《外务省报告书》。进而，如果警察厅想履行刑事制裁义务的话，根据手中掌握的资料是很容易进行遗骨搜查的。但事实却是，警察厅所采取的措施与此截然相反，与外务省一起极力隐匿资料。

根据条约而产生的处罚义务是国际法意义上的国家责任。而在国内法方面，同样的处罚义务则是作为行政上的责任而生成的。但是，未必视为是对被害者个人的不作为而产生的不法行为。在我国，原本犯罪事实的搜查及检察官公诉权的行使完全是为了维护国家及利益和社会秩序的公共目的而行使的，因而国家对于受害者不负担处罚犯罪者的义务。进而，国家在犯罪事实搜查上的迟滞、搜查工作的不开展、限于特殊事情除外，原则上视为国家对犯罪被害者的不法行为的指控是不成立的。②

由此可见，日本政府的辩解再次证明了，警察厅自身对《外务省报告书》的隐匿、对犯罪事实搜查的不作为是以主管官厅外务省为中心隐匿犯罪事实的工作，其目的就是为了免除自身的加害行为责任，消除受害救济

---

① 華人労務者遺骨問題[EB/OL]．外務省『極秘』文書が語る中国人強制連行・強制労働事件の戦後史．http://sengosekinin.peacefully.jp/data/data1/data1-5-1.html.
② 東京地裁平成9年（ワ）第19625号．中国人らによる損害賠償等請求事件判決[EB/OL]．2004–03–11．www.moj.go.jp/TOUKEI/15HOMUNENKAN/p074.pdf.

手续。完全是基于政府统一的意思决定而开展的不法行为，构成战后日本政府在劳工遗骨归还上的不法行为链条。

通过前文梳理，战前日本政府、军部、企业及相关驻外军队和殖民机构在强掳华工及强迫华工劳动问题上，具有不法行为以及不法行为事实。根据日本民法第709条（侵权行为的要件）规定，侵权行为的构成要件为有过失行为、有损害事实的发生、过失行为和损害事实之间存在因果关系。"因故意或过失侵害他人的权利者，负因此而产生损害的赔偿责任。"第710条（非财产损害的赔偿）规定"不论是侵害他人身体、自由或名誉情形，还是侵害他人财产权情形，依前条规定应负赔偿责任者，对财产以外的损害，亦应赔偿。"[1]从该条规定来看，似乎是对前条，即第709条内容的补充。正如加藤一郎教授所指出的，"民法第710条作为得以认可抚慰金请求的场合，列举了身体、自由、名誉的侵害和财产权的侵害，但这只是列举了主要的项目，并不意味着限定于这些内容"。并引用民法修正案理由书的观点指出，"在形式上，不妨把民法第710条看作是对民法第709条的'损害'中包含着精神损害这一情况的注意（"注意"一词，在这里是提醒或强调的意思）性说明"。[2]第711条（对亲属的赔偿）规定"害他人生命者，对被害人的父母、配偶及子女，虽未害及其财产权，亦应赔偿损害。"同时，根据《日本民法》第719条（共同侵权行为）规定："（1）因数人共同实施侵权行为加害于他人时，各加害人负连带赔偿责任。不知共同行为人中何人为加害人时，亦同。（2）教唆人及帮助人，视为共同行为人。"[3]另据1947年10月27日颁行的日本国《国家赔偿法》第一条基于公共权力行使而发生损害的赔偿责任、请求权的规定，"（1）行使国家或公共团体公权力的公务员，关于其职务行使，因故意或者过失违法加害于他人时，国家或公共团体对受害人负赔偿责任。"[4]

---

[1] 曹为. 日本民法[M]. 王书江, 译. 北京：法律出版社, 1986：137–138.
[2] 加藤一郎. 侵权行为（增补版）[M]. 東京：有斐阁, 1974：231.
[3] 曹为. 日本民法[M]. 王书江, 译. 北京：法律出版社, 1986：139–140.
[4] 曹为. 日本民法[M]. 王书江, 译. 北京：法律出版社, 1986：349.

日本政府及相关企业作为共同策划和实施的强掳及强制华工劳动行为是在共同意愿下所策划实施的犯罪行为，进而日本政府及相关企业负有共同不法行为责任以及连带损害赔偿责任。

## 二、日本政府理应公开谢罪承担战后补偿责任

日本政府及相关企业在华工遗骨归还问题上不仅负有金钱损害赔偿的责任，而且还负有公开谢罪道歉的义务。根据目前日本福冈地方法院的民事判决：认定了被告方（企业）共同不法行为，并判决被告三井矿山予以受害人（原告方）损害赔偿。但是，针对原告方的公开谢罪道歉的诉讼请求，站在被告方的角度进行了苍白无力的辩解："为了慰藉原告方的精神伤害所支付的金钱相当于谢罪公告，但是，不认为此种行为就是明确宣布的谢罪公告"。

那么，日本地方法院为什么没有将受害赔偿断定为公开谢罪呢？其中的理由没有完全显示出来。日本政府及企业在战争结束后，本应坦诚认可战争期间所犯下的强掳劳动力的犯罪事实以及公开道歉谢罪，并应该积极进行损害赔偿。但是，战后日本政府及企业的做法与事实完全相反。不仅不谢罪，并且公开否认自身曾经的国际犯罪行为，反而坚持劳工是根据自由意思表达和签署劳务合同而来到日本的立场。特别是日本国会在明明知道事实的前提下，还在犯罪事实上进行无谓的答辩。因而劳工遗属有权利申告日本政府及企业，恢复自身的名誉，并给予战争赔偿和战后补偿。

我们更应该认识到：日本政府对受害劳工及遗属的公开道歉和谢罪已经不仅仅是对原告方的精神慰藉，同时也事关日本国家及企业在21世纪能够作为国际社会一员得到国际社会信赖和尊重的问题，即事关日本21世纪的国际形象和国际影响力的问题，更进一步说，事关日本的大国化目标实现的问题。

日本对中国的15年侵略战争行为是不争事实，其间，日本政府及加害企业推行的强掳华工政策以及残暴的奴役更是无可辩驳的历史事实。因

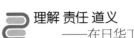

## 理解 责任 道义
### ——在日华工遗骨归还问题调查

此，近4万华工所经历了无法用笔墨和言语描述的苦难经历，严重侵犯了人的尊严。但是，时至今日，日本政府和加害企业不但没有诚挚的谢罪和补偿，而且，采取狡猾的手段隐匿其自身的国际犯罪事实。

如前所述，日本政府自《中日联合声明》发表建立邦交关系后，就一直没有向中方递交遇难华工名簿。反而隐匿相关资料，并以"名簿本身就根本不存在"为由拒绝中方的合理要求。

1985年5月8日，西德总统魏茨泽克在法西斯德国战败投降40周年纪念活动中，发表了关于战争罪责问题的演说，毫不含糊地谴责了德国发动侵略战争的罪行，要求德国人永远牢记历史教训。他说："我们德国人醒悟到，历史问题是无法克服的，是难以洗刷掉的，也是不能回避的。无论我们大家有罪与否，也无论我们是老是少，都不得不接受历史，我们大家都受到历史后果的牵连，都要对历史负责任。我们铭刻于心、感受颇深的、最为重要的就是理解，因而无论老少必须相互帮助。同时也要给予帮助。如此行事并不是为了克服过去，而是为了以后不忘却过去，为了避免历史悲剧的重演。漠视过去的人，即使到了现在也依然是盲目的。不能够从内心摒弃非人类行为的人，终将重蹈覆辙，陷入险境无法自拔"。①

特别是德国前总理施密特在谈到日本政治外交前景时指出："（日本）国民稍微欠缺一点悔悟历史、悲情和羞耻的能力，在世界，特别是近邻世界没有朋友……""日本对自身的侵略和非人类行为就连表示遗憾的意思都没有。长此以往，终将会给近邻诸国间的信赖关系的构建造成不必要的困难"。②

从20世纪90年代开始，一些日本政治家开始公然主张新民族主义的言论，即要对基于和平主义之上的日本战后历史观进行全面的重新调整。1994年12月，自民党国会议员结成了"终战50周年国会议员联盟"，在

---

①ヴァイツゼッカー演説. 永井清彦訳. 荒れ野の40年[M]. 岩波ブックレット，1986：16.
②H. シュミット. 片岡哲史.内野隆司訳.シュミット外交回想録（下）[M]. 東京：岩波書店，1989：201.

## 第五章 法网恢恢
——关于日本政府在华工遗骨归还责任问题上的法学考量

其活动方针中表明:"今日我国作为独立主权国家存在的这个事实,完全意味着关于上次大战的战争赔偿和战争谢罪问题已经结束。如果这时还表示'谢罪'的话,就等于践踏了先人的努力和名誉。"①

日本政府和加害企业如果一味地踩踏民主宪法的理念、否定过去、不承担自身的战争责任,那么除去利用法律武器敦促其公开谢罪外,在亚洲友人当中,日本断难恢复或者再生出友好提携的道路了。

普遍正义(rough justice)是20世纪90年代后期,国际社会为了解决纳粹德国战争犯罪遗留的强制劳动问题,由强制劳动补偿活动家、美国集体诉讼辩护律师、美国国务院职员及欧洲政府和企业使用的崭新的法律概念,是以尽可能地补偿多数高龄受害者为目的而进行的赔偿及补偿行为。该法律概念的提出及使用逐步缓解了没有文书证据的有资格者的诉讼条件,可以说完全是为了纠正不法历史行为而采取的基本共识、压力和奖励相结合的稳妥办法,但是,始终把惩恶扬善的政治意志放在第一位。瑞士、法国的银行和保险公司为了解决由于大屠杀受害者被掠夺的私人财产而产生的赔偿诉求风波,也使用了同样的方法。

联合国自1968年以来屡次声明追究"违反人道罪"不受国际法上习惯的"30年时效"限制,所以各国继续追捕纳粹战犯。1996年以来,美国也开始不准日本战犯入境;其司法部企望日本政府提供战犯名单,但迄今为止,日本政府拒绝合作。日本人在中国犯杀人罪者何止数百万人,如以平均寿命76岁为准,至少应有数十万人健在。日本战犯远比纳粹战犯残暴的罪恶,为何独得美国过去自私的、失掉理性的暗中保护,今天日本朝野竟把这些战犯视为民族英雄予以崇拜,足证日本人如何藐视美国人和中国人。

再者,如果日本真正讲民主和法制,应尊重其宪法。日本1947年宪法第18款:"禁止拘留任何人予以奴役,除非对犯罪的处罚,禁止非志愿

---

① 毛里和子. 中日关系——从战后走向新时代[M]. 徐显芬,译. 北京:社会科学文献出版社,2009:8.

的苦役。"第29款："因公众用途所占有的私人财产必须作出公平的补偿。"第31款："对任何人不可剥夺去生命或自由,不能加以任何其他罪犯的处罚,除非依照已建立的法律程序。"日本作为联合国的一员,自应遵照联合国的决定,按照"违反人道罪"及上述作为日本国内法律追究在逃战犯的责任,并将其绳之以法。

# 结 束 语

## ——痛定思痛后的思考

"以人性道德的理由记忆"。真实的记忆一定要有人性道德对记忆的分析与过滤、唤起与赓续,唯有如此,真实的历史才能与文明一起传承下去。敢于直面历史,敢于让历史的耻辱鞭挞自己的灵魂,从而净化自己的灵魂,能够做到这一点的民族是一个值得尊敬的民族,无疑也是一个成熟的民族。①

——学者徐贲

2001年出版的《暴力之后的正义与和解》一书给予我们重大启发,该书是新兴科学"和平学"的重要著作,作者安德鲁·瑞格比分析了世界各国(民族)在灾难之后人们的不同做法与效果。是追求正义直至每个历史细节,并对每个细节进行审判,还是让受害者为了多数人的和平而在个人噬心的痛苦中生存?在这两者之间是否有精确的平衡点?每个(国家)民族会根据自己的传统与智慧做出不同的选择。

当我们明证了日本政府在华工遗骨归还问题上的意思决定过程和有关公务员的行动后,会有一种痛楚的感觉,即或是那些"没有政治家头脑"的日本国民,乃至标榜为"法治国家"的日本的法学家,也会为此感到羞耻吧!可以说,日本《外务省报告书》所记录的日本政府公务员的行为,是日本政府和加害企业践踏日本国宪法的政治理念和政治体系原则,违背政治道德,品味极其低下的鲜明写照。本书援引的日本外务省公开文书当中所记录的有关国会咨询意见和解散中国人俘虏殉难慰灵实行委员会的种

---

① 徐贲. 人以什么理由来记忆[M]. 北京:中国人民大学出版社,2009.

## 理解 责任 道义
——在日华工遗骨归还问题调查

种事实，再次印证了《外务省报告书》的真实性和有效性，也再次证实了日本方面在华工遗骨送还问题上的责任。但是另一方面，我们也往往会为那些高举国际人道主义旗帜，推动华工遗骨回国进程的国际友好人士大声喝彩。也正是因为这些民间友好人士的人道主义行为，才彰显出"人间正道是沧桑"的真理。

在课题组梳理华工遗骨归还问题战后史的过程中，我们也发现了当今日本存在着众多反思战争、坚决反对发动第二次世界大战的、秉持日本国宪法的和平理念的市民团体和地方议会等民主势力。这些民主势力的存在才是推动日本政府被动解决遗骨归还问题的原动力。

日本战败已经过去70多年，中日邦交正常化也已经40多年。但是，对于那些经历过、见证过日本政府及企业残害劳工的人来说，悲剧并没有结束。

我们之所以说悲剧并没有结束，是因为日本政府没有向被强掳到日本去的华工赔偿分文。日本投降后，华工中的幸存者们曾为此向日本方面提过要求，作过斗争，但由于日本当局的推诿抵赖，由于美国占领当局的阻挠弹压，也由于华工们缺乏有力的组织和急于回国，更重要的，是由于当时国民党政府的软弱无能，致使除极个别华工队得到了数目少得可怜的"安慰费"外，绝大多数华工队的要求和斗争没有取得什么成效。虽然鉴于在1972年《中日联合声明》中，日本政府郑重表示"日本方面痛感过去日本国由于战争给中国人民造成的重大损失的责任，表示深刻的反省"，中国政府才放弃了向日本的战争赔偿要求，但中国并未放弃在战争中受到侵害的人员及他们的家属依据国际公法对日本侵略造成损失给予赔偿的要求，即民间索赔权。华工被抓以后，家破人亡，妻离子散，其间横遭奴役，受尽虐待，度日如年，九死一生，除死难者外，侥幸活下来的也都带有难以弥合的精神和肉体创伤，许多因此致残，丧失了劳动能力。无论从法律还是从道义上讲，他们都有权利要求日本方面给予赔偿，日本方面也有不可推卸的责任，应给他们以赔偿。

我们之所以说悲剧没有结束，是因为日本方面许多对奴役残害华工负有直接责任者始终没有受到应有的惩罚。"东京大审判"时，起诉书对日本首要战犯的控告,曾列举了甲、乙、丙3类55项罪状,其中与迫害华工有关的有4项。

乙类杀人罪,第四十四项:控告日本阴谋在陆地上、在海上、在日本侵占的领土上或被日军击沉的军舰上,大批杀害与日本敌对国家已解除武装的战俘及为日本权力所控制的平民。

丙类战争犯罪和违反人道罪,第五十三项:控告阴谋惨无人道地虐待敌国战俘和被拘留平民;第五十四项,控告命令、授权和准许惨无人道地虐待战俘和被拘留的平民;第五十五项:控告罪恶地不设法保证遵守对待战俘和被拘留平民的规则,或不设法制止对战俘和被拘留平民所犯的战争罪行。①

虽然这是对日本战争要犯的控告,但反映了国际法庭对迫害战俘的杀人罪和违反人道罪的一般处理原则,同样适用于那些对残害虐待华工负有直接责任者。②近年来,日本右翼势力猖獗,许多对中国和其他亚洲国家人民欠下了累累血债的日本老兵对参加当年的侵略战争不以为耻反以为

---

①抗战胜利六十周年祭:回眸东京审判[N].民主与法制时报,2005-6-28.
②纽伦堡原则是确定哪些行为构成战争罪的一系列指导性原则。此文件由联合国国际法委员会制定,将"二战"后针对纳粹党成员的纽伦堡审判所依据的法律原则编撰为法典。原则一:"从事构成违反国际法的犯罪行为的人承担个人责任,并因而应受惩罚。"原则二:"国内法不处罚违犯国际法的罪行的事实,不能作为实施该行为的人免除国际法责任的理由。"原则三:"以国家元首或负有责任的政府官员身份行事,实施了违反国际法的犯罪行为的人,其官方地位不能作为免除国际法责任的理由。"原则四:"依据政府或其上级命令行事的人,假如他能够进行道德选择的话,不能免除其国际法上的责任。"这一原则也可阐释为:"'我只是服从上级命令'并不是正当理由。"原则五:"被控有违反国际法罪行的人有权在事实和法律上得到公平的审判。"原则六:"违反国际法应受处罚的罪行是:(一)反和平罪。计划、准备、发起或进行侵略战争或破坏国际条约、协定或承诺的战争;参与共同策划或胁从实施上述第1项所述任何一项行为的。(二)战争犯罪。违反战争法规或习惯,出于某种目的或在占领区内,实施包括但不限于谋杀、虐待或奴役平民居民,谋杀、虐待战俘,谋杀、虐待海上人员杀害人质,劫掠公私财产,肆意摧毁城市、集镇、乡村,或无军事之必要以以非正义方式进行破坏。(三)反人道罪。对任何平民居民进行谋杀、生物实验、放逐和其他非人道行为,或基于政治、种族、宗教背景的迫害,而此类行为已实施或此类迫害已执行或此类行为与任何反和平罪或任何战争犯罪相关联的。"原则七:"共谋犯下原则六所述的反和平罪、战争罪或反人道罪是国际法上的罪行。"

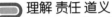
——在日华工遗骨归还问题调查

荣,甚至被某些人视为"英雄",不能不说和那些犯有战争罪和违反人道罪者没有受到应有的惩罚有很大的关系。

我们之所以说悲剧并没有结束,是因为此事还有许多秘密未被揭开。当然,我们回顾历史,不是为了寻找证据,好以牙还牙,而是为了反思历史,警示未来,避免类似的悲剧重演。但这种反思,首先要以还历史的本来面目为前提。这需要日本政府方面拿出足够的胆量和勇气给予真诚的合作,但中国方面能否得到日方的合作却首先要依靠自己拿出更多铁的证据。由于种种原因,过去我们在这方面的研究无论在深度和广度上都还比较欠缺,而今因时过境迁,当事人中死者已不能复生,幸存者也多年老体衰,来日无多。因此要做好这件工作,当务之急是大力发掘、抢救历史资料。

作为史学工作者,更有责任通过自己的努力,使华工的悲惨命运大白于天下,昭示于世界。只有这样,才能使死难者的在天之灵得到超度,使幸存者的心理得到安慰,并使后人能从国家兴衰和个人命运的关系中获得应有的教育和启示。

# 参考文献

## 一、中文文献

[1] 中共中央文献编辑委员会编. 周恩来选集[M]. 北京：外文出版社，1989.

[2] 田桓主编. 战后中日关系史年表：1945—1993[M]. 北京：中国社会科学出版社，1994.

[3] 何天义编. 日本刺刀下的中国劳工[M]. 北京：新华出版社，1995.

[4] 田桓主编. 战后中日关系文献集：1945—1970[M]. 北京：中国社会科学出版社，1996.

[5] 李恩民. 中日民间经济外交（1945-1972）[M]. 北京：人民出版社，1997.

[6] 居之芬编. 日本掠夺华北强制劳工档案史料集[M]. 北京：社会科学文献出版社，2003.

[7] 何天义. "二战"掳日中国劳工口述史[M]. 济南：齐鲁书社，2005.

[8] 居之芬. 1933.9—1945.8日本对华北劳工统制掳掠史[M]. 北京：中央党史出版社，2007.

## 二、日文文献

[9] 日本国会会議録検索系统：http://kokkai.ndl.go.jp.

[10] 亚洲资料中心. 外交記録公開. http://gaikokiroku.mofa.go.jp.

[11] 野木崇行. 華鮮労務対策委員會活動記録[M]. 日本建設工業會華鮮労務対策委員會，1947.

[12] 明石清三. 木更津. 基地—人肉の市[M]. 洋々社，1957.

[13] 中国人強制連行事件資料編纂委員会編. 草の墓標・中国人強制連行事件の記録—[M]. 新日本出版社，1964.

[14] 霞山会. 日中関係基本資料集 1949—1969[M]. 財団法人霞山会，1970.

[15] 外務省. わが外交の近況. 第2号～16号[M]. 1958～1972.

[16] 欧陽文彬，三好一訳. 穴にかくれて十四年——強制連行された中国人の記録[M]. 三省堂，1972.

[17] 赤津益造. 花岡暴動[M]. 三省堂，1973.

[18] 野添憲治. 花岡暴動——中国人強制連行の記録[M]. 三省堂，1973.

[19] 石飛仁. 中国人強制連行の記録——花岡暴動を中心に[M]. 太平出版，1973.

[20] 平岡正明. 中国人は何をされたか——中国人強制連行の記録[M]. 潮出版社，1973.

[21] 入江啓四郎. 国際法上の賠償補償処理[M]. 成文堂，1974.

[22] 野添憲治. 花岡事件の人たち——中国人強制連行の記録[M]. 評論社，1975.

[23] 北海道開拓記念館. 北海道における炭鉱の発展と労働者[M]. 1978.

[24] D・C・ヘルマン著. 渡辺昭夫訳. 日本とアジア[M]. 中央公論社，1983.

[25] 田中宏，内海愛子，石飛仁. 資料 中国人強制連行[M]. 明石書店，1987.

[26] 古川万太郎. 日中戦後関係史[M]. 原書房，1988.

[27] 野添憲治. 聞き書き 花岡事件[M]. 御茶の水書房，1990-06.

[28] 花岡問題全国連絡会(準)編. 資料 中国人強制連行・暗闘の記録[M]. 同会，1991.

[29] 社団法人北海道総合文化開発機構. 北海道開拓殉難者調査報告書[M]. 同会，1991.

[30] 長沢秀編. 戦時下朝鮮人中国人連合軍俘虜強制連行資料集(石炭統制会極秘資料)全 4 巻[M]. 緑陰書房，1992.

[31] 中国人殉難者全道慰霊祭事務局. 戦時下における中国人強制連行の記録——付40 000人の中国人強制連行の真相[M]. 同会，1992.

[32] 中国人強制連行調査訪中団編. 地底の響き——中国人強制連行・青島から広島へ・48年経った今・生存者・遺族の証言[M]. 同会，1992.

[33] 松本市史近代・現代部門編集委員会. 松本市における戦時下軍需工場の外国人労働実態調査報告書[M]. 松本市，1992.

[34] 国際人権研究会編. 国際法から従軍慰安婦・強制連行問題を正す—国連が審議した日本の戦後補償[M]. 同会，1992.

[35] 上羽修. 中国人強制連行の軌跡— 聖戦の墓標[M]. 青木書店，1993.

[36] NHK取材班. 幻の「外務省報告書」——中国人強制連行の記録[M]. 日本放送出版協会，1994.

[37] 田中宏，松沢哲成編. 中国人強制連行資料：外務省報告書全五分冊[M]. 東京：現代書館，1995.

[38] 増田弘. 波多野澄夫. のの日本と中国——友好と摩擦の現代史[M]. 山川出版社，1995.

[39] 山田昭次，田中宏編. 隣国告発 強制連行の企業責任 2 [M]. 創史社，1996.

[40] 長沢秀編集・解説. 中国人強制連行[M]. 高麗書林，1997.

[41] 厚生省社会・援護局援護50年史編集委員会監修. 援護 50年史[M]. 1997.

[42] 王紅艶. 中国人遺骨送還運動と戦後中日関係[J]. 一橋論叢，1998（2）：267-283.

[43] 陳肇斌. 戦後日本の中国政策—1950年東アジア国際政治の文脈[M]. 東京大学出版会，2000.

[44] 西成田豊. 中国人強制連行[M]. 東京：東京大学出版社，2002.

215

[45] 杉原達. 中国人強制連行[M]. 東京：岩波新書，2002

[46] 大澤武司. 中日民間人道に中国人遺骨送還問題[J]. 中央大學社會科學研究所年報（第八号），2003.

[47] 内海愛子，上杉聰，福留範昭. 遺骨の戦後[M]. 東京：岩波書店，2007.